山东省社科规划研究专项"要素结构、制度环境与旅游经济高质量发展路径创新研究"（项目编号:20CCXJ28）

刘艳梅　彭淑贞◎著

我国乡村热点问题关注

中国财经出版传媒集团

经济科学出版社
Economic Science Press

图书在版编目（CIP）数据

我国乡村热点问题关注/刘艳梅，彭淑贞著 . 北京：经济科学出版社，2021. 12

ISBN 978 – 7 – 5218 – 3306 – 5

Ⅰ. ①我…　Ⅱ. ①刘…②彭…　Ⅲ. ①三农问题 – 研究 – 中国　Ⅳ. ①F32

中国版本图书馆 CIP 数据核字（2021）第 258940 号

责任编辑：孙丽丽　撒晓宇
责任校对：齐　杰
责任印制：范　艳

我国乡村热点问题关注

刘艳梅　彭淑贞　著

经济科学出版社出版、发行　新华书店经销
社址：北京市海淀区阜成路甲 28 号　邮编：100142
总编部电话：010 – 88191217　发行部电话：010 – 88191522
网址：www. esp. com. cn
电子邮箱：esp@ esp. com. cn
天猫网店：经济科学出版社旗舰店
网址：http：//jjkxcbs. tmall. com
北京密兴印刷有限公司印装
710 × 1000　16 开　21 印张　300000 字
2021 年 12 月第 1 版　2021 年 12 月第 1 次印刷
ISBN 978 – 7 – 5218 – 3306 – 5　定价：88. 00 元
（图书出现印装问题，本社负责调换。电话：010 – 88191510）
（版权所有　侵权必究　打击盗版　举报热线：010 – 88191661
QQ：2242791300　营销中心电话：010 – 88191537
电子邮箱：dbts@ esp. com. cn）

目 录
CONTENTS

百年大党乡村建设的思想和实践的演进

导读：中国共产党自 1921 年建党以来就一直在探索和解决农村、农业、农民问题。以历史的时间线为视角，可以将中国共产党百年乡村建设分为农民运动、农业社会主义改造和合作化、农村改革及乡村振兴四个阶段。梳理好中国共产党百年乡村建设思想和实践历史发展脉络，有助于持续而稳固地夯实"三农"压舱石作用。立足中国共产党百年乡村建设的历史征程，我们更有信心实施好乡村振兴战略。

农村工作贯穿于中国共产党领导的革命运动与建设事业的每一个阶段。我们党在完成各历史阶段的任务的同时也形成了具有各自时代特征的"乡村建设"。中国共产党作为一个诞生百年且执政 70 余年的大党，其在"三农"领域与时俱进的战略思想和丰富的实践经验是极其宝贵的。梳理中国共产党百年乡村建设思想和实践历史发展脉络，有助于持续而稳固地夯实"三农"压舱石作用。

一、觉醒时代：开启农民运动

通常情况下，我们提到的乡村建设兴起于 20 世纪二三十年代身处内忧外患的中国。二三十年代的中国面临着兵祸匪乱、苛捐杂税、外国经济的侵略以及礼俗文化的崩坏等，农业经济也因此遭到严重的打击，农村社会一片衰败。面对如此之颓势，一批满怀爱国热情的有志之士开始觉醒，试图以己之力挽救日趋于崩溃和破产的农村，提出了解决农村问题的种种主张与理论。他们纷纷深入农村，在各地开展乡村建设实验，比如梁漱溟等人的山东邹平实验、晏阳初等人的河北定县实验、卢作孚等人的北碚实验等，他们是"乡村建设运动"的代表人物。

晏阳初把农民问题总结为"贫、愚、弱、私"，并认为解决农民这四个生活上的基本问题，是解决农村问题的关键。为此，他提出改造生活的四大教育——"文艺、生计、卫生、公民"，并采取"学校、社会、家庭"三种教育方式。同时他也讲到，平教运动的目的在改造民族，挽救危亡，这是十多年来一贯的精神。识字运动、乡村建设、县政改革，都不过是一种手段、一种工具。梁漱溟则认为不应该把中国问题归结在"帝国主义与军阀"抑或在"贫、愚、弱、私"上。在梁漱溟先生看来，"今日中国问题在其千年相沿袭之社会组织构造既已崩溃，而新者未立；或说是文化失调""外界问题（帝国主义）虽有的，但中国内部问题大过外界问题；个人的不健全也是有的（贫、愚、弱、私），但社会的不健全大过个人的不健全"①。也就是说，当时糟糕的内外部环境导致的社会秩序崩溃（文化、礼俗崩坏）急需一种新的社会秩序来调和，但千余年来我们的社会构造又从未真正改变过，因此梁漱溟认为，解决中国问题的根本在于建立一个新的社会秩序。而如何建立一个新的社会秩序呢？梁漱溟也做出了回答，即通过乡村建设运动。对此，他明确提出乡村建设是"救济乡村的运动、乡村自救的运动和图谋中国社会积极建设的运动"，但最根本的还是"吾民族社会重建一新组织构造之运动"。因此，梁漱溟以他的乡村建设理论为依据，视一个乡为一个乡农学校，试图组织农民再造一个新的乡村社会。

在各地如火如荼地进行乡村建设运动的同时，当时的国民政府也并不是无所作为。为救济日益恶化、濒临破产的农村，复兴农村迫在眉睫。1933 年 5 月，"农村复兴委员会"成立，由当时的国民政府牵头，开始对全国范围内的农业农村情况进行研究调查。比如设立专门委员会对重要农产品的市场情况进行分析、推动设立农本局（负责经营农产、抵押、运销和仓库等业务）、推广改良种子、水利农具改良等。虽然当时的国民政府轰轰烈烈地推行复兴农村计划，耗费了大量人力、物力，但和梁漱溟等人开展的"乡村建设运动"一样，实际收效甚微。个中原因包括时代的局限性、脱离农村实际等。因此，最终不管是梁漱溟等人在各地推行的乡村建设实验，还是当时国民政府推行的相关政策，都被迫中止于日本帝国主义全面侵华战争的爆发。

相较于以知识分子为主导的"乡村建设运动"和国民政府的"农村复兴委员会"，围绕"土地革命"进行的农民运动和革命，形成了中国共产党早期的乡村建设的内容。俄国"十月革命"的成功给当时的中国送来了马克思列宁主义，以毛泽东同志为代表的中国共产党人创造性地运用马克思列宁主义基本原理，从实际出发，并深刻认识到解决好农村农民问

---

① 梁漱溟. 乡村建设理论 [M]. 上海：上海人民出版社，2006.

题对中国的重要性。中国共产党建党伊始，以毛泽东同志为代表的中国共产党人就对如何解决农民问题和实现农民解放给予了高度重视。1926年，毛泽东同志在《国民革命与农民问题》中指出，农民问题是国民革命的中心问题，大部分的国民革命运动其实就是农民运动。当时的中国还是一个以自然经济为主体的农业国家，农民人口占中国人口的80%以上，但他们在帝国主义和半封建半农奴制的双重剥削和压迫下处于贫穷且无力的状态。对此，毛泽东同志也明确指出："经济落后之半殖民地革命最大的对象是乡村宗法封建阶级"，并对"买办阶级之猖獗于都市""地主阶级之猖獗于乡村"作了性质区分。① 这些阶级与我们先进的、进步的生产关系相悖，其存在使当时中国生产力的发展停滞甚至倒退。而经济地位低下、生活清贫的农民，反而在运动中最富有革命性，更是我们无产阶级最可靠的、天然的同盟者。因此，中国共产党更加坚定地认为，解决中国问题的首要是要解决农民问题，必须要广泛发动农民，与我党最可靠的、天然的同盟者一起开展农民运动。随着大革命高潮的到来，农民运动在国内许多地方掀起。到1927年，全国农业协会会员已达900万人。②

因此，以毛泽东同志为代表的早期的中国共产党人及时制定出指导农民运动的方针、政策。首先，通过土地革命，"打土豪，分田地"，实现"耕者有其田"。对于当时的中国，农民问题说白了就是土地问题，只有把农民的土地问题解决了，我们才能赢得广大农民的支持。1927年大革命失败后，中国共产党开创了农村包围城市的革命道路，建立了农村根据地，并在根据地实行土地革命，最后夺取全国政权。广大农民在中国共产党的动员下，积极投身土地改革，把自己从地主阶级和国民党军阀的剥削压迫之下解放出来，获得土地和人身自由，最终取得"乡村革命运动"的胜利。虽然自日本帝国主义全面入侵中国至新中国成立前，战争的阴霾一直笼罩这一时期，但乡村建设并未止步，中国共产党人依旧在延安边区

---

① 毛泽东文集（第一卷）［M］. 北京：人民出版社，1993：37-41.
② 第一次国内革命战争时期的农民运动资料［M］. 北京：人民出版社，1983：88.

和各解放区开展土地改革、发展经济，力所能及地开展文化教育、妇女解放等乡村建设活动。抗战胜利后，在占中国人口大多数且作为民主革命主力军的农民对土地更加强烈的要求下，《中国土地法大纲》公布实施，提出了：彻底消灭封建制度；平均分配土地；贯彻群众路线，由农民自己解决土地问题；保护和发展新民主主义经济。

其次，通过乡村社会改造建立农民政权。大革命失败后，毛泽东同志在农村政权建设问题上有了深刻的认识，提出了一切政权归农会、建立工农民主政权的思想。抗日战争期间的"三三制"，"根据地抗日民族统一战线政权的原则，在人员的分配上，应规定为共产党员占三分之一，非党的左派分子占三分之一，不左不右的中间派占三分之一"。① 解放战争时期的"乡村人民代表制""……只有基于真正广大群众的意志建立起来的人民代表会议，才是真正的人民代表会议……一切应有的权力必须归于代表会议及其选出的政府委员会"。②

最后，通过发展乡村经济减轻农民负担、解决农民困难。当时的农村经济在被帝国主义和封建势力的双重压迫下日益衰败，农业、手工业也日益衰落。中国共产党看清这一事实后依旧迎难而上，冲破敌人的经济封锁，尽一切可能进行经济建设即"我们的经济建设的中心是发展农业生产，发展工业生产，发展对外贸易和发展合作社"，这"四大发展"构成了我们早期共产党人乡村经济建设的具体内容。

综上所述，对于这一时期的乡村建设运动来说，只有中国共产党人认识到了当时中国问题的本质（中国问题就是农民问题，农民问题即土地问题），自此，在以毛泽东为代表的早期共产党人的带领下，中国的乡村建设开始真正觉醒了，这个觉醒的源头是围绕着"土地革命"进行的农民运动。中国共产党通过自己"激进"的乡村革命运动，虽然与温和改良主义式的乡村建设运动大不相同，相较于他们的"乡村建设运动而乡村不

---

① 毛泽东选集（第二卷）[M]. 北京：人民出版社，1991：741–743.
② 毛泽东选集（第四卷）[M]. 北京：人民出版社，1991：1308.

动"，中国共产党使乡村"动起来"了，也因此得到了广大农民的衷心支持和拥护，以此开启了探索乡村建设的新篇章。

二、改造时代：农业社会主义改造

1949 年新中国成立后，我们党深刻地认识到，只有实现国家工业化，我们的国家才能实现完全独立。我国自古是一个农业大国，如发展工业化必须从农业上打主意。马克思、恩格斯以及列宁都从农业的一般规律出发，充分强调农业在国民经济中的基础性地位。无产阶级革命若没有与农民的合唱，"它在一切农民国度中的独唱是不免要变成孤鸿哀鸣的"。[①] 他们从农业基础地位和工农联盟重要性的高度，强调正确处理农民、农村和农业问题的极端重要性。新中国成立初期的中国共产党依旧处在一个内部基础羸弱、外部环境差的特殊时期，为了进一步获得民族独立和发展保障，必须将农业发展放在第一位进而为工业化积累资金，加速发展工业化。

党在农村工作的中心开始转移到如何尽快发展农村经济方面来，即如何发展农业，在保证有饭吃的前提下为工业化积累资金。因此，我们党力图通过农业的社会主义改造，实现个体经济向集体化经济转变，走一条集体化的道路。为此，除继续进行土地改革外，农业社会主义改造和合作化构成了我们党在这一时期乡村建设的主要内容。

很早就意识到农民问题的实质是土地问题的中国共产党人，在"农民运动"时期就提出了"打土豪，分田地"的口号，极大地调动了农民参与革命运动的积极性。中华人民共和国的成立，为土地改革在全国范围内的实施提供了政治保障。到 1952 年底，土地改革在全国范围内基本完成。

---

① 马克思恩格斯选集（第一卷）［M］. 北京：人民出版社，2012：684.

通过土地改革，新中国3亿多农民获得了土地，[①] 这一举措极大地提高了农民生产的积极性，奠定了农民的主体地位。与此同时，土地改革也带动农村形成新的权力结构和阶级结构，新的乡村政治秩序建立了起来。土地改革虽然实现了农民千百年来"耕者有其田"的梦想，但随着社会的发展，它并没有真正解决人口与耕地资源之间的矛盾。因此，土地改革后，我们党从1951年起便积极提倡农业互助合作，开始引导农民走合作化集体致富的道路。一是因为对于经济地位低下、生产条件落后的贫下中农来说，虽然他们通过土地改革开始拥有了土地，但是他们却缺少除土地之外的其他生产资料。所以，如果不走互帮互助集体致富的道路，他们可能只能靠借高利贷或典当、出卖来之不易的土地过活，如此一来，土地革命便失去了意义。二是因为农业互助合作为发展生产、推广生产技术、兴修水利等基础设施建设提供了事半功倍的方式，更能够满足国家的经济建设对农业生产的需求。

1953年，党中央按照毛泽东同志的建议，提出了过渡时期的总路线，即"一化三改"。"一化"是逐步实现国家的社会主义工业化，"三改"是逐步实现国家对农业、对手工业和对资本主义工商业的社会主义改造。国家社会主义工业化是国家独立和富强的必要条件。随着国家的社会主义工业化进程的推进，经济建设对农业生产的需求更大，且对农业生产技术的要求也越来越高，个体农民单打独斗不能解决问题，因此走农业合作化集体道路更加势在必行。尽管在1955年后期，农业合作化的步伐和速度有些"过急"，导致了一些问题，但整体上党在过渡时期的总路线是正确的，是一次历史性胜利。因此，从1949年10月中华人民共和国的成立到1956年底社会主义改造的基本完成，既是我国由新民主主义社会向社会主义社会的过渡时期，也是我国经济面貌发生巨大变化时期。在这段时间里，"我们党领导全国各族人民有步骤地实现从新民主主义到社会主义的

---

① 慕良泽，赵勇. 中国共产党"三农"战略：百年回溯与展望 [J]. 中国农村观察，2021（3）：2–14.

转变，迅速恢复了国民经济并开展了有计划的经济建设，在全国绝大部分地区基本完成了对生产资料私有制的社会主义改造"。①

三大改造基本完成以后，我们党便开始进入全面建设社会主义的十年。1956 年出台的"高级农业生产合作社示范章程"，对社员、土地和其他主要生产资料、资金、生产经营、劳动组织和劳动报酬、财务管理和收入分配、政治工作、文化福利事业、管理机构 9 个方面作出了详细的解释和说明，成为指导当时建设社会主义新农村的法规性文件。紧接着，党中央也切实开展了一系列农村建设，全国上下形成一股开展新农村建设的热潮。1957 年 10 月 9 日，毛泽东同志在中共中央八届三中全会上强调："搞农业不学技术不行。"除此之外，毛泽东同志还结合农业生产的实际，提出了农业耕种的"八字宪法"，即土、肥、水、种、密、保、管、工，成为指导农业生产的重要方法。毛泽东同志认为"农业的根本出路在于机械化"。② 农业机械化成为以毛泽东同志为代表的第一代中国共产党人关于农业现代化思想的主要标志。"党在农村除继续完成土地改革和民主建政任务外，一方面从改革生产关系入手，通过土地革命、合作化、人民公社化等一系列生产关系变革，打破封建经济的束缚和小农经济的局限；另一方面则通过兴修水利、农具改革、品种改良、发展化肥和农药等提高生产力的办法来促进农业增长。"③ 这一时期其主要措施：一是加快集体化发展，即推行农业合作化，从初级社到高级社再到人民公社化。二是加快农业发展，提出了水利化、机械化、良种化、化学化等措施，以适应工业化的需要，快速推进工业化的发展。另外值得注意的是，我们党在建设新农村问题上也十分重视农村公共事业，重视农村环境和农民健康。

综上所述，自中华人民共和国成立后，中国共产党始终高度重视农

---

① 中共中央文献研究室. 关于建国以来党的若干历史问题的决议注释本［M］. 北京：人民出版社，1983.

② 董保存. 毛泽东和世界风云人物［M］. 北京：人民出版社，1993：218.

③ 王伟光. 建设社会主义新农村的理论与实践［M］. 北京：中共中央党校出版社，2006：120.

业、农村和农民问题。关于这一阶段的乡村建设，我们党先后开展了土地改革、农业社会主义改造和合作化。这一时期，我们完成了社会主义改造，在各个方面也取得了不小的成就，1977 年的粮食产量与农林牧渔业总产值分别是 1949 年的 2.5 倍和近 4 倍。① 与新中国成立前的乡村建设不同，这一时期的乡村建设是基于我们国家政权稳定前提下实施的系统的改造乡村的方案。

三、改革时代：城乡结构重构

经历了农业的社会主义改造和合作时期，我们党更加深刻地认识到中国的根本问题就是农民问题，而农民问题就是土地问题。而且必须承认的是，我国农业发展得还是比较慢的，大多数农民的贫困问题还没有解决，农村经济不发展，中国经济也不可能发展。到 20 世纪 70 年代末，农村合作化和人民公社制的弊端日益凸显。据国务院有关部门统计，1978 年全国农村仍有 2.5 亿人没有解决温饱问题，占农业人口总数的 30.7%。② 当时农村人口占我国总人口的 80%，农村不稳定，何来整个国家政局的稳定？农村不摆脱贫困，整个国家又何来发展？"任何一个民族，如果停止劳动，不用说一年，就是几个星期，也要灭亡"，人类其他一切社会活动都以物质资料的生产活动为基础，并随着生产方式的发展变化而改变。基于为了吃饱饭的原动力，就出现了这么一批安徽小岗人，他们"不怕把天戳个窟窿"，签订"生死状"悄悄搞起了包干到户，走在了农村改革的前列。这就是实行家庭承包经营制度的原动力。

党的十一届三中全会的召开拉开了改革开放的序幕，改革，农村先行。农村改革的本质是给农民赋权，只有把自主权下放给农民和基层，农

---

① 资料来源：中华人民共和国国家统计局网站，http：//www.stats.gov.cn/。
② 中华人民共和国国务院新闻办公室.中国的农村扶贫开发［N］.人民日报，2001 - 10 - 16（5）.

民和基层的积极性才能充分调动起来，农村的面貌才能得到彻底的改变。而摆在我们面前首要的任务就是要迅速发展农业，因为农业是我们国民经济的基础，农业现代化是实现"四个现代化"的根本条件。为了全面实现农业现代化，彻底改变农村面貌，1979 年 9 月 28 日，我们党提出了 25 项农业政策、农村经济政策和增产措施，并指出在抓紧实施好这些政策措施的基础上，要发展和培养农业科技人才和经营管理人才、实现农业"机械化、电气化、水利化、化学化"，重点投资建设一批商品粮等基地，发展现代工业和交通运输业，建设现代化的农畜产品加工业，发展小城镇建设和加强城市对农村的支持，要贯彻执行集中力量打歼灭战的方针。1982～1986 年，中央连续出台了五个一号文件，指导农村改革。改革开放促进了农村改革，农村改革促进农村发展和建设。实行家庭联产承包责任制、突破"农村搞农业、城市搞工业"二元格局、启动城乡财税制度改革等都是这一时期具有重大突破意义的改革。

家庭承包经营制度的成功为我们创造了农业生产发展的奇迹。随着"大包干"在全国范围内的推进，全国上下形成撸起袖子大干一场的热潮，1979～1984 年农业连年丰收，1984 年我们出现了新中国成立以来第一次粮食过剩。家庭承包经营制度的成功改革不仅解决了农民的温饱问题，还提高了农业劳动生产率，农民实现大幅度增收。农业劳动生产率的提高使得农业劳动力需求减少，农民实现大幅度增收使得农村储蓄存款余额增加，意外又顺势地为乡镇企业的兴起和发展创造了劳动力和资金。除此之外，这一时期的农产品统派购制度的改革和商品生产的全面发展也为乡镇企业的发展打开了市场流通的渠道。这样一来，乡镇企业充分利用了农村闲置劳动力和资金，不但更进一步地促进农民增收、农民就业和农村经济良好循环发展，而且为推动城镇化和实现国家工业化、现代化做出了历史性的贡献。随着改革的深化，乡镇企业异军突起，小城镇迅速发展，我们不再禁锢于"农村搞农业、城市搞工业"的二元格局，开始走上了中国特色的工业化、城市化、城乡一体化的道路。

然而到 20 世纪 80 年代后期以后，改革开放的重心由农村转向了城市，"三农"问题开始凸显，尤其是 2000 年前后，工农业产品的"剪刀差"扩大、城乡收入差距明显，农民生活水平停滞甚至落后。尽管从 1978～2000 年城乡人均可支配收入都有了巨大的提高，但农村居民家庭人均纯收入与同时期的城镇居民家庭人均可支配收入相比依旧相差悬殊，且直到 2000 年，农村居民家庭恩格尔系数接近 50%，而这一数值在城镇还不足 40%。①

　　面对农业效益低、农民收入少和农村发展慢的问题，我们党实施了减免农业税、对种粮农民进行直接补贴和加强农业基础设施建设的政策等，取得了不错的成果。但由于新中国成立以来，我国优先发展重工业的需要使得城乡割裂，农民囿于土地而被遗忘在国家工业化进程外，农业由于长期为工业发展提供资金也导致物质技术条件无法得到改善，因此在城市越来越繁荣发展的同时，农村却逐渐走向没落，城乡发展开始严重失衡，差距悬殊。为此，胡锦涛同志在深入考察工农、城乡关系的发展后提出了"两个趋向"的科学论断。他认为，一个国家在实现工业化进程的初始阶段存在一个普遍的趋向，即是农业支持工业，为工业的发展积累资金；而随着工业化发展到一定程度后，工业、城市则应该反过来支持农业、农村的发展，从而实现工农、城乡两个关系的协调发展，这是另一个普遍的趋向。2006 年的中央一号文件进一步提出"生产发展、生活宽裕、乡风文明、村容整洁、管理民主"的要求，拉开了建设社会主义新农村的序幕。建设社会主义新农村是实现全面建设小康社会的基础。这一新的时期是我们党开始推动城乡统筹发展，践行"工业反哺农业，城市支持农村"的重要时期。国家接下来又连续出台了以"积极发展现代农业""加强农村基础设施建设""促进农业稳定农民增收""加大统筹城乡发展力度""水利改革""农业科技创新""全面深化农村改革""落实发展新理念""深入推进农业供给侧结构性改革"为主题的中央一号文件，提出了一系列聚焦于解决"三农"问题的重要举措，并投入了大量财政资金，保护和调

---

① 2000 年中国人权事业的进展［R］.北京：中华人民共和国国务院新闻办公室，2001.

动了农民的积极性，乡村的基础设施、人居环境等得到明显改善，农村呈现出良好的发展局面。2016 年，农村居民家庭人均纯收入较 2004 年翻了两番；农村居民家庭恩格尔系数由 2004 年的 47.2% 下降至 32.2%，且与城镇居民家庭恩格尔系数越来越接近。

建设社会主义新农村是一项长期而艰巨的历史任务，是见证农村发展阶段和水平的一个动态过程，更是社会主义现代化建设进程中的一个重要的历史任务。当然，"社会主义新农村建设"的健康发展需要科学的理论指导，也需要不断创新和完善的理论政策。这一时期一系列的农村改革解决了如何实现农村快速发展的问题，为乡村建设开辟了更广阔的天地。

四、复兴时代：乡村振兴战略

在百年乡村建设的历史发展进程中，中国共产党觉醒于"农民运动"、探索于"农业的社会主义改造和合作化"、选择于"农村改革"、复兴于"乡村振兴"。但无论是哪一个阶段，其最终都是聚焦于如何发展。党的十八大以来，我们党继续坚持把解决好"三农"问题作为全党工作的重中之重，持续加大对农村、农业和农民问题的政策扶持，扎实推进农业现代化和新农村建设，全面深化农村改革，农业农村发展取得了历史性成就。基于农业农村发展取得的重大成就和"三农"工作积累的丰富经验，乡村振兴战略应运而生。乡村振兴战略思想继承了历代中国共产党人"乡村建设"思想，同时它也是指导乡村建设实践的国家顶层设计。

党的十九大报告指出，我国社会的主要矛盾已经转化为人民日益增长的美好生活需要和不平衡不充分的发展之间的矛盾，宣告了中国特色社会主义进入了新时代，并指出"农村、农业和农民问题是关系国计民生的根本性问题，必须始终把解决好'三农'问题作为全党工作的重中之重，实施乡村振兴战略"。当前我国发展不平衡不充分问题在乡村最为突出：一是我国农村发展水平还比较低，2016 年，全国整体的居民可支配收入已经达到 23821 元，而农村仅为 12363 元，远低于国家平均水平；二是我国城乡差距越来越大，2016 年，城镇与农村居民家庭人均纯收入差距由 2004 年的 6308 元扩大到 21253 元。① 在解决不平衡不充分问题的过程中，最艰巨最繁重的任务在农村，最广泛最深厚的基础在农村，最大的潜力和后劲也在农村。因此，基于我国社会主要矛盾发生变化这一科学判断来看，乡村振兴战略是在解决农民温饱问题后对如何建设乡村从而提升农民的获得感、幸福感、安全感提出的更高的要求。

首先，和"社会主义新农村建设"相比，乡村振兴战略继承和发展了建设社会主义新农村时期提出的 20 字要求，提出了"产业兴旺、生态宜居、乡风文明、治理有效、生活富裕"。除了"乡风文明"没有改变外，其他四个方面均进行了内容"升级"。从"生产发展"到"产业兴旺"体现了我们党对农业及其相关产业体系的进一步挖掘；从"生活宽裕"到"生活富裕"表达了我们党想让而且有底气能让农民富起来的强烈愿望；从"村容整洁"到"生态宜居"突出了我们党对农村生态环境的重视和保护；从"管理民主"到"治理有效"反映了我们党对农村治理有效和可持续的要求。

其次，乡村振兴战略凸显了对农村生态环境、人居环境的重视。过去我们因为工业化大力发展经济导致了对生态环境的破坏。生态兴则文明兴，生态衰则文明衰，绿水青山就是金山银山。习近平总书记在 2013 年的中央农村工作会议上强调指出："中国要强，农业必须强；中国要美，农村必须美；中国要富，农民必须富。"② 2013 年中央一号文件（《中共中央　国务院关于加快发展现代农业进一步增强农村发展活力的若干意见》）提出推进农村生态文明建设，努力建设美丽乡村。生态振兴贯穿于乡村五大振兴（产业、人才、文化、生态、组织）实现的全过程，并为其提供良好的外部环境。

---

① 资料来源：中华人民共和国国家统计局网站，http://www.stats.gov.cn/。
② 中共中央宣传部. 习近平总书记系列重要讲话读本［M］. 北京：人民出版社，学习出版社，2014：82.

实现乡村振兴，摆脱贫困是前提。中国共产党自诞生之日起就在为解决贫困问题而奋斗。党的十八大提出全面建成小康社会的目标，社会主义新农村建设是建成小康社会的基础和前提。虽然全面建成小康社会与党的十八大之前的全面建设小康社会仅有一字之差，但它不仅把全面小康社会的美好图景更加具体生动地呈现在全国人民面前，而且还让我们对这个目标的实现有了明确的盼头。

小康不小康，关键看老乡。农村是全面建成小康社会突出的短板，没有农村的小康就没有全面的小康，而建成小康社会最艰巨最繁重的任务在农村贫困地区。因此，2013 年，我们党提出了精准扶贫，到 2017 年，党的十九大把精准脱贫作为三大攻坚战之一进行重点部署，聚力决战决胜脱贫攻坚。虽然 2020 年初新冠肺炎疫情的暴发给脱贫攻坚战的收官增加了难度，但我们党依旧以最大的决心、更强的力度，带领农村贫困人口全部脱贫，提前 10 年实现了《联合国 2030 年可持续发展议程》减贫目标，从此解决了困扰我们几千年的绝对贫困问题。脱贫攻坚目标任务的完成为我们党实施乡村振兴战略奠定了良好的基础。

党的十九届五中全会首次明确提出"实施乡村建设行动"，并把乡村建设作为"十四五"时期"优先发展农业农村，全面推进乡村振兴"的重点任务，摆在了社会主义现代化建设的重要位置。在"十四五"建议起草过程中，习近平总书记提到要处理好继承和创新的关系，做好"两个一百年"奋斗目标有机衔接。① 而实施乡村建设行动的提出既是对脱贫攻坚成果的巩固和对全面推进乡村振兴的有机衔接，又是对历史上乡村建设活动经验的传承，是对历史的继承和创新。当前，我们已如期实现第一个百年奋斗目标，并稳步向第二个百年目标迈进。

2021 年的中央一号文件进一步提出了"加快推进村庄规划工作""加强乡村公共基础设施建设""实施农村人居环境整治提升 5 年行动""提

---

① 中共中央党史和文献研究院. 十九大以来重要文献选编（中）［M］. 北京：中央文献出版社，2021：800.

升农村基本公共服务水平""全面促进农村消费""加快县域城乡融合发展""深入推进农村改革""强化农业农村优先发展投入保障"8项实施乡村建设行动的重要举措,为建设好乡村提供了明确的路线图。与之前的乡村建设实践不同,此次"实施乡村建设行动"首次被正式写入中央文件,充分展现了"十四五"时期我国"三农"工作的着力点,即在公共设施建设、城乡基本服务均等化、人居环境整治等方面铆足劲、做足功,搞好乡村建设,形成城乡大市场互进互促的国内大循环,加快构建新发展格局。

"实施乡村建设行动"的明确提出,既开启了百年乡村建设的征程,又是实现脱贫攻坚成果巩固和实施好乡村振兴战略,两者有机衔接的保障。从农民运动到农业社会主义改造和合作化到农村改革再到乡村振兴,虽然并没有专门以乡村建设作为关键字眼,但实际上正是这四个阶段构成了我国的乡村建设全过程。立足中国共产党百年乡村建设的历史征程,回顾我们党在各个时期为解决"三农"问题而做出的努力和取得的成就,为我们党接下来的"三农"工作提供了宝贵的经验,这是极其重要和必要的。建设一个什么样的乡村,怎么建设乡村不仅是过去百年更是未来我们党长期需要探索和研究的问题。只有建设好乡村,我们才能不辜负亿万农民百年来做出的巨大贡献,我们党才能真正做到坚持为中国人民谋幸福,为中华民族谋复兴。

参考文献:

[1] 晏阳初. 定县的实验(节选)[J]. 中国改革(农村版),2003(5):58-59.

[2] 梁漱溟. 乡村建设理论 [M]. 上海:上海人民出版社,2006.

[3] 毛泽东文集(第一卷)[M]. 北京:人民出版社,1993:37-41.

[4] 毛泽东选集(第二卷)[M]. 北京:人民出版社,1991:741-743.

[5] 毛泽东选集(第四卷)[M]. 北京:人民出版社,1991:1308.

[6] 郭海霞，王景新. 中国乡村建设的百年历程及其历史逻辑——基于国家和社会的关系视角 [J]. 湖南农业大学学报（社会科学版），2014，15（2）：74－80.

[7] 马克思恩格斯选集（第一卷）[M]. 北京：人民出版社，2012：684.

[8] 慕良泽，赵勇. 中国共产党"三农"战略：百年回溯与展望 [J]. 中国农村观察，2021（3）：13.

[9] 关于建国以来党的若干历史问题的决议 [R]. 北京：中共中央文献研究室，1983.

[10] 毛泽东文集（第七卷）[M]. 北京：中央文献出版社，1999：16.

[11] 王伟光. 建设社会主义新农村的理论与实践 [M]. 北京：中共中央党校出版社，2006：120.

[12] 马克思恩格斯选集第4卷 [M]. 北京：人民出版社，2012：368.

[13] 习近平. 决胜全面坚持小康社会夺取新时代中国特色社会主义伟大胜利 [M]. 北京：人民出版社，2017.

[14] 中共中央国务院关于加快发展现代农业进一步增强农村发展活力的若干意见 [J]. 中国合作经济，2013（2）.

[15] 中国共产党第十九届中央委员会第五次全体会议文件汇编 [M]. 北京：人民出版社，2017.

[16] 中共中央国务院关于全面推进乡村振兴加快农业农村现代化的意见 [N]. 人民日报，2021－02－22.

（执笔人：吴童，中央党校（国家行政学院）博士生）

中国共产党"三农"思想百年演变的历史逻辑

导读： 中国共产党从一百年前诞生的那一刻开始，共产党人的初心和使命就是为中国人民谋幸福，为中华民族谋复兴。中国共产党在履行历史使命，领导全国人民开展革命、建设、改革和复兴的伟大进程当中，探索解决农业、农村、农民问题，始终是取得胜利、迈向成功的一把金钥匙。回顾中国共产党"三农"思想的百年演变并总结其历史逻辑，既有历史价值又有现实意义。历史如同一簇火把，既照亮了过去的辉煌，又指引了未来的方向。

农业、农民、农村问题是关乎国计民生的战略性、全局性问题。中国共产党始终根植于"三农"问题的土壤，在理论、实践和政策上都做出了历史性的卓越贡献。回顾我党"三农"思想百年演变，可以发现：第一，指导思想：中国共产党始终把解决"三农"问题放在一切工作的首位；第二，理论武器：中国共产党始终以马克思主义基本原理指导中国"三农"问题；第三，工作方法：中国共产党始终坚持实事求是地从"三农"实际问题出发；第四，政策创新：中国共产党始终与时俱进地调整不同时期的"三农"政策；第五，实践经验：中国共产党始终以人为本调动农民的积极性和创造性。

一、指导思想："三农"问题放在一切工作的首位

中共中央从 1982～1986 年连续五年发布以农业、农村和农民为主题的中央一号文件，对农村改革和农业发展做出具体部署。2004～2020 年又连续十七年发布以"三农"为主题的中央一号文件，强调了"三农"问题在我国社会主义现代化时期"重中之重"的地位。

毛泽东同志历来重视农业生产。早在 1934 年，他就提出要把农业生产放在根据地"经济建设工作的第一位"。[①] 毛泽东同志对农业重要性的理性思考主要有以下几点：其一，农业关系到社会稳定。毛泽东同志认为，"农业关系到五亿农村人口吃饭问题，吃肉吃油问题，以及其他日用性农产品问题，……农业搞好了，农民能自治，五亿人口就稳定了"。其二，农业关系到工业发展。毛泽东同志指出，"在一定意义上可以说，农业就是工业"。其三，农业关系到国防巩固。毛泽东同志说"粮食足，军食孰能不足"。[②] 其四，农业关系到人民生活改善，毛泽东同志认为农业特别是粮食，直接关系人民的生活。农业发展了，就可以更好地供给人民生活的需要。在抗日战争时期，我党高度重视农民问题。1939 年 10 月，

---

① 毛泽东选集（第一卷）［M］. 北京：人民出版社，1991.
② 毛泽东生平和思想研讨会组织委员会. 毛泽东百周年纪念——毛泽东生平和思想研讨会论文集（下册）［M］. 北京：中央文献出版社 1994.

毛泽东同志在《共产党人》发刊词中指出:"中国共产党的武装斗争,就是无产阶级领导之下的农民战争。"1940 年 1 月,毛泽东在《新民主主义论》中明确提出:"中国革命实质上是农民革命,现在的抗日,实质上是农民的抗日。"1948 年,毛泽东《在晋绥干部会议上的讲话》和《中共中央关于县、区、村人民代表会议的指示》中都强调,新民主主义的政治,实际上就是授权给农民。新三民主义,真三民主义,实质上就是农民革命主义。大众文化,实质上就是提高农民文化。抗日战争实质就是农民战争。① 因此,农民问题就成了中国革命的基本问题,农民的力量,是中国革命的主要力量。

邓小平同志有着相似的论述。邓小平同志认为:"农业落后,工业就要受到拖累。农业发展,可以促进工业发展。农业每年增产百分之十就不容易,而食品、副食品、轻工业原料,都要靠农业。所以,农业是基础,始终要抓农业。"② 邓小平同志认为农业是基础主要表现在以下四个方面:其一,解决吃饭问题始终是我国面临的头等大事。邓小平同志指出:"不管天下发生什么事,只要人民吃饱肚子,一切就好办了"。③ 其二,农业的发展是工业与整个国民经济发展的基础。邓小平同志指出要实现四个现代化,关键是农业现代化。其三,农村的发展和稳定是整个国家发展和稳定的基础。邓小平同志强调:"农村不稳定,整个政治局势就不稳定,农民没有摆脱贫困,就是我国没有摆脱贫困"。④ 其四,农业是实现小康社会的基础。邓小平认为,只有农村实现了现代化,全国的现代化才能最终实现。

江泽民同志对"三农"问题也十分重视。江泽民同志提出:"农业、农村、农民问题是关系改革开放和现代化建设全局的首要问题"。⑤ 江泽民同

---

① 毛泽东选集(第二卷)[M]. 北京:人民出版社,1991:368.

② 中共中央文献研究室. 邓小平文集(一九四九~一九七四年)(下卷)[M]. 北京:人民出版社,2014:63.

③ 中央财经领导小组办公室. 邓小平经济理论学习纲要[M]. 北京:人民出版社,1997:92.

④ 中央财经领导小组办公室. 邓小平经济理论学习纲要[M]. 北京:人民出版社,1997:104.

⑤ 高静文,雷念曾. 社会主义市场经济的人文精神[M]. 北京:北京出版社,2005:239.

志曾总结道:"我国人民的吃饭问题,不能靠任何别的国家来解决,一是靠人家靠不住,谁也解决不了这个大问题;二是即使能够解决,也会受制于人。"① 胡锦涛同志的农业基础地位思想与邓小平同志、江泽民同志一脉相承。胡锦涛同志指出:"加强农业基础地位,高度重视并大力发展农业是我们党一直坚持的战略思想,农业是国民经济的基础,也是社会发展的基础。"②

党的十八大以来,以习近平同志为核心的党中央,把握理论与实践创新的思想逻辑和历史经验,继续推进马克思主义农业基础地位理论在当代中国的新发展。习近平总书记高度重视"三农"工作,党的十八大以来,对做好"三农"工作提出了一系列新理念新思想新战略,科学回答了新时代"三农"工作的重大理论和实践问题,是习近平新时代中国特色社会主义思想的重要组成部分,是指导我国农业农村发展取得历史性成就、发生历史性变革的科学理论,也是实施乡村振兴战略、做好新时代"三农"工作的行动指南。习近平总书记多次强调,任何时候都不能忽视农业、忘记农民、淡漠农村。

习近平总书记对农业的基础地位高度重视,提出了:"要加强和巩固农业基础地位,加大对农业的支持力度,加强和完善强农惠农富农政策,加快发展现代农业,确保国家粮食和重要农产品有效供给。"③ 民以食为天,习近平总书记将吃饭问题当作治国安邦的头等大事,指出"手中有粮,心中不慌。"④ 坚持"重中之重"战略定位,切实把农业农村优先发展落到实处。习近平总书记强调,"三农"向好,全局主动;⑤ 在2013年中央农村工作会议上指出,中国要强,农业必须强,中国要美,农村必须

① 江泽民文选(第一卷)[M].北京:人民出版社,2006:279.
② 库桂生,颜晓峰.在科学发展观的统领下[M].北京:人民出版社,2006:190.
③ 习近平谈治国理政[M].北京:外交出版社,2018:154.
④ 中共中央宣传部 国家发展和改革委员会.习近平经济思想学习纲要[M].北京:人民出版社,2022:158.
⑤ 《十八大以来治国理政新成就》编写组.十八大以来治国理政新成就(上册)[M].北京:人民出版社,2017:436.

美，中国要富，农民必须富；① 在 2017 年中央农村工作会议上再次强调，农业强不强、农村美不美、农民富不富，决定着亿万农民的获得感和幸福感，决定着我国全面小康社会的成色和社会主义现代化的质量；② 习近平总书记指出，我国农业农村发展已进入新的历史阶段，农业的主要矛盾由总量不足转变为结构性矛盾，矛盾的主要方面在供给侧。③ 2020 年 12 月 28～29 日，习近平总书记在中央农村工作会议上指出：我们党成立以后，充分认识到中国革命的基本问题是农民问题，把为广大农民谋幸福作为重要使命。④ 改革开放以来，我们党领导农民率先拉开改革大幕，不断解放和发展农村社会生产力，推动农村全面进步。全党务必充分认识新发展阶段做好"三农"工作的重要性和紧迫性，坚持把解决好"三农"问题作为全党工作重中之重，举全党全社会之力推动乡村振兴，促进农业高质高效、乡村宜居宜业、农民富裕富足。

二、理论武器：马克思主义原理指导"三农"问题

"农业、农村、农民"问题是人类社会发展的基本问题，历来受到马克思主义者的高度重视，是马克思主义的重要组成部分。我们党从农业基础论到"三农"是"重中之重"，"三农"理论在继承中发展，在发展中创新，体现着马克思主义与中国发展实践相结合的进步轨迹。

在新民主主义革命时期，以毛泽东同志为核心的党中央带领全党全国

---

① 中共中央宣传部. 习近平总书记系列重要讲话读本［M］. 北京：人民出版社，学习出版社，2014：82.

② 中共中央党史和文献研究院. 习近平新时代中国特色社会主义思想学习论丛（第五辑）［M］. 北京：中央文献出版社，2020：12.

③ 中共中央党史和文献研究院. 习近平新时代中国特色社会主义思想学习论丛（第五辑）［M］. 北京：中央文献出版社，2020：20.

④ 习近平. 论把握新发展阶段、贯彻新发展理念、构建新发展格局［M］. 北京：中央文献出版社，2021：481.

人民开始对"三农"问题进行探索。在实践斗争中逐渐意识到农民是革命的依靠力量，必须建立巩固的工农联盟，中国革命的道路也应走从农村到城市的发展道路，进而以制定完善土地为突破，不断深化土改运动，开展新式农民教育，推进民主"三三"制等，工农联盟不断建立和稳固起来，为最终赢得革命的节节胜利夯实了牢固的群众基础。在探索的过程中，中国共产党经历了由片面到全面、由不成熟到成熟的过程，这是中国特色的首次尝试，在尝试过程中获得了成功并得到了广大人民群众的高度认同。

在农业方面，马克思主义充分肯定农业在国民经济中的基础性地位以及农业发展的重要性与现实意义，认为农业的发展既是人类生存的基本需要，也是工业发展的社会基础，更是争取工农联盟的政治基础。马克思指出，"最文明的民族也同最不发达的未开化民族一样，必须先保证自己有食物，然后才能去照顾其他事情；财富的增长和文明的进步，通常都与生产食品所需要的劳动和费用的减少成相等的比例"[①]。农业生产为人类生存提供最基本的物质保障；农业部门的高生产率可保障工业部门的原材料供应、劳动力的低成本供给和可出售工业产品的农村市场的稳定，从而刺激社会财富的稳定增长。

农业是关乎天下的基础性、战略性产业，中国共产党几代主要领导人以马克思主义为理论武器，改革和探索农业集体所有制实现形式和农业生产经营模式。毛泽东同志主张通过发展合作制经济以完成对小农经济的改造，认为合作经济是中国从农业文明走向工业文明必经的过渡阶段。改革开放以来，农业集体所有制和生产经营模式发生了巨大变革，邓小平同志主张发展家庭联产承包责任制以创新农业生产关系形式，江泽民同志主张发展农地适度规模经营以实现农业改革与发展的"第二个飞跃"，胡锦涛同志主张大力发展农业产业化经营以发挥市场功能。习近平总书记指出：

[①] 马克思恩格斯全集（第九卷）[M]. 北京：人民出版社，1961：347.

"解决好'三农'问题，根本在于深化改革，走中国特色的现代化农业道路"，① 其中推进农业生产现代化和农业经营体系现代化两个方面是重点。

在农村方面，马克思主义强调城乡一体化协调发展的必要性，并提出了一系列纲领性建议。消灭城乡对立是社会统一发展的首要条件之一，但要满足这一条件还需要许多物质前提。首先是将机械、科学技术融入农业生产过程，以提高农业生产效率。其次是国家支持农业，改变生产组织模式，实现合作化生产。最后是实现人口在城乡之间均衡的分布。在消除封建生产关系的过程中，农民向城市"迁移"是一种为其带来经济收益、助其摆脱束缚的进步现象，但在推翻资本主义制度后，应当鼓励人口在全国均衡分布，建立工农业生产之间的密切联系，帮助城乡之间实现平衡发展。

马克思主义关于城乡的论述不仅在革命建设时期夺取城市政权有着指导性意义，对新中国成立以后的农村建设也有关键性作用。革命时期的农村问题首先是农村基层政权建设问题。毛泽东说："还是办人民公社好，它的好处是可以把工、农、商、学、兵合在一起，便于领导"。② 改革开放以后国家开始进行国家治理下的"乡政村治"，赋予基层更多的自主与民主权。邓小平认为权力下放是调动农民积极性的最好方式，"我们农村改革之所以见效，就是因为给农民更多的自主权，调动了农民的积极性"。③ 江泽民则强调通过村民自治完善村党组织的领导方式，将之前村基层党组织一元化领导方式转变为村两委共同治理。胡锦涛强调推进农村管理民主以完善乡村管理体制，真正做到农民群众当家作主。习近平总书记强调，我们一定要抓紧工作、加大投入，努力在统筹城乡关系上取得重大突破，特别是在破解城乡二元结果、推进城乡要素平等交换和公共资源配置上取得重大突破，给农村发展注入新的动力，让广大农民平等参与改

---

① 陈燕楠. 中国特色社会主义研究（上）[M]. 北京：人民出版社，2014：26.
② 中共云南省委党校. 毛泽东同志论农民问题 [M]. 云南：云南人民出版社，1960：72.
③ 中共中央宣传部. 邓小平同志建设有中国特色社会主义理论学习纲要 [M]. 北京：学习出版社，1995：54.

革发展进程、共同享受改革发展成果。① 要加快推动乡村振兴，建立健全促进城乡融合发展的体制机制和政策体系，带动乡村产业、人才、文化、生态和组织振兴。要走城乡融合发展之路，向改革要动力，加快建立健全城乡融合发展体制机制和政策体系，健全多元投入保障机制，增加对农业农村基础设施建设投入，加快城乡基础设施互联互通，推动人才、土地、资本等要素在城乡间双向流动。要建立健全城乡基本公共服务均等化的体制机制，推动公共服务向农村延伸、社会事业向农村覆盖。

在农民方面，马克思主义认为，农村中没有单一的农民阶级存在，农民已经或正在分化为不同的阶级。各阶级农民之间因需求的不同而存在不同的利益诉求，继而其阶级意识与阶级立场也不尽相同。随着无产阶级革命和工业化的深入推进，农民必然发生分化与无产阶级化，这就成为马克思主义关于农民的理论的核心。

1921 年 7 月，中国共产党在中共一大（以下简称"一大"）通过的《中国共产党纲领》中指出："消灭资本家私有制，没收机器、土地、厂房和半成品等生产资料，归社会公有。"在《中国共产党纲领》中虽将农民看作自己重视的社会基础，但对农民的状况未作分析。中共二大（以下简称"二大"）之后，在共产国际和列宁的帮助下，随着对中国国情的了解和农民在中国革命中的地位认识的提高，中国共产党逐步改变了过去的认识。在对农村社会阶级和阶层分析上，从"一大"的模糊认识到"二大"把农民分为三种类型，即富足的地主、独立自耕的小农、农业雇工，再到"三大"时提出的"佃户"概念。在 1925 年 5 月召开的第二次全国劳动大会上，通过了《工农联合的决议案》，明确提出：在工人阶级推翻现存制度斗争中的"同盟者的第一个，就是农民，无产阶级倘若不联合农民，革命便难成功。"在这个联合中"要由进步的无产阶级领导广大农民群众"。为反驳当时党内外对于农民运动的责难，1927 年 1～2 月，毛泽东到湖南省湘潭县、湘乡县等地进行了深入的调查研究，撰写了《湖

---

① 蒙慧. 中华民族伟大复兴的"中国梦"［M］. 北京：人民出版社，2017：278.

南农民运动考察报告》，总结了农民运动的成功经验，提出了解决农民问题的正确理论和主张：一是肯定农民运动是"中国几千年未曾成就过的奇勋"，是"好得很"，不是"糟得很"；二是强调必须实行"一切权力归农会"，农民必须"推翻地主武装，建立农民武装"，否则，一切减租减息、要求获得土地等诉求绝无实现的可能；三是提出"农民中有富农、中农、贫农三种"，其中，贫农占农村人口的七成，是革命的中坚力量；四是指出农民要推翻几千年来的压迫，必须形成一个大的革命热潮，建立农民的绝对权力。

为解决农民分化问题，增加农民收入是一个全局性的办法。中国共产党几代领导人从农民脱困、农民增收、实现共同富裕等不同视角关注农民问题。毛泽东同志主张个体农民要走逐渐集体化道路，"这是人民群众得到解放的必由之路，由穷苦变富裕的必由之路，也是抗战胜利的必由之路"。① 邓小平同志主张让农民获得经营自主权，使一部分人、一部分地区先富起来，然后先富带后富。江泽民同志提出需调整产业结构，通过发展乡镇企业等方式促使农民向非农领域合理转移。胡锦涛同志认为导致农民贫困的另一重要原因就是农民负担过重并于 2006 年取消了农业税等。习近平总书记则更关注农民职业化，处理好与农民利益密切相关的收入与土地问题，才能吸引有文化、有素质的优质劳动力从事农业活动。"让农民成为有吸引力的职业"，② 要调动农民种粮积极性，稳定和加强种粮农民补贴，提升收储调控能力，坚持完善最低收购价政策，扩大完全成本和收入保险范围。要加强对农民的科技服务，突出农民主体地位，把保障农民利益放在第一位。要探索建立更加有效、更加长效的利益联结机制，确保乡亲们持续获益。

---

① 黑龙江省商业科学研究所．毛泽东论商业［M］．黑龙江：黑龙江人民出版社，1959：8.
② 中共中央党史和文献研究员．十九大以来重要文献选编（上）［M］．北京：中央文献出版社，2019：157.

三、工作方法：实事求是从"三农"实际问题出发

实事求是思想是在我党把马克思主义与中国革命的具体实践相结合的过程中确立的。它是建设中国特色社会主义事业的指导准则。实事求是思想是国家制定对农政策的思想保证。革命性质、任务变了，而实事求是思想却经受了历史的检验，始终为我党制定正确的对农政策提供了思想保证。并且，实事求是思想是国家检验对农政策是否合理的判断标准。判断某一个政策是否合理关键在于是否坚持实事求是思想。

在民主革命时期，毛泽东是实事求是和深入调查研究的典范。抗日战争全面爆发前夕，中国共产党已经形成了以毛泽东为代表的领导核心，更重要的是毛泽东通过建党以来正反两方面的经验教训，已经找到了如何依靠农民、如何建立农村根据地的办法，即找到了适合中国国情的革命道路。中国共产党深入农村后，立即遇到了如何发动农民，建立、巩固和扩大根据地的问题，也就是如何打倒农村中的反革命势力和从人力、物力上支持革命战争。于是土地革命和根据地建设就自然成为党在农村的三大任务的组成部分。从 1927 至 1949 年的 23 年间，中国共产党始终在农村奋斗，在土地改革、农村政权建设、发展农业经济以及动员广大农民参军参战等方面，积累了丰富的经验，形成了一整套正确的理论、方针、政策和办法，为夺取全国政权奠定了坚实的基础。毛泽东对农民问题和中国革命道路的正确认识，主要得益于他的实事求是精神和深入的调查研究和实践活动。在大革命时期和土地革命时期，他做了大量深入细致的农村调查，提出反对"本本主义"；在抗日战争时期，他多次强调要反对主观主义，提倡实事求是和调查研究，他发动的"整风"运动确立了全党实事求是、一切从实际出发的认识论基础，对毛泽东思想的形成和民主革命的胜利奠定了思想基础。新中国成立后农民的土地问题更是重中之重，在以毛泽东同志为主要代表的第一代领导集体的指引下，从 1950 至 1953 年，全国范

围掀起了土改运动。土改完成后农民获得土地，生产积极性和主动性空前高涨，农村经济大大繁荣。

改革开放以来，以邓小平同志为主要代表的党的第二代领导集体，恢复了党的实事求是思想路线，强调"实践是检验真理的唯一标准"之后，突破了长期束缚中国共产党的苏联社会主义理论。党的十一届三中全会把加快农业发展问题列为重要议题，做出了"全党同志目前必须集中精力把农业搞上去"的战略决策。在实事求是思想的指引下，家庭联产承包责任制和统分结合的双层经营体制，使集体优越性和个人积极性同时得到发挥。

进入新世纪以来，江泽民同志依据农村现状提出"统筹城乡发展"，指出了处理好"三农"问题和实现城镇化是解决城乡经济发展最重要问题，为发展农村经济以及为全面建设小康社会都提供了重要依据。胡锦涛同志在党的十六届四中全会上提出了"两个趋势"的重要论断，新中国成立初期，我国处于工业初始化阶段，农业作为第一生产力为工业提供支持理所应当；但当工业化达到一定程度后，反哺农业、支持农业、与农业协调一致的发展则成为工业发展的首要目标。"两个趋势"重要论断的提出，为农业发展点明了方向。

进入新时代以来，习近平总书记作出"实事求是、因地制宜、分类指导、精准扶贫"的重要指示。[①] 实事求是思想指导农村精准扶贫，"在扶持对象精准、项目安排精准、资金使用精准、措施到户精准、因村派人（第一书记）精准、脱贫成效精准上想办法、出实招、见真效。要坚持因人因地施策，因贫困原因施策，因贫困类型施策"。[②] 始终坚持脚踏实地、立足农村实际、掌握贫困实情、讲求脱贫实效，才能营造农村脱贫户、非贫困户、贫困户自主帮扶和生产技术自愿分享的社会风尚，最终形成外部

---

① 新理念 新思想 新战略 80 词编写组. 新理念 新思想 新战略 80 词［M］. 北京：人民出版社，2016：216.

② 新理念 新思想 新战略 80 词编写组. 新理念 新思想 新战略 80 词［M］. 北京：人民出版社，2016：217.

多元扶贫与内部自我脱贫的良性机制。

四、政策创新：与时俱进调整各时期"三农"政策

中共中央关于农业与农村的一号文件引导了我国农业与农村40年的发展，主导着农业发展的走向，推动了农业发展的转型，保障了国家的粮食安全，同时也促进了国家工业化和乡村城镇化的发展。我国农村经济改革与发展，基本上可以根据中央一号文件分为以下四大阶段。

第一阶段主要是落实和推行家庭联产承包责任制、改变农村管理体制、实现农产品流通市场化。1982年的中央一号文件聚焦家庭联产承包责任制；1983年中央一号文件聚焦人民公社体制改革；1984年中央一号文件聚焦促进农村商品生产发展；1985年中央一号文件重点在于改革农产品统派销制度；1986年中央一号文件聚焦摆正农业在国民经济中的地位。这一阶段的5个一号文件，高度重视农业问题，激活了广大农民的生产积极性，农业生产率得到显著提升，温饱问题得到有效解决，农民生产生活条件明显改善。

1978年12月至1997年12月是中国农村改革的起步时期，改革发端于1978年末安徽凤阳小岗村的"大包干"。随之而来的农村家庭联产承包制犹如星星之火，短短几年时间就扩展至全国。1980年5月，邓小平在同中央负责工作人员的谈话中热情赞扬了安徽农村实行的包产到户、包干到户。同年9月，中共中央发布《关于进一步加强和完善农业生产责任制的几个问题》，由小岗村率先实行的以"包产到户"为主的农业生产责任制获得了中央最高决策层的认同。到1983年，全国90%以上的农户签订了土地承包合同，90%以上的耕地实现了家庭承包，实现了由人民公社集体经济到家庭承包经营的转变。1982～1986年，连续发布了5个中央一号文件，肯定了农村创造的经验，排除了阻碍生产力发展的思想和体制障碍，为农村改革顺利发展奠定了政策基础。1982年1月1日，中央第

一个关于农村工作的一号文件正式出台，明确指出包产到户、包干到户都是社会主义集体经济的生产责任制，建立了以家庭联产承包责任制为主要形式的农业生产方式，开启了以公有制为主体的多种经济成分并存的发展格局。家庭联产承包责任制的普遍推行，宣告了人民公社体制的解体，农户成为从事商品生产经营活动的主体。1985年，国家将粮棉油蔬菜等主要农副产品的统购统派制度逐步改革为以计划为主与市场调节为辅的制度。政府对农产品大幅度提价，调动了广大农户的积极性，粮食产量由1978年的304.76万吨增长到1991年的435.29万吨，农民人均纯收入由133.6元增长到1991年的708.6元。同时，开始将市场机制引入到农业和农村经济发展中，鼓励农民从事工商业等非农产业活动和发展乡镇企业，农业生产结构、农村经济结构趋于多元化，乡镇企业也得到蓬勃发展。1988年乡镇企业总数已发展到1888.2万个，总产值达到4764.3亿元，职工总数达到9545.5万人。

第二阶段主要是推进农村税费改革，取消农业税，促进工业"反哺"农业，实现城乡一体化发展。2004年中央一号文件聚焦于增加农民收入；2005年中央一号文件聚焦于提高农业综合生产能力；2006年中央一号文件聚焦于推进社会主义新农村建设；2007年中央一号文件聚焦于发展现代农业；2010年中央一号文件聚焦于统筹城乡发展。这一阶段的中央一号文件使我国城乡关系发生了重大转折，国家和农民的利益关系得到进一步调整，极大地推进了我国农村的发展。

2002年11月至2012年10月，这是我国统筹城乡发展时期，也是中国农村改革的深化期。农村改革面临着农业和农村发展的深层次矛盾，农业政策以保护农业生产、支持农民增收、减轻农民负担和促进农业发展为主要特征。2000年开始实行农村税费改革，2002年颁布《农村土地承包法》，用法律形式"赋予农民长期而有保障的土地使用权"。同年，党的十六届四中全会指出，中国已经进入"工业反哺农业，城市支持农村"的新阶段，实行"多予少取放活"的方针。2004年，中央发布"三农"的一号文件，实行以"取消农业税、工业反哺农业"为主要内容的农业新政，将"三农"工作作为全党工作的重中之重。农村税费改革是新中国成立以来继农村土地改革、实行家庭承包经营之后的又一重大改革。进行农村税费改革，依法调整和规范国家、集体与农民的利益关系，将农村的分配制度进一步纳入法治轨道，堵住了加重农民负担的口子，明显改善了农村干群关系，促进了农村经济发展和农村社会稳定。

2005 年 10 月，《中共中央关于制定国民经济和社会发展第十一个五年规划的建议》提出，要按照生产发展、生活宽裕、乡风文明、村容整洁、管理民主的要求，扎实推进社会主义新农村建设。2005 年 12 月，中央经济工作会议指出，建设社会主义新农村是中国现代化进程中的重大历史任务，要使建设社会主义新农村成为全党全国的共同行动。2006 年中央一号文件深刻阐述了建设社会主义新农村的重大意义，提出了社会主义新农村建设的总体要求和主要措施。社会主义新农村建设中农村经济、政治、文化和社会等方面的发展，为实施乡村振兴战略打下了坚实的基础。

2006 年在全国范围内全面取消农业税。2000～2006 年，通过减免农业税，农民人均减负 1250 元。[①] 同时，农村合作医疗制度从 2003 年起先在全国部分县（市）试点，然后逐步推行，到 2010 年基本覆盖全国农村居民。新型农村社会养老保险自 2009 年建立，并逐步覆盖全国农村。党的十七大提出"统筹城乡发展，推进社会主义新农村建设"的总体思路，党的十七届三中全会出台了《中共中央关于推进农村改革发展若干重大问题的决定》，提出稳定土地承包关系，鼓励土地合法流转。通过上述改革，农业产业结构得到进一步优化，农村社会保持稳定，农民收入比第一阶段翻了两番，农产品供给充足，为全面建成小康社会奠定了基础。

就"三农"问题来说，此时的认识基础，已经不是过去以单一公有制和计划经济为特征的社会主义理论，而是以多种经济成分并存和市场经济为特征的社会主义初级阶段理论。从农村经济发展方面看，党也改变了过

---

① 任志江. 新中国成立以来经济发展战略与经济体制模式的历史互动与历史启示 [M]. 北京：人民出版社，2018：200.

去长期强调的农业为工业、农村为城市提供积累的纯贡献型观点,改变了过去长期强调的农民就地发展、主要依靠农业致富的思想,将农民向非农产业的转移、城市化作为根本改造农村、发展农村经济的关键因素。

第三阶段是在实施城乡一体化发展战略的背景下,分主要要素从不同侧面综合推进我国农业和农村发展的新阶段。2012年中央一号文件聚焦于推进农业科技创新;2013年中央一号文件聚焦于增强农村发展活力;2014年中央一号文件聚焦于全面深化农村改革;2015年中央一号文件聚焦于加大改革创新力度;2016年中央一号文件聚焦于落实发展新理念,加快农业现代化;2017年中央一号文件聚焦于推动农业供给侧结构性改革。2011~2017年,我国农业进入了由总量不足向结构性矛盾转变的战略转型时期。在粮食连续增产的背景下,农业与农村发展的瓶颈问题也不断显现。逐一解决这些瓶颈问题,也就成为这一阶段中共中央一号文件的政策主线。而这些问题的逐步解决,也就为下一阶段我国的农业与农村全面发展奠定了坚实的基础。

第四阶段开启了我国乡村振兴战略部署的新时代。迈进新时代,农业发展的主要矛盾由总量不足转变为结构性矛盾,农村改革进入牵一发动全身的深水期,农民诉求呈现出多元、广泛、高质特点。面对新形势,围绕农业强、农民富、农村美的发展愿景,以农业农村现代化为目标,践行新发展理念,中国共产党带领人民打赢精准扶贫、精准脱贫攻坚战,积极探索农地"三权分置"改革,启动实施乡村振兴战略,开启"三农"发展新征程。

习近平总书记2013年11月16日在党的十八届三中全会上作《关于〈中共中央关于全面深化改革若干重大问题的决定〉的说明》时指出:"城乡发展不平衡不协调,是我国经济社会发展存在的突出矛盾,是全面建成小康社会、加快推进社会主义现代化必须解决的重大问题。改革开放以来,我国农村面貌发生了翻天覆地的变化。但是,城乡二元结构没有根本改变,城乡发展差距不断拉大趋势没有根本扭转。根本解决这些问题,必须推进城乡发展一体化。"① 党的十八届三中全会关于全面深化改革的决定则明确做出了"城乡二元结构是制约城乡发展一体化的主要障碍"的判断，并提出"必须健全体制机制，形成以工促农、以城带乡、工农互惠、城乡一体的新型工农城乡关系，让广大农民平等参与现代化进程、共同分享现代化成果。"根据这一判断，党的十八届三中全会提出了健全城乡发展一体化体制机制的改革举措，包括加快构建新型农业经营体系、赋予农民更多财产权利、推进城乡要素平等交换和公共资源均衡配置等。

党的十八大以来，多数地区和人口的贫困问题已得到解决，剩下的为贫中之贫、困中之困、坚中之坚，扶贫脱贫难度加大。面对复杂的脱贫形势，以习近平同志为核心的党中央把脱贫攻坚摆到治国理政突出位置，提出举全党全社会之力坚决打赢脱贫攻坚战。2012 年，党中央突出强调，"小康不小康，关键看老乡，关键看贫困老乡能不能脱贫"，② 承诺"决不能落下一个贫困地区、一个贫困群众"，③ 拉开了新时代脱贫攻坚的序幕。经过 8 年的持续奋斗，到 2020 年底，中国脱贫攻坚目标任务全面完成，提前 10 年实现了《联合国 2030 年可持续发展议程》中的减贫目标，为全球减贫事业贡献了中国力量。

党的十九大提出实施乡村振兴战略，并写入党章，这是重大战略安排。实施乡村振兴战略，开启了加快我国农业农村现代化的新征程。从本质上讲，实施乡村振兴战略就是要解决我国经济社会发展中最大的结构性问题，通过补短板、强底板，使我国发展能够持续健康、行稳致远、全面进步。坚持加强和改善党对农村工作的领导，为"三农"发展提供坚强政治保障。习近平总书记 2016 年在安徽小岗村农村改革座谈会上强调，党管农村工作是我们的传统，这个传统不能丢。在 2017 年中央农村工作会议上强调，要建立实施乡村振兴战略领导责任制，党政一把手是第一责任人，五级书记抓乡村振兴。2018 年 9 月，中共中央、国务院印发《乡

---

① 习近平谈治国理政（第一卷）［M］. 北京：外交出版社，2018：123.
②③ 习近平重要讲话单行本（2021 年合订本）［M］. 北京：人民出版社，2022：50.

村振兴战略规划（2018～2022年）》，明确了到2020年和2022年的目标任务，细化实化了工作重点和政策措施，部署安排了一系列重大工程、重大计划、重大行动。2020年，党的十九届五中全会提出，要全面推进乡村振兴，把乡村建设摆在社会主义现代化建设的重要位置，大力实施乡村建设行动。2020年中央一号文件聚焦于完成打赢脱贫攻坚战和补上全面小康"三农"领域突出短板。2021年中央一号文件对全面推进乡村振兴、加快农业农村现代化作出了新的部署和安排。2021年4月29日，中华人民共和国第十三届全国人民代表大会常务委员会第二十八次会议通过《中华人民共和国乡村振兴促进法》，自2021年6月1日起施行。制定乡村振兴促进法，坚持以人民为中心的思想，将坚持农民主体地位、维护农民根本利益作为基本遵循。乡村振兴促进法明确，国家实施以我为主、立足国内、确保产能、适度进口、科技支撑的粮食安全战略。坚持藏粮于地、藏粮于技，采取措施不断提高粮食综合生产能力，建设国家粮食安全产业带，确保谷物基本自给、口粮绝对安全。乡村振兴促进法要求发展农村社会事业，促进公共教育、医疗卫生、社会保障等资源向农村倾斜；健全乡村便民服务体系，培育服务机构与服务类社会组织，增强生产生活服务功能；完善城乡统筹的社会保障制度，支持乡村提高社会保障管理服务水平等。新时代以来，国家出台的各种利农、惠农政策凝聚社会共识，促进整个社会的公平，为全面实现小康社会做出了巨大贡献。

我国农村改革发展40年来，在中央一号文件的指引下，我们全力以赴地解决了自己的吃饭问题，同时也快速进行了国家工业化和城镇化发展。由于我国的"三农"问题是动态变化的，所以历年推出的一号文件适应了这种变化，集中力量解决了不同阶段的突出问题和矛盾，为每一个分阶段赋予了不同的目标和任务。无论每一阶段的目标和任务如何变化，不变的是农业在我国的重要地位，不变的是中国共产党人为中国人民谋幸福，为中华民族谋复兴的初心和使命。

五、实践经验：以人为本调动农民创造性和主动性

就"三农"问题来说，由于农民始终占人口的大多数，是自食其力的劳动者，我们没有理由以任何名义损害他们的利益或者剥夺他们分享现代化成果的权利。因此，一切认识和决策的前提应是：尊重农民的自主权，不能以所谓整体的利益或长远的利益为借口，剥夺或损害农民当前的利益。

一百年来，中国共产党人以不同的方式调动农民的生产积极性和创造力。

毛泽东同志认为从长远看解决农村和农民问题的唯一途径，就是将农民组织起来，变个体经济为社会主义集体经济，实现共同富裕。他认为"要巩固工农联盟，我们就得领导农民走社会主义道路，使农民群众共同富裕，穷的要富裕，所有农民都要富裕，并且富裕的程度要大大超过现在的富裕农民"。[①] 新中国成立初期，全国只有1/3的地区完成了土地改革。为了给社会主义革命和建设创造条件，农村土地改革进一步在华东、中南、西南和西北等地相继开展。1950年3月和6月，毛泽东先后在《征询对待富农策略问题的意见》和《为争取国家财政经济状况的基本好转而斗争》中提出，从根本上改善财政经济情况的首要条件就是完成土地改革。1950年6月通过的《中华人民共和国土地改革法》缩小了没收封建土地和财产的范围，相关政策由征收富农多余土地财产转变为保护富农所有自耕和雇人耕种的土地及其财产不得侵犯，为新区土地改革提供了法律依据。到1952年12月，广大新区的农村土地改革基

---

① 中共中央文献研究室.建国以来重要文献选编（第七册）［M］.北京：中央文献出版社，1993：322.

本完成。农民获得了一份属于自己的土地,实现了"耕者有其田"。最终历史证明,土改的成效是空前的。土地改革的基本思想是依靠贫农、雇农、团结中农,中立富农,有步骤有分别地消灭封建剥削制度,发展农业生产。土地改革完成后,由人民政府发给土地所有证,并承认一切土地所有者有自由经营、买卖及出租其土地的权利。土地改革以前的土地契约一律作废。1949~1952年,全国粮食年平均递增13.14%,棉花递增43.15%,而这一发展速度是空前的,取得的成果是伟大的。这三年农业政策的主要目的就是恢复农业生产,而土地改革的实施以及农业的恢复为我国农业经济的发展开了一个好头,也为新中国的建设起到了不可磨灭的作用。

1953年10月,毛泽东在中央政治局扩大会议上就粮食统购统销问题指出:"我国经济的主体是国营经济,它有两个翅膀即两翼,一翼是国家资本主义(对私人资本主义的改造),一翼是互助合作、粮食征购(对农民的改造)。"[1] 同年11月,政务院下达《政务院关于实行粮食的计划收购和计划供应的命令》,与城乡居民息息相关的粮食统购统销政策正式出台。在实行粮食统购统销制度的同时,棉花、油料等其他农产品的统购统销制度也相继建立起来,形成了一个完整的农产品统购统销制度体系。1956年毛泽东在《论十大关系》中指出,"我们对于农业、轻工业是比较注重的。我们一直抓了农业,发展了农业,相当地保证了发展工业所需要的粮食和原料",[2] 这基本上就为土改后的中国农业发展定了一个基本的调子。特定的历史时期,从国家的战略和全局角度出发,工业化是此时国家发展的核心,所以农业的定位只能是为工业化服务。在全国范围内进行的农业合作化的探索和实践高潮,使农民不再是单干的私有制农民。毛泽东同志的集体化路线通过新的制度安排从根本上荡涤了小农经济存在的基础,在广大农民中确立了一种对新生的社会主义制度的认同感。

---

① 中共中央文献研究室.毛泽东文集(第六卷)[M].北京:人民出版社,1999:295.
② 中共中央文献研究室.毛泽东文集(第七卷)[M].北京:人民出版社,1999:24.

广泛的认同感并不能彻底摆脱贫困，而以农民的个人利益取代集体利益为调动农民积极性展开了新篇章。邓小平同志指出："按照马克思说的，社会主义是共产主义第一阶段，这是一个很长的历史阶段，必须实行按劳分配，必须把国家、集体和个人利益结合起来，能调动积极性，才能发展社会主义的生产。"① 承认农民个人利益，允许一部分人先富起来，其目的都是为了调动广大农民的生产力。因为"搞平均主义，吃'大锅饭'，人民生活永远改善不了，积极性永远调动不起来"。②

改革开放以后，家庭联产承包责任制的效果极为显著，但进入新世纪以后，农民的收入又成了新的制约问题。江泽民同志深刻认识到农民收入增长缓慢是影响农民积极性的关键因素，因此继续推进农业和农村经济结构的战略性调整是增加农民收入的根本途径。同时"要积极稳妥地实施城镇化战略，加快乡镇企业结构调整和体制创新，发挥农民的主动性和创造性，广辟就业渠道和增收门路"，统筹城乡经济社会发展，促进农民非农化，极大地激发了农民的积极性，切实解决了农民增收难的问题。

由高速发展转向高质量发展的同时，农民的职业化也成了新时代的新诉求。习近平总书记曾强调，农村经济社会发展，说到底，关键在人。③因此，中央多次探索解决"如何种地"的问题，只有让农民成为体面的职业，增强农民的职业地位和声望，农民职业化才能实现。此外，习近平总书记也十分关心农民增收情况。解决农民收入问题对提高全国生活水平的重要影响，扶贫先扶志，治穷先治愚，加大国家助农的政策力度是促进农民增收的外在政治保证，推进农民群体自身观念和能力现代化是实现农民增收的内在根本途径。

---

① 中央财经领导小组办公室. 邓小平经济理论学习纲要［M］. 北京：人民出版社，1997：49.
② 邓小平文选（第三卷）［M］. 北京：人民出版社，1993：157.
③ 中共中央宣传部. 习近平总书记系列重要讲话读本［M］. 北京：人民出版社，学习出版社，2014：84.

参考文献：

[1] 中共中央文件选集（1921 - 1925）［M］.北京：中共中央党校出版社，1982.

[2] 毛泽东选集（第四卷）［M］.北京：人民出版社，1991：1432.

[3] 武力.中国共产党对"三农"问题的认识历程及其启示［J］.党的文献，2002（5）：62 - 67；中共中央文献研究室.关于建国以来党的若干历史问题的决议注释本：修订［M］.北京：人民出版社，1985：325.

[4] 毛泽东.新民主主义论（1940年1月）［A］.毛泽东选集［C］.北京：人民出版社，1991.

[5] 毛泽东选集（第一卷）［M］.北京：人民出版社，1991：131.

[6] 中共中央文献研究室.毛泽东百周年纪念——毛泽东生平和思想研讨会论文集（下册）［M］.北京：中央文献出版社，1994：140.

[7] 邓小平文选（第二卷）［M］.北京：人民出版社，1983：406.

[8] 邓小平文选（第三卷）［M］.北京：人民出版社，1993：237.

[9] 江泽民文选（第一卷）［M］.北京：人民出版社，2006：209.

[10] 中共中央文献研究室.习近平关于"三农"工作论述摘编［M］.北京：中央文献出版社，2019：67.

[11] 叶敬忠，吴存玉.马克思主义视角的农政问题与农政变迁［J］.社会学研究，2019，34（2）：1 - 24，242.

[12] 马克思恩格斯全集：第9卷［M］.北京：人民出版社，2006：347.

[13] 马克思恩格斯全集：第3卷［M］.北京：人民出版社，2006：57.

[14] 马克思恩格斯全集：第18卷［M］.北京：人民出版社，2006：313.

[15] 林星，吴春梅.习近平"三农"思想分析——基于十八大以来习近平系列重要讲话精神的解读［J］.华中农业大学学报（社会科学版），2016（4）：67 - 74，130.

[16] 迟琳.从四代领导集体的对农政策解读实事求是思想［J］.商

业文化（上半月），2011（12）：183.

［17］刘彦随．精准扶贫当实事求是讲成效［J］．人才资源开发，2016（10）：3.

［18］军利，王新华．论毛泽东、邓小平、江泽民"三农"思想的差异［J］．求实，2005（2）：11－13.

［19］宋洪远，张益，江帆．中国共产党一百年来的"三农"政策实践［J］．中国农村经济，2021（7）：2－23.

［20］王胜，吴大兵．中国共产党对"三农"问题的百年探索、经验与展望［J］．农村经济，2021（7）：1－10.

（执笔人：刘艳梅，中央党校（国家行政学院）教授）

举全党全社会之力推动乡村振兴

导读： 进入新时代以来，习近平总书记就如何实施乡村振兴战略和如何推进乡村实现振兴做出了一系列重要论述。习近平总书记关于实施乡村振兴战略的重要论述，高瞻远瞩、内涵丰富、要求明确，是新时代做好"三农"工作、推进乡村振兴的根本遵循和行动指南。实施乡村振兴战略，是以习近平同志为核心的党中央着眼党和国家事业全局、顺应亿万农民对美好生活的向往，作出的重大战略决策，是做好新时代"三农"工作的总抓手，是决胜全面建成小康社会，全面建设社会主义现代化强国的重大历史任务。我们要深刻把握实施乡村振兴战略的理论逻辑、主要内容，不断总结乡村振兴实践案例的经验，扎实推进乡村振兴战略实施不断取得新成效。

一、新时代乡村振兴的战略意义

自党的十九大以来，习近平就如何实施乡村振兴战略和如何推进乡村实现振兴做出了一系列重要论述。实施乡村振兴战略，是党中央从国家事业全局出发，顺应人民对美好生活的期待，在把握城乡关系特征和现代化建设规律的基础上提出的一项针对"三农"工作的战略部署。在新时代，只有深刻认识乡村振兴战略的重大意义，才能真正提升贯彻落实的自觉性。

（一）有助于从根本上解决"三农"问题

习近平总书记强调：从中华民族伟大复兴战略全局看，民族要复兴，乡村必振兴。[①] 从世界百年未有之大变局看，稳住农业基本盘、守好"三农"基础是应变局、开新局的"压舱石"。[②] 构建新发展格局，把战略基点放在扩大内需上，农村有巨大空间，可以大有作为。

20 世纪 90 年代以来，中国农村经历了一场激烈的变化，尤其是西部地区，乡村衰落是一个不争的客观事实。改革开放使我们获得了巨大的物质财富，创造了人间奇迹，同时也改变了中国的社会结构和自然风貌。

---

① 习近平. 论把握新发展阶段、贯彻新发展理念、构建新发展格局 [M]. 北京：中央文献出版社，2021：461.

② 习近平. 论把握新发展阶段、贯彻新发展理念、构建新发展格局 [M]. 北京：中央文献出版社，2021：463.

2.6 亿名农民工进城，使城乡人口流动带来了许多变化，青壮年劳动力向城市建设市场的转移，改变着中国社会结构，尤其是空巢村、老人村、留守儿童村和贫困村等，已成为当下中国（尤其是西部）广大农村不争的客观事实，留给人们的不是乡愁而是实实在在的"乡衰"。据住建部发布的《全国村庄调查报告》数据显示：1978～2012 年，中国行政村总数从 69 万个减少到 58.8 万个，自然村总数从 1984 年的 420 万个减少到 2012 年的 267 万个，年均减少 5.5 万个。

"三农"问题一直以来都受到党和中央高度重视，它关系到社会的稳定团结，关系到经济的繁荣发展，关系到民族的伟大复兴。党的十八大以来，党中央始终把"三农"工作作为重点，出台了一系列政策措施推进农业、农村、农民的发展。当前，农业还是"四化"同步的短板，农村还是全面建成小康社会的短腿。实施乡村振兴战略，就要贯彻党的十九大精神，牢固树立党对"三农"工作的领导，将乡村振兴战略贯彻实施。

从新世纪开始，党中央已连续出台了十六个关于"三农"工作的中央一号文件，体现了党对解决"三农"问题的坚定决心。如何从根本上解决"三农"问题，实现"三农"新发展是新时期研究的一个重要问题。习近平关于乡村振兴战略的重要论述是指导"三农"工作的重要理论，乡村振兴战略的提出为有效解决"三农"问题提供了思路和方法，推动了"三农"问题的根本解决。首先是关于解决农业问题。"中国要强，农业必须强"，当前农业还是"四化"的短板，农业发展不仅关系到现代化的进程，也关系到我国的繁荣富强。解决农业问题要推动农业现代化的发展，必须加强农业科技支撑，将现代科学技术运用到农业生产过程中。其次是关于解决农村问题。"中国要美，农村必须美"，农村发展，从根本上要依靠广大农民、发挥农民的创造力，要深入推进农村改革和制度创新，把农村活力激发起来。最后是关于解决农民问题。近年来，农民收入虽然有一定的增加，但与城市居民之间的收入差距仍然不小。要通过精准扶贫、培育新型职业农民、推动农民职业技能培训等，不断增加农民收入，让农民的钱包鼓起来。这些有关农业、农村、农民问题的措施是习近平总书记关于乡村振兴战略重要论述的主要内容，为彻底解决"三农"问题提供了坚实的保障。

（二）有助于全面建设社会主义现代化强国

习近平总书记强调：全面建设社会主义现代化国家，实现中华民族伟大复兴，最艰巨最繁重的任务依然在农村，最广泛最深厚的基础依然在农村。① 举全党全社会之力推动乡村振兴，促进农业高质高效、乡村宜居宜业、农民富裕富足。

党的十九大提出要在本世纪中叶建成社会主义现代化强国，这一重大战略部署是基于当前国际发展形势和我国发展的现状。社会主义现代化强国的建设作为一种整体性的建设，不仅要推进我国的经济建设，还要协调推进政治建设、文化建设、社会建设以及生态文明建设，不断促进社会整体文明程度提高，不断推动城市和乡村的融合发展。建设社会主义现代化强国，至关重要的一点便是要实现农业农村现代化，促进农民增收致富。当前阶段，我国广大农村地区发展落后的现状仍旧没有改变，农村基础薄弱、农村振兴难度大、农村人口多等问题突出。新时代下，乡村振兴战略的顺利实施，不仅有助于推动我国农村地区的发展，更关乎我国社会主义现代化的顺利推进，是全面建设社会主义现代化强国的重要保障。习近平总书记关于乡村振兴战略的重要论述，从实现农业农村现代化这个总目标出发，提出了实现农业农村现代化的重大意义、主要目标和根本途径，农业农村现代化是实现社会主义现代化的重要内容，只有农业农村现代化实现了，我国的现代化才能实现，才能全面建设社会主义现代化强国。

党的十九大报告把乡村振兴战略与科教兴国战略、人才强国战略、创新驱动发展战略、区域协调发展战略、可持续发展战略、军民融合发展战略并列为党和国家未来发展的"七大战略"，足见对其的高度重视。作为

---

① 中共中央宣传部，国家发展和改革委员会. 习近平经济思想学习纲要［M］. 北京：人民出版社，2022：104.

国家战略，它是关系全局性、长远性、前瞻性的国家总布局，它是国家发展的核心和关键问题。乡村振兴正是关系到我国是否能从根本上解决城乡差别、乡村发展不平衡、不充分的问题，也关系到中国整体发展是否均衡，是否能实现城乡统筹、农业一体的可持续发展的问题。为此报告对于乡村振兴战略提出了明确的发展思路、目标任务和具体措施。

党的十九大报告再次重申我党农业农村工作的指导方针，特别强调农业、农村、农民"三农"问题始终是全党工作的重中之重。多年来，中央一以贯之地坚持"三农"优先，每年的中央一号文件，基本都是有关"三农"问题的内容，这基本成为一种惯例。坚持"三农"优先，在政策倾斜、支持力度方面自党的十八大以来显得更加突出。习近平总书记深入乡村，关注"三农"，心系人民，把农村精准扶贫作为"三农"工作的核心来抓，特别是对边疆民族地区更是关爱有加。2016 年 11 月中央扶贫开发工作会议上，习近平总书记再次强调：消除贫困，改善民生，逐步实现共同富裕，是社会主义的本质要求，是我们党的重要使命。全面建成小康社会，是我们对全国人民的庄严承诺。①

二、新时代乡村振兴的理论逻辑

（一）丰富和发展了马克思主义"三农"思想

习近平总书记关于乡村振兴战略的重要论述是在继承和发展马克思主义"三农"思想基础上，立足于我国"三农"发展实际，为实现全面建成小康社会和社会主义现代化而提出的理论体系，丰富和发展了马克思主义"三农"思想。主要包括以下几个方面：

首先，丰富和发展了马克思主义"三农"思想中有关农业的理论。

---

① 国家行政学院编写组．中国精准脱贫攻坚十讲［M］．北京：人民出版社，2016：256．

马克思、恩格斯十分重视农业的基础地位，认为农业是其他一切活动的基础，同时提出了合作制理论，认为农业应朝着合作化的方向发展。中华人民共和国成立后，在当时百废待兴的情况下，以毛泽东为主要代表的中国共产党人着手开始恢复国民经济，推动发展农村互助组和合作社，组织农民走合作化道路。改革开放后，党中央提出要改变农村基本经营制度，实施家庭联产承包责任制，调动了农民的生产积极性。新时代，习近平总书记针对我国农业发展现状，提出要促进农业转型升级，构建现代农业经营体系，发展多种形式的适度规模经营。习近平总书记关于农业发展的论述，创新了农业发展模式，丰富了马克思主义"三农"思想。

其次，丰富和发展了马克思主义"三农"思想中有关城乡关系的理论。马克思、恩格斯认为城乡关系发展一共经历了三个阶段，从形成到对立，最后发展为融合。新中国成立后，针对城乡问题，党的历代中央领导集体提出了破解城乡二元结构、统筹城乡发展、推动城乡一体化发展的重大决策。新时代，城乡问题仍不容忽视，习近平总书记提出要实施乡村振兴战略，建立城乡融合发展的体制机制，推动城市和乡村融合发展。

最后，丰富和发展了马克思主义"三农"思想中有关农民的理论。在无产阶级夺取政权的过程中，马克思、恩格斯认为农民在革命中发挥着重要作用，无产阶级只有同农民联合起来才能取得革命的胜利。毛泽东认为农民问题是中国革命的基本问题，只有让农民参与到革命中，中国革命才能胜利。改革开放后，党的历届领导集体都十分重视农民问题，提出了增加农民收入、推进农村扶贫工作等一系列惠民政策。新时代，习近平总书记指出，打好脱贫攻坚战是实施乡村振兴战略的优先任务。乡村振兴从来不是另起炉灶，而是在脱贫攻坚的基础上推进。[①]

党的十八大以来，我国"三农"工作局面良好，取得了前所未有的成就。党的十九大提出的乡村振兴战略是对"三农"工作的进一步深化，"三农"问题始终是我党的重要任务，乡村振兴战略同以往的"三农"工

---

① 何邵辉. 协调推进脱贫攻坚与乡村振兴［N］. 人民日报，2018 – 12 – 24.

作本质上一样，都是为了把我国农村建设得更好，让农民更加富裕，农业现代化水平更高。新时代，习近平总书记关于乡村振兴战略重要论述的理论来源于马克思恩格斯关于农业、农村、农民的相关论述以及毛泽东、邓小平、江泽民、胡锦涛"三农"思想。习近平总书记关于农业、农村、农民提出了许多重要论述，推进农业农村现代化、深化农村改革、构建乡村治理新体系、建设生态宜居乡村、开展脱贫工作、繁荣农村文化等一系列措施，丰富和发展了马克思主义"三农"思想。

（二）新时代乡村振兴是中国特色社会主义"三农"理论的重大创新

解决"三农"问题，要立足于中国的国情，结合马克思主义的理论和方法，采用符合中国实际的方法，寻找能够解决"三农"问题的途径和方法。习近平关于新时代乡村振兴战略的重要论述植根于中国的实际，从中国当前"三农"发展现状出发，创造性提出解决"三农"问题的新理论。习近平关于乡村振兴战略的重要论述，始终坚持以人民为中心的思想，一切以人的发展为根本出发点，是新时期指导"三农"工作的根本指南，旨在于实现全面小康社会，实现伟大复兴的中国梦。

从"向科学进军"到"科学技术是第一生产力"再到"创新是引领发展的第一动力"，我们党对创新的认识日益深化。新时代，实施乡村振兴战略更离不开创新发展。相比之前的新农村建设，乡村振兴战略提出了更高的要求。产业兴旺，着眼于解决乡村发展动力问题，旨在为乡村经济发展注入新的活力；生态宜居，注重的不只是村庄面貌的整洁，而是要把乡村变成美丽的乡村，创造一个宜居的乡村生态环境；乡风文明，意味着在提升农民物质文明的同时还要注重提升农民精神面貌，不断提升乡村社会的文明程度；治理有效，要将过去只关注管理民主的方式改变，要充分重视治理的效果，加强对乡村的有效治理；生活富裕，要坚持以人民为中心，保障农民收入持续增长，不断缩小城乡收入差距，扎实推进共同富裕。

（三）新时代乡村振兴是习近平新时代中国特色社会主义思想的重要组成部分

2017 年党的十九大召开，会议将习近平新时代中国特色社会主义思想写入党章，成为我党的指导思想。习近平新时代中国特色社会主义思想始终坚定马克思主义的立场和观点，坚持科学的原则，在中国特色社会主义实践中灵活使用马克思主义方法论，形成了系统的理论，是马克思主义中国化的最新理论成果。

这一思想体系内涵丰富，乡村振兴战略便是其中一个重要的内容。党的十九大，习近平总书记提出乡村振兴战略，针对农业农村发展提出了许多重要论述，主要有：坚持农业农村优先发展、不断深化农村改革、建设美丽宜居乡村、提高农业发展质量、把握国家粮食安全、加强党对农村的领导等。这些有关农业农村发展的论述，是习近平新时代中国特色社会主义思想的重要内容，是其在"三农"领域的具体体现，是新时代实施乡村振兴的重要举措。习近平关于乡村振兴战略的重要论述以新时代中国特色社会主义思想为指导，旨在解决农业农村农民问题，涉及农村经济、政治、生态、社会、文化等各个方面，只有乡村振兴了，中国的现代化才能实现，这一思想是以习近平同志为核心的党中央立足现实、顺应时代的发展要求形成的理论体系，是推动我国发展、实现中华民族伟大复兴的行动指南。而"三农"问题一直是我国十分关注的问题，在我国发展中居于十分重要的地位，习近平乡村振兴重要论述对我国开展"三农"工作进行指导，不断推动我国乡村发展，是习近平新时代中国特色社会主义思想的重要组成部分。

三、新时代乡村振兴的主要内容

乡村振兴战略思想自成体系，对乡村振兴的发展目标、总要求和制度保障进行了全面阐述，深刻回答了"为谁振兴、谁来振兴、如何振兴"等理论和实践问题。习近平总书记强调：乡村振兴战略的总目标是农业农村现代化，总方针是农业农村优先发展，总要求是产业兴旺、生态宜居、乡风文明、治理有效、生活富裕，制度保障是建立健全城乡融合发展体制机制和政策体系。

（一）新时代乡村振兴的总目标

乡村振兴战略明确指出乡村振兴的发展目标是实现农业农村现代化。农业农村现代化发展目标与"农业强、农村美、农民富"的发展目标是一脉相承的，但"现代化"比"强富美"具有更全面和更深远的意义，对农业农村方方面面的发展提出了"现代化"要求。乡村振兴战略思想从战略性和务实性出发对发展目标拟定了时间表。到 2020 年，乡村振兴取得重要进展，制度框架和政策体系基本形成；到 2035 年，乡村振兴取得决定性进展，农业农村现代化基本实现；到 2050 年，乡村全面振兴，农业强、农村美、农民富全面实现。

（二）新时代乡村振兴的总方针

习近平总书记强调，坚持农业农村优先发展是实施乡村振兴战略的总方针，要始终把解决好"三农"问题作为全党工作重中之重，在干部配备上优先考虑，在要素配置上优先满足，在资金投入上优先保障，在公共服务上优先安排，加快补齐农业农村发展短板，不断缩小城乡差距。这为我们落实农业农村优先发展划出了重点、明确了方向。贯彻落实这一重要指示，要切实树立农业农村优先发展的政策导向，建立健全城乡融合发展的体制机制，把"四个优先"要求落到具体制度设计、政策制定、财政投入和工作重点上，建立健全与优先发展相配套的工作推动机制和政绩考核指标体系，加快补齐农业农村短板，激发农业农村发展活力。

农业农村优先发展是一个重大战略思想，充分体现了我们党对"三农"战略地位认识的发展和创新，明确了对工农城乡发展优先序的战略考量，表明在全面建设社会主义现代化国家的新征程中，要始终坚持把解决好"三农"问题真正摆在优先位置。

（三）新时代乡村振兴的总要求

党的十九大报告对乡村振兴战略的总要求是"产业兴旺、生态宜居、乡风文明、治理有效、生活富裕"，这"二十字"方针与 2005 年党在十六届五中全会提出的建设社会主义新农村的"生产发展、生活宽裕、乡风文明、村容整洁、管理民主"的"二十字"方针相比，无论在提法的表述及其内涵方面，还是在目标要求等方面，都有了不少全新的意涵和指向，必须予以准确把握，使相关政策和建设举措既契合乡村振兴战略的总体要求，又与各地乡村发展的实际紧密结合，产生切实的效率。

产业兴旺是乡村振兴的核心、基础和底线。一切社会经济发展，一切现代化建设，都以物质基础为基本前提，即以产业发展为基础。农业农村现代化也以现代化的产业体系为根本。"产业兴旺"相比"生产发展"来讲，更具有范围宽、融合强、标准高的意义。第一，即使对传统的农业产业来讲，"产业兴旺"要比"生产发展"的要求高，不但要生产，更要形成产业，而且要兴旺发达，这才是新时代农业现代化的发展要求。第二，对农村现代化来讲，产业兴旺意味着首先要在产业形态业态上有所创新，这比给定产业条件下如何使其兴旺发达的难度更大，这要求吃透中央的"五位一体"总体布局和新发展理念，树立并践行"绿水青山就是金山银山"的发展理念，才能独具慧眼地将农村的各种要素资源禀赋转变成产业优势；其次进一步要求所选定的产业兴旺发达。第三，由于乡村振兴战略将农业农村现代化合二为一表述，产业兴旺也意味着现代农业与农村产业要融合发展，向产业链延伸要效益。

生态宜居是乡村振兴的环境基础。要赋予生态宜居更多的内涵。首先，宜居的乡村生态环境不是仅仅针对乡村百姓宜居的生态环境，而且也应该是能满足城市居民对美好生活向往的宜居环境，即对城市居民开放、城乡互通的生态宜居。其次，实现乡村"生态宜居"必须对生态保护、生态产权、生态交易、生态利益等体制机制进行改革创新,以实现乡村自然生态环境保护与开发利用的和谐统一,使"生态宜居"的乡村既成为城乡居民对美好生活向往的所在地,又成为"绿水青山就是金山银山"的所在地和富裕农民的重要源泉。

乡风文明是乡村振兴的文化基础,也是乡村德治的本质体现。中国是个有着悠久文明历史的国家,同时也是个崇尚中国特色社会主义和现代生态文明的大国。这意味着,实现乡村振兴中的"乡风文明",既要体现具有明显中国特色的五千年历史传承的农耕文明,又应该彰显与现代工业化、城市化、信息化社会发展相适应的现代文明,也就是说,是体现传统文明和现代文明相互融合与发展的"乡风文明"。如何把这两种文明有机结合、融为一体,形成中国特色的现代乡村文明体系,是乡村振兴战略实施中需要重点研究和实践探索的课题。

治理有效是乡村振兴的社会基础。治理与管理的重要区别在于,治理强调的是多元的参与性和协同性,而管理强调的是纵向的主导性和服从性。乡村的"治理有效"是国家治理体系现代化和乡村"善治"的必然要求和重要组成,"治理有效"应该既体现治理手段的多元化和刚柔相济,即"三治合一",又体现治理效果的可持续性和低成本性,并且能为广大农民群众所认可、所满意。法治、德治、自治这一乡村治理体系从制度安排的角度看,法治属于正式制度和他治偏向的制度安排,德治则属于非正式制度和自治偏向的制度安排,两者一"刚"一"柔",可以实现刚柔相济、张弛有余的治理效果。自治是村民自主和民主参与的重要前提和制度安排,是乡村"治理有效"的重要制度基础。要实现乡村社区的有效自治,一方面,要清晰自治的边界,并对乡村社区组织进行必要的赋权;另一方面,要充分发挥社区集体组织的自主性和能动性。

生活富裕是乡村振兴的民生目标。具体而言,就是要消除乡村贫困,持续增加乡村居民收入,同时缩小城乡居民在收入和社会保障方面的差距,实现乡村人口全面小康基础上的"生活富裕"。居民收入水平是"生活富裕"最重要的衡量标志,但"生活富裕"不仅仅体现在收入方面,而且还应具体体现在居民生活质量方面，体现在家庭和睦、社会和谐等方面。从这一意义上讲，"生活富裕"是乡村振兴战略的终极目标。

（四）新时代乡村振兴的制度保障

习近平总书记指出，建立健全城乡融合发展体制机制和政策体系是实施乡村振兴战略的制度保障。必须健全体制机制，形成以工促农、以城带乡、工农互惠、城乡一体的新型工农城乡关系，让广大农民平等参与现代化进程、共同分享现代化成果。这些重要论述表明，推进乡村振兴，不能就乡村论乡村，核心是要重塑工农城乡关系，扭转长期以来"重工轻农、重城轻乡"的思维定势，打破城乡二元分割的体制藩篱，推动城乡要素平等交换、公共资源均衡配置，补上农村发展短板，实现城乡协调发展。

要实现城乡融合发展，必须要保障好进城农民的权益。习近平总书记一直强调一定要保障好进城农民的利益，习近平总书记在党的十九大报告中明确提出"加快农业转移人口市民化"的要求。他还指出："要加快推进户籍制度改革，完善城乡劳动者平等就业制度，逐步让农业转移人口在城镇进得来、住得下、融得进、能就业、可创业，维护好农民工合法权益，保障城乡劳动者平等就业权利。"[①] 要实现城乡融合发展，一定要切实缩小城乡各方面的差距。习近平强调，要"在资金投入、要素配置、公共服务、干部配备等方面采取有力举措，加快补齐农业农村发展短板，不断缩小城乡差距"。[②] 第一，应该切实推动乡村经济的繁荣，积极推动乡村的产业转型升级，不断提高农业的科技水平，推动乡村自身经济的不断发展。同时应该赋予农民更多的财产权利，并努力促进农民收入的增加，不断缩小乡村与城市的收入差距。第二，应该努力推动人才、资本、土地等要素实现在城市和乡村之间的双向流动。第三，教育资源方面应向乡村

---

① 转引自徐水源. 社会融合：新时代中国流动人口发展之路［M］. 北京：人民出版社，2019：23.

② 中国小康建设研究会. 中国小康之路——乡村振兴与农业农村热点问题探研［M］. 北京：人民出版社，2020：6.

倾斜，建立健全城乡一体的教育机制，要努力让农村孩子全都能够享受到公平、有质量的教育。

四、新时代乡村振兴的实践案例

（一）产业振兴——山西省五寨县

五寨曾是国家扶贫开发重点县，2018 年退出贫困县。产业振兴是乡村振兴的重要内涵，也是农民稳定增收的有力保障。近年来，当地立足实际，发展杂粮、中药材等六大产业，为乡村振兴注入强劲动力。

五寨是农业大县，全县耕地面积74.5 万亩，人均耕地8 亩，[①] 地势平坦，土地肥沃，地表和地下水资源丰富。特殊的地理条件和气候环境，为农业生产提供良好条件，该县被评为山西粮食生产先进县。依托自然资源禀赋和"中国甜糯玉米之乡"的品牌优势，该县大力发展甜糯玉米有机旱作种植，并形成了一套甜糯玉米有机旱作种植模式，其中，康宇甜糯玉米有机旱作种植加工项目是典型代表。基地建设上，该公司采取统一肥水管理、统一病虫害防控等"六统一"模式，并成立技术服务组，为种植户提供全程技术服务；种植基地监控视频与视农网中心进行对接，产品从田间到餐桌实现全程监控。甜糯玉米在为种植户带来收益的同时，也带动了当地劳动力就业增收。该项目采取订单农业的模式，成立扶贫车间，与贫困户结成利益联结机制，为当地脱贫助力。

除了玉米，五寨县还积极引进现代加工型马铃薯种植，与企业合作建设了 3 万亩现代加工型马铃薯示范基地项目，逐步建立起集"企业＋基地＋农户"的"育、繁、推、种、加、销、游"七位一体的现代农业产业体系，"小土豆"变成"大产业"。

---

① 资料来源：五寨县人民政府，http：//www.xzwz.gov.cn/zjwz/wzgk/。

　　五寨县地处高原丘陵区，中药材种植优势明显，野生中药材资源丰富。1994 年起，国家中医药管理局与其确立定点帮扶关系。如今，中药材已成为当地增收致富的特色产业。2019 年，国家中医药管理局捐资在五寨县建设晋西北中药健康产业孵化园，为全县中药材种植企业和农民种植专业合作社提供种植指导、加工、储存、销售、追溯管理、集中展示、技术培训、品牌宣传等公共服务。目前，已有 3 家企业和 7 个合作社入驻孵化园。项目建成后，可实现中药材年初加工及储藏能力 2000 吨，消化 1 万亩中药材。①

（二）乡村治理——安徽省蒋潭村

　　安徽省桐城市唐湾镇蒋潭村在探索乡村治理过程中，积极创新治理手段，拓宽治理维度，以"力度 + 精度 + 温度"的形式，助推乡村振兴，走好乡村治理善治之路。

　　蒋潭村成立"人居环境整治"建设领导小组和专业整治队伍，由"两委"班子成员带头，各条线工作人员、党员志愿者定期巡逻全村，对省道及村民宅前屋后的小道进行环境整治，清扫道路和公共区域垃圾。通过发放环境整治的宣传册和现场指导教学，让打造"宜居乡村"的概念深入每一户。

　　蒋潭村设立乡村振兴党员突击队，以乡村振兴和美丽乡村建设为主要工作内容，积极参与美丽乡村建设、人居环境整治、三湾河河道修缮等多个"急难险重"项目，通过向广大村民宣传政策，不断协调沟通，努力弥合分歧，化解矛盾纠纷，保障项目顺利实施，推进农村环境优质化。进一步贯彻落实全市新冠疫苗接种工作，蒋潭村"两委"迅速响应，利用党员大会和走访入户的形式进行宣传动员，做好村民群众的思想教育工作，积极劝导、耐心解惑，并主动联系车辆共同前往，做好全程组织服务

---

　　① 山西五寨：走出特色产业发展的乡村振兴路［EB/OL］. 中国日报网，http：//caijing. chinadaily. com. cn/a/202109/17/WS61444634a310f4935fbee511. html.

工作。通过地毯式全员摸排和家政式跟踪服务，确保全村村民应接尽接，切实增强村民群众的安全感，共同守护"平安蒋潭"。

积极创建红色教育基地，努力挖掘本村红色资源。坚持以基层党建为引领，创新多种学习模式，组织村民观看"习近平总书记在庆祝中国共产党成立100周年大会上的讲话"，请乡村振兴驻村工作队队长宣讲桐城市第十五次党代会精神，积极组织健康睡眠讲座、送戏下乡等各类公共文化活动，做到寓教于乐；坚持以"美在生态、富在产业、根在文化"为主线，以挖掘、宣传"中共桐怀潜中心县委第一次代表会议""大独山烈士陵园"等革命精神为重点，在优秀红色资源挖掘上着重发力，将红色文化和乡村振兴相融合，积极营造优良乡村文化。

唐湾镇蒋潭村以村民美好生活为导向，积极拓宽维度，深入探索乡村治理的有效实现形式，不断增强农民群众的获得感、幸福感和安全感，走好乡村治理善治之路。

（三）人才振兴——四川省雅安市名山区

四川省雅安市名山区立足自身实际，瞄准关键障碍，积极探索，大胆创新，在激活乡村人才内生发展动能、培养高素质乡村人才等方面取得重要突破，名山区联合中国扶贫基金会、地方政府、相关社会组织探索建立了乡村人才综合化孵化平台，成立了以合作社理事长为主要培养对象的教育培训类实体机构——四川省蒙顶山合作社发展培训学院，形成了系统化、综合化、专业化的乡村人才培训体系，致力于为乡村持续输送农村集体经济组织带头人、合作社理事长、职业农民等高素质人才，加快构建"本土人才+复合人才+领军人才+精英人才"的"人才雁阵"，从根源上破解乡村人才不足的难题。

培育留得下的本土人才。本土人才是巩固拓展脱贫攻坚成果和全面推进乡村振兴的"基本盘"，是推进乡村发展最基本、最稳定的力量。中国扶贫基金会、对口支援单位及参与乡村振兴的社会组织能够为乡村注入丰富的人力资源，但在地性和乡土融入度相对不足，难以从根本上增强农业农村发展的内生力量。名山区结合乡村人才需求，加强在地乡土人才培育，致力于为乡村培育稳定性、专业性更强的本土人才。一是培育本土实用人才。立足茶叶种植和加工、猕猴桃种植、畜禽养殖、电商推广等内容，实施农村实用人才培育计划，通过"传帮带"和基地实训，培训了大量茶叶和水果种植、畜禽养殖、电商推广等方面的实用人才。二是培育本土工匠人才。围绕特色产业发展和专业技能提升需求，通过校企合作、定向培训等方式，培育一批评茶、制茶高技能工匠人才，传承茶艺工匠精神，撬动名山茶文化品牌建设。三是培育本土干部人才。实施"千名党政人才能力大提升计划"、新时代治蜀兴川执政骨干递进培养名山"栋梁计划"，组织党政干部参加各类"短小精专"培训班。鼓励在职干部继续深造，对获得学历学位证书的给予学费总额 30% 的奖励，提升干部推进乡村振兴、服务乡村发展能力。培育具有综合能力素质的复合型人才。农业现代化转型要求农业从业者具有综合化的能力素质。名山区针对乡土复合型人才短缺的痛点，以增加总量、改善结构、提高能力为核心，多方联动开辟一体化复合型人才培育路径。一是培育生产型复合人才。围绕种养业全产业链条，制定系统化的培训课程，新增农业信息化、农产品电商、品牌建设、销售渠道拓展等培育内容，使农户在产前、产中、产后等环节均能得到及时的专业化指导。紧跟乡村产业发展趋势，开展农文旅融合发展的新业态培训。二是培育组织带动型复合人才。根据当前农村集体经济组织、合作社发展等需求，依托合作社发展培训学院，联动高校、政府、科研院所、社会组织等多元培训主体，建立以合作社理事长为主要对象的组织带动型复合人才培养机制。在培训内容上，强化从科学素质、专业技能、组织管理等方面进行全方位赋能。在培训方式上，强化案例和实践结合教学。更为重要的是，在培训路径上，开展培训后跟踪服务，通过项目实施引入社会资本和公益资本，为培训对象后续发展提供资金、渠道、品牌打造等全链条增值服务，打通其成长发展通道。

　　培育引领产业发展的领军人才。领军人才在延长乡村产业链、打造产业集群方面发挥着重要作用，其数量多寡和引领能力大小关乎产业质量、效益和竞争力高低。名山区按照"围绕产业链打造人才链"的思路，致力于培养具有敏锐洞察力、较强引领带动力和娴熟专业技能的产业领军人才。一是培育特色优势产业领军人才。针对茶叶、猕猴桃、食用菌、生猪等特色产业的发展需求，采用"定向培育＋精准扶持"的"订单式"孵化模式，将农村致富能人、合作社带头人、种养大户和大中专毕业生等作为产业领军人才重点培养对象，并在土地、资金、技术等方面予以重点倾斜和扶持。二是培育新兴产业领军人才。抢抓短视频、直播带货等电商发展风口，培育一批农村电商创业带头人。同时，引入中国扶贫基金会电商扶贫项目，依托合作社发展培训学院，不仅通过"智慧教室"搭建农村电商实践教学平台，形成"合作社＋基地＋农户＋电商"全产业链发展体系，还提供销售渠道、品牌建设等配套扶持服务，实现农村电商发展中缺技能、缺渠道、缺品牌等瓶颈的全面突破。

培育带动小农户成长的精英人才。在完善与农户之间的利益联结机制基础上，乡村精英可以带动小农户融入新产业新业态新模式，帮助小农户实现能力提升和稳步增收。名山区充分利用各类农村人才培训资源和项目，全面推进乡村精英人才队伍建设。一是培育在地乡村精英。接力脱贫攻坚致富带头人工程，依托合作社发展培训学院，以涉农企业负责人、村集体经济负责人和农民合作社带头人等为主体，壮大在地乡村精英人才队伍。鼓励在地乡村精英通过多种形式与小农户建立利益共同体，扩大其示范带动效应。二是吸纳在外乡村精英。打好"乡愁乡情＋发展收益"组合牌，以项目为载体，吸引外出经商人员、高学历人才、高技能人才等在外乡村精英回流，培育一批懂经营、善管理的"高学历农民""企业家农民"。同时，为他们打通融入现代农业发展的通道，鼓励他们与小农户构建利益联结机制，形成精英人才与小农户共生发展格局。

（四）美丽乡村——江苏省昆山市

近年来，昆山市大力推进乡村振兴战略，整合各村产业、生态、文化等资源条件，深入挖掘自然生态资源和人文资源，加大"美丽镇村"建设和田园特色乡村建设力度，以乡村旅游的标准打造"美丽乡村"，持续改善农村人居环境，推动"美丽乡村"产生"美丽效应"。

砖窑文化馆由建于 1981 年的原淀西砖瓦二厂改造而成，这原是一座保留着现代"洋窑"（德国霍夫曼窑）原型的 24 门轮窑，在 2012 年停产。当时，锦溪正全面深挖可以唤醒乡村生机的优势资源，而祝甸最大的特色就是金砖和古窑。2015 年，由中国工程院院士、建筑大师崔恺担纲设计，昆山市对祝甸砖窑厂进行改造，打造了独具特色的"祝甸砖窑文化馆"。2016 年，该项目被国家住房和城乡建设部评为全国优秀田园建筑实例一等奖。2017 年，张浦镇金华村北华翔、周庄镇祁浜村三株浜、锦溪镇朱浜村祝甸自然村被列入省特色田园乡村建设首批试点村庄名单。

为了加快推进特色田园乡村建设，2018 年，昆山市将 3 个试点村建设列入政府实事工程，以"一张图"为引导，在保护好农村生态、传承好历史文化的前提下，营造"江南湖荡圩田乡村"，规划以江浦路—同周公路生态廊道串联这 3 个试点村庄，并整合沿线各具特色的村庄，带动整个南部片区，探索苏南"后工业化"时代"田园活化、乡村复兴"路径。

在推进"美丽乡村"建设中，昆山市按照"一村一品"的发展思路，在发挥资源禀赋上做文章，在盘活闲置资源上求突破，在深挖文化内涵上下功夫，通过"美丽村庄"建设和特色田园乡村建设，带动经济发展，促进农民增收。围绕有资源、有产业、有文化的重点村和特色村，昆山市做精做细传统特色产业，挖掘村庄的产业优势，构建有特色、有品质、有创意的农旅融合产业链；对于有闲置宅基地的村庄，昆山市对"美丽村庄"建设与乡村旅游发展同步谋划、同步实施，培育主题民宿、休闲农庄、观光农场等新型业态，推出了一批特色鲜明的旅游产品，打响了"乡伴好时光"乡村旅游品牌，也为村级集体经济发展培育了新的增长点。同时，昆山市还挖掘和弘扬优秀乡土文化和农耕文化，加大对古村落、古民居、古建筑等文化遗迹遗存的保护开发力度，注重对传统艺术、传统民俗、人文典故、地域风情等非物质文化的传承，征集乡村历史故事，挖掘村史村志，着力建设一批宜居宜业宜游的历史文化名村，努力使乡村文化成为"美丽村庄"的亮点和休闲旅游的卖点。

2019年3月15日，千灯镇与苏州文旅集团、苏州亚太集团签订歇马桥乡村文旅综合体项目战略合作协议，就保护开发歇马桥特色资源、发展"农文旅"融合新业态、创新合作运营模式等方面达成协议，共同建设运行歇马桥乡村文旅综合体。

歇马桥村位于千灯镇东南部，因南宋抗金名将韩世忠在此歇马而得名。早在2011年，千灯镇就启动了歇马桥村村庄整治提升工作，从建筑、公共服务设施、道路、绿化景观、环境卫生、市政设施这六个方面进行整治和改造。同时，严格落实古村落保护和风貌管控措施，坚持修旧如旧，妥善开展保护性修复，由古建专业机构对老街明清建筑进行重建，对歇马古桥等3座古桥进行复原。

独特的资源禀赋为歇马桥发展乡村旅游带来巨大潜力，解决了古村落保护、村庄建设发展、持续富民增收等难题。国企、民资携手发力，通过多方合作，有效叠加制度、资本、产品、运营等发展要素，将有力盘活歇马桥生态、文化、历史、风俗等特色资源，促进特色产品开发、特色产业植入，带动农业产业链延伸、价值链提升，同时吸引村民参与，有效激发农村资源活力，有利于加快农村发展、农民增收、农业升级。

（五）生态宜居——山东省兰陵县代村

随着乡村振兴战略的实施，兰陵县立足丰富的生态、文化及红色资源，把发展乡村旅游作为乡村产业振兴、人才振兴、文化振兴、生态振兴、组织振兴的重要举措，探索出一套乡村旅游驱动乡村振兴的"兰陵模式"。

代村地处山东省临沂市兰陵县城西南历史文化悠久。20世纪90年代，代村集体负债380万元。[①] 近年来，代村以"农业＋文化＋旅游"一

---

① 牛震. 王传喜. 乡村振兴的"领头雁"[J]. 农村工作通讯，2018（Z1）：54-55.

体发展模式，依托兰陵国家农业公园，发展红色旅游、古镇旅游、田园旅游、工业旅游等多元旅游项目，丰富旅游内容。2020年，代村接待游客100万人次，旅游综合收入7000多万元，门票纯收入2600余万元。①

在县乡党委政府的指导下，代村"两委"班子在广泛征求党员群众意见建议的基础上，提出了新思路和村庄建设的新目标，制定了"3531"发展规划："五区一网"，即种植区、养殖区、加工区、商贸区、生态庭院区和村庄整体绿化网；"五园一带"，即花卉园、果品园、蔬菜园、良种示范园、农业观光园和全民健身带；"五场一站"，即奶牛场、养猪场、水貂场、养鱼场，以及饲料厂和生活用沼气站。

按照村庄建设与发展规划，从2006年开始，代村分批实施旧村改造，2014年全部完成旧村改造，新建多层居民楼65幢，单户小康楼160座，老年公寓4幢，建设了便民服务中心、村民公共浴池、公共食堂，村民居住区实现了"五化""八通"，统一物业管理，污水和垃圾集中处理。代村累计完成投资规划建设了占地300亩的代村商城；建成了农展中心、农展广场、农科蔬苑、华夏菜园、沂蒙山农耕博物馆、湿地涵养区、大田风光区等十几处产业中心。②

百业兴旺之时，代村始终牢记"把广大农民对美好生活的向往化为推动乡村振兴的动力"，由村集体出资保障村民各项福利，全体村民基本生活食品无偿配供；60岁以上老人免费入住基本生活设施一应俱全的"老年公寓"，按月享受"老年优待金"；村民100%参加"新农合""新农保"，所需资金全部由村集体负担；非义务教育阶段学生享有2000～10000元不等的"助学金""奖学金"；全村凡有劳动能力的村民实现了人人就业、人人有工资性收入、家家有分红收入，过上了城里人都羡慕的好日子。

---

① 乡村好时节兰陵国家农业公园："农文旅"融合带动乡村振兴｜旅游｜园艺［EB/OL］.网易订阅，https：//www.163.com/dy/article/GKGRVONK05506JGF.html，2021－09－22.

② 兰陵县代村争做乡村振兴的排头兵村集体收入过亿元［EB/OL］.网易新闻，http：//sd.news.163.com/18/1203/11/E23L9T2F04379BVJ.html，2018－12－03.

早在 2002 年，村"两委"一班人就带领村民搞起了"五园一带"，即花卉园、果品园、蔬菜园、良种示范园、农业观光园和全民健身带。2005 年，代村抓住农业产业化发展的有利契机，走上了发展现代农业的道路。坚持依法、自愿、有偿原则，统一流转了全村 2600 亩土地，村集体统一供应粮油和生活必需品等。2007 年，与毗邻 5 个村的 2200 多家农户签订了土地流转协议，流转土地 7000 余亩。① 村集体统一经营的土地达到了 1 万余亩，高标准规划建设了现代农业示范园，有效推动了全县蔬菜产业的转型升级。2012 年，顺应乡村旅游产业发展，启动了现代农业示范园、兰陵国家农业公园的"双园"一体化开发建设。总投资 10 亿元，规划建设了占地 2 万亩的国家农业公园，先后被评为国家 AAAA 级景区、全国休闲农业和乡村旅游示范点、全国休闲农庄等荣誉称号。②

目前，代村已建成农展中心、农展广场、锦绣兰陵、农科蔬苑、华夏菜园、沂蒙山农耕博物馆、雨林王国、竹林水岸、新天地游乐场、新天地生态酒店、银湖度假村、湿地涵养区、大田风光区等十几处产业中心，吸引了 10 家企业、6 家专业合作社、200 多个种养大户入园经营，创建了 4 个有机品牌、10 个绿色食品品牌，实现了经济效益、生态效益和社会效益的百花齐放。

参考文献：

[1] 成芳. 习近平关于乡村振兴战略的重要论述研究 [D]. 兰州理工大学，2020.

[2] 丛永笑. 习近平乡村振兴重要论述研究 [D]. 山东师范大学，2020.

[3] 韩长赋. 关于实施乡村振兴战略的几个问题 [J]. 农村工作通讯，2019 (18)：12 - 19.

---

① 牛震. 王传喜. 乡村振兴的"领头雁" [J]. 农村工作通讯，2018 (Z1)：54 - 55.
② 资料来源：兰陵国家农业公园官网，http://www.llgjnygy.cn/col.jsp? id = 109。

［4］张海鹏，郄亮亮，闫坤．乡村振兴战略思想的理论渊源、主要创新和实现路径［J］．中国农村经济，2018（11）：2－16.

［5］黄祖辉．准确把握中国乡村振兴战略［J］．中国农村经济，2018（4）：2－12.

（执笔人：魏怡雪，中央党校（国家行政学院）博士生）

乡村振兴背景下加速数字乡村发展

导读： 当前，新一代信息技术创新空前活跃，不断催生新技术、新产品、新模式，推动全球经济格局和产业形态深度变革。以习近平同志为核心的党中央高度重视数字乡村建设，2018 年的中央一号文件首次提出大力发展数字农业，实施数字乡村战略。数字乡村是伴随网络化、信息化和数字化在农业农村经济社会发展中的应用，以及农民现代信息技能的提高而内生的农业农村现代化发展和转型进程，既是乡村振兴的战略方向，也是建设数字中国的重要内容。① 实施乡村振兴战略必须紧抓信息化带来的重大历史机遇，必须深刻认识到实施数字乡村战略是历史与现实的必然选择。回顾数字乡村发展现状并进行展望，对于进一步深化数字乡村建设具有深远的意义。自首次提出数字乡村发展理念以来，数字乡村就成为学术界的研究热点。本文以中国知网和 Web of Science 为数据来源，运用 CiteSpace 可视化分析软件，对被引文献和引文进行相应数据挖掘和计量分析，把握其最新进展、前沿热点、演化路径和未来趋势，为相关研究提供依据。研究发现：我国数字乡村发展处于初步发展阶段且发展较不均衡，国外发达国家处于研究的相对成熟时期；我国的研究更注重经济效益评价或是政策解读分析，国外的相关研究更重视信息技术与实践应用；我国的研究热点紧跟国家政策导向，国外的研究热点紧跟科技发展创新，更多关注于 5G 时代、人工智能等科学技术背景。

---

① 数字乡村发展战略纲要［R］. 北京：中共中央办公厅，国务院办公厅，2019.

一、数字乡村建设的时代意义

（一）我国数字乡村建设的时代意义

根据互联网世界统计（Internet World Stats，IWS）数据显示，截至2020年5月31日，互联网用户数量达到46.48亿人，占世界人口的比重达到59.6%，4G及以上网络覆盖的人口规模已经超过60亿人，千兆互联网覆盖全球61个国家的4.13亿人。数字化发展趋势愈加明显，数字经济规模持续扩大。当前数字革命浪潮正席卷我国"三农"领域。"宽带中国""普遍服务"等计划的实施有效提升了我国数字基础设施与服务的发展水平，使得农村数字基础设施明显改善。在农业生产方面，物联网等现代信息技术在种植业、养殖业等行业得到了广泛的推广应用，在"四情"监测、轮作休耕监管、动植物疫病远程诊断、农机精准作业、无人机飞防、精准饲喂等方面取得了明显成效。电商平台、直播带货等在线销售方式，日益成为农产品销售的重要渠道，对畅通农产品销售、拓展消费市场、增加农民收入，特别是对产业扶贫发挥了重要作用。

2019年县域农产品网络零售额为6087.1亿元，占农产品交易总额的10.0%，已建电子商务服务站点的行政村共33.6万个，行政村覆盖率达到74.0%。各级政府主导推动下的电商进农村、电商扶贫工程，取得了一系列明显成效，成为助力脱贫攻坚的亮点之一。在农村生活方面，网络应用场景不断扩大，农民生活更加高效便捷。网络成为农民学习种植技术、租赁大型农机、遥控无人机植保作业的好工具，手机成为新农具；微信、抖音等应用成为留守人群与家人互致问候的好渠道。同时，数字技术的应用逐步在乡村治理、政务服务、基础教育、医疗养老、生态保护等方面推进，逐步形成数字化的乡村治理、服务方式。数字革命将为乡村的生产、生态、生活带来一场大规模的变革。

中共中央、国务院印发的《乡村振兴战略规划（2018～2022年）》提出了要实施数字乡村战略，大力发展数字农业。2020年中央一号文件更是明确提出要开展国家数字乡村试点。

充分认识和深刻把握数字乡村发展战略实施的重大意义，有助于明确历史使命，坚定发展方向，增强奋斗决心，提高执行标准，统一行动意志。中国数字乡村发展战略是在立足"三农"、对标城市、审视全国、放眼世界、承前启后、继往开来的基础上提出的，具有深远的现实意义。

第一，建设数字乡村是实现乡村全面振兴的迫切需要。党的十九大报告首次提出乡村振兴战略，乡村振兴的核心和基础在于乡村产业振兴。乡村振兴是一项系统性工程，而数字技术能够渗透到乡村经济社会的方方面面，发挥对资源配置的集成与优化作用。数字乡村建设的重要内容就是利用第四次工业革命成果促进农业生产数字化转型、发展农村数字经济、开展农村经营网络化和乡村旅游数字化等，不仅能够促进传统农业和农村经济向现代化的数字农业和农村经济转型，实现农业生产的智能化和精准化，而且能够结合物联网、智能制造、人工智能、基因工程等新技术形成新产业和新业态，如农村电商等上下游产业的出现，从而促进乡村产业出现质的飞跃发展。

第二，建设数字乡村是促进城乡融合发展的有效途径。城乡融合实质是城乡之间的生产要素共建共享，通过数字经济打破城乡之间行政区划的空间壁垒，以信息流为线，将城乡之间的人力物力和财力串成要素链条，促进数字化生产。一方面，推进高新信息技术、工业品下行进村。面对日益增长的乡村消费需求，部分互联网企业、数字企业向农村布局，为农村地区提供各种生产资料，提供农业技术服务，在农产品生产流通和消费过程中应用科技信息技术，拓展农村的产业链和供应链。另一方面，推进农产品上行进程。国家在实施数字乡村战略中，提出要开展"电子商务进农村综合示范""'互联网＋'农产品出村进城"两项工程，畅通城乡之间的"信息高速公路"，以农村电商为平台，打开城乡之间产品的线上营销和线下交易的通道，推动农村商品产品和城市需求有效对接，构建消费需求为导向的农业生产经营体系。

第三，建设数字乡村是实施数字中国战略的主要根基。习近平总书记在致首届数字中国建设峰会开幕的贺信中指出："加快数字中国建设，就是要适应我国发展新的历史方位，全面贯彻新发展理念，以信息化培育新动能，用新动能推动新发展，以新发展创造新辉煌。"数字中国战略思想为把握信息革命历史机遇、加强网络安全和信息化工作、加快建设数字经济强国指明了前进方向，提供了根本遵循。数字乡村是数字中国的有机构成部分，但与智慧城市建设相比，数字乡村建设明显滞后，数字经济在农业中的占比远低于工业和服务业，成为数字中国建设的突出短板。《中国数字乡村发展报告（2019 年）》显示，2018 年中国数字经济规模占 GDP 比重达 33％，而农业数字经济规模占第一产业增加值的比重仅 7.3％。因此，必须加快数字乡村建设，催生和培育农业农村新业态、新模式，为实现网络强国和农业农村现代化提供有力支撑。实施数字乡村战略，还可强化农村基层治理工作，提升乡村治理体系和治理能力现代化水平，筑牢数字中国的根基。

第四，建设数字乡村是增强国际竞争实力的必要举措。国际竞争说到底是科技与人才的竞争。在全球经济增长乏力的背景下，数字经济在提升全要素生产率和促进传统产业提质增效方面表现出卓越成效，呈现逆经济增长态势，被认为是全球经济增长的新源泉和撬动经济发展的新杠杆。发展数字经济成为全球共识，多国将数字乡村建设作为战略重点和优先发展方向，试图加快实现数字经济与农业农村的深度融合。中国应该积极抓住历史机遇，努力抢占新经济的制高点。建设数字乡村，有助于扩大数字技术的商业化应用市场，激发信息产业纵深发展，培育更多数字人才，激励数字人才下乡投资与服务，诱导外出务工求学人员返乡创业就业，促进农村劳动力结构优化，改善农村人力资本，转变农业生产方式，提高农业科技含量，对增强中国在科技、人才、农业等领域的国际竞争实力具有重要的支撑作用。

第五，建设数字乡村是应对全球复杂形势的必然选择。在经历了短暂的复苏后，当前世界经济增长总体上动能不足、增长持续放缓，尤其是2020年初暴发的新冠肺炎疫情给全球经济社会造成了较大的冲击，全球经济继续下滑，金融市场剧烈波动。全球疫情和世界经济形势依然复杂严峻，国际政治局势波谲云诡，国际贸易关系不断演化。为应对疫情防控、政治关系、贸易摩擦等方面的挑战，中国必须集中力量办好自己的事，着力构建以国内大循环为主体、国内国际双循环相互促进的新发展格局。在新发展格局下，农业农村既是供给的主力，也是消费的腹地。在数字经济的驱动下，乡村正在成为生产与消费的一个新兴地理空间。建设数字乡村，一方面有助于加快释放数字技术对农业稳基础、保供应、提质量、增效益的赋能力量，保障粮食安全，促进农业多功能性发挥；另一方面有助于加快打通内循环的堵点，促进释放县乡市场的巨大内需潜力，形成城乡双循环互相促进、区域多循环融合发展的国内大循环格局。

（二）我国数字乡村建设的主要特点

数字乡村在科技飞速发展、推进乡村振兴、推动农业农村现代化的时代背景下，通过在生产中应用新技术、新设备，淘汰了落后的生产方式，改变了乡村生活方式，改善了乡村生态环境，因而呈现出其鲜明的特点。主要表现如下：

第一，凸显以人为本的特点。技术在社会治理中具有两面性，它既通过发展生产和主体赋能促进乡村发展，又因其缺乏约束和平台固化而带来乡村社会风险。因此，数字乡村建设需要坚持以人为本的理念，强调技术优良的一面，以满足村民需求、保障村民利益、促进乡村高质量发展。首先，坚持以人为本须满足村民需求。数字乡村建设通过搭建数字化生活平台，将事务办理、文化教育、交通播报、生活超市等服务迁移至平台，可以有效满足村民的多元化需求。其次，坚持以人为本要求保障村民切身利益。数字乡村建设通过加快构建包括网络行为规范、安全生活机制、生产管理守则的制度体系，规范网络社会秩序，为维护村民利益提供制度支持。最后，坚持以人为本要求促进乡村高质量发展。数字乡村建设运用数字技术优化乡村治理资源，将乡村发展与城市发展相联结，助推乡村的高质量发展。例如，浙江省龙游县为了给村民提供服务，开发了"村情通"平台，切实发挥村务公开和村民信箱功能，结合全民网格制度，形成共建共治共享的治理格局。

第二，彰显动态发展的特点。科技的发展愈加迅速，技术的革新与应用的时间间隔逐步缩短，在信息时代，越来越多的新技术、新设备被应用到生产生活中。对于农业生产而言，从古老的"刀耕火种"过渡到了机械化生产，进而再发展为信息化、智能化农业。过去的乡村落后、封建、保守，村民的生活水平较低，年轻人无法接受优质的教育，没有学识和技能便无法走出乡村，立足于城市，只能留在乡村从事农业生产，收入较低，从而形成一个乡村落后、贫困的循环。然而，先进科技的应用，使得农业的生产方式得到改变，农民的收入得到提升，而互联网的普及让农民能够看到更广阔的世界，乡村的教育水平得到提升，年轻人学到了更多的知识、更专业的技术，既能进入城市工作生活，又能通过已经熟练掌握的技术从事农业和其他乡村产业，提高生活水平，从而摒弃落后、封建的思想，更加积极向上。

对于建设数字乡村而言，先进的科技的应用是乡村建设的重点内容。建设数字乡村，推进乡村产业信息化、智能化所应用的互联网技术、物联网技术、大数据技术、云计算技术等先进技术都是随着科技的进步发展而来。随着更多新技术日常生活中的应用，乡村居民的生活也更加方便快捷，而随着乡村居民在生活中使用各种设备的智能化程度的加深，乡村居民的生活方式也会更加智能。科学技术的发展永远不会止步，随着科学对自然规律的进一步探索，会出现越来越多的新技术、新装备、新理念，而数字乡村的建设也会随着科技的进步向更加绿色、智能的方向发展，因此，数字乡村彰显了动态发展的特点。

第三，具有促进经济发展的效能性的特点。数字乡村建设以长远、全面、可持续的发展观念指导实践，追求涵盖经济、社会、生态的高效能乡村建设目标。首先，数字乡村发展以提高治理效率为基本要求。数字乡村将数字技术作为产业发展的新型生产力，将技术投入作为提高经济效益的最大变量，从而构建发展高效、集约、绿色的现代产业形式。其次，数字乡村建设以优化治理效益为发展目标。数字乡村通过完善数字化基础设施，建设数字医疗、社会保障等城乡一体化的社会工程，为村民提供平等、便捷的公共服务，为满足村民需求、协调民间矛盾提供有力保障。最后，数字乡村建设效应是乡村发展可持续的重要标准。在乡村经济发展、制度设计的基础上，数字乡村运用数字技术优化资源开发技术，加强环境保护，创新"数字＋生态""数字＋旅游""数字＋文化"等乡村发展模式，为现代乡村发展提供参考。例如，杭州柯城区创新数字产业发展模式，建设数字农业孵化园，引入核心数字技术培育数字农场，同时依托互联网建设以村集体为主的运营公司，形成高效率、高效益、高成效的农业农村发展新模式，从而有效助推乡村振兴战略贯彻落地。

二、我国数字乡村发展的现状

（一）乡村信息基础设施建设不断完善

第一，乡村信息基础设施建设全面升级。工业和信息化部联合财政部组织实施了6批电信普遍服务试点，支持13万个行政村通光纤和5万个4G基站建设，并优先支持"三区三州"等深度贫困地区加快网络覆盖和普及应用，全国行政村通光纤和通4G比例双双超98%，保障农村群众的上网用网需求。中央财政和基础电信企业投资累计超过 500 亿元，支持全国 13 万个行政村光纤建设以及 3.6 万个基站建设。截至目前，全国行政村通宽带比例达到 98%，农村互联网应用快速发展。农村宽带接入用户数达到 1.39 亿户，比上年末净增 488 万户，比上年同期增长 8%。①

第二，乡村智慧物流建设取得新进步。2020 年，国家邮政局着力巩固村村直接通邮成果，积极推动快递进村工程。组织河北、内蒙古、黑龙江、江苏、安徽、青海 6 个省（区）和太原、吉林、济宁等 15 个市（州）开展"快递进村"全国试点。鼓励各地充分发挥市场对资源配置的主导作用，加快利用社会资源推动农村末端服务网络建设，因地制宜推广驻村设点、快快合作、快邮合作、快交合作、快商合作等模式，实现快递服务进村。截至 2020 年上半年，全国乡镇快递网点覆盖率已超过 97%。邮政电商服务站点建设迈上新台阶。大力推动邮政农村电商服务站点建设，通过邮政乡镇网点开办、村里小商超搭载、村邮站叠加等方式提供电商服务功能。全国累计建设邮乐购电商服务站点 53.8 万个，其中设在建制村的邮乐购站点达 31 万个。据初步统计，设有邮政电商服务站点的建制村达到 24.5 万个，覆盖率约为 44.8%。乡村无人机投递示范区建设广泛开展。推动智能信包箱、无人机相关标准研究制定工作，积极支持有条件的乡村布局建设无人机起降场地，打造无人机农村投递示范区。如中国邮政在浙江安吉等地用无人机替代邮车进行报纸、信件、小包的派送；顺丰在江西赣州、四川甘孜州等地开展无人机配送服务；京东在陕西西安、江苏宿迁等地开通多条无人机配送路线，实现常态化运营。乡村智慧物流基础设施日益完善，配送体系日趋成熟。②

（二）国家农业农村大数据体系建设不断完善

第一，大数据采集体系。充分利用物联网、智能设备、移动互联网等

①② 中国数字乡村发展报告（2020 年）［R］.北京：农业农村信息化专家咨询委员会，2022.

信息化技术采集数据，提高数据采集效率和质量。建设高分统计应用系统，利用遥感、无人机等现代空间信息技术，实现农村数据采集"空、天、地"一体化应用。建设数据归档系统、基础数据库，实现农业基础调查数据集中统一管理。

第二，大数据分析体系。针对数据采集环节所得到的大数据，在各个环节进行分布式存储和分析，对数据进行整理、加工，形成各环节的数据库。上层对各环节关键数据进行融合处理分析，以统计分析、机器学习、分布式计算等一系列分析技术作为技术手段，完成全产业链数据存储分析系统的建设。

第三，大数据应用体系。加快大数据应用服务模式创新，提升大数据服务能力。围绕全产业链各阶段需求，推动智能大数据模型研究。推动大数据技术服务与产业深度结合，培育面向垂直领域的大数据服务模式。

第四，新型农业经营主体信息直报系统。积极探索运用互联网、大数据等手段为新型经营主体对接信贷、保险等服务的有效路径，推动直报系统建设运营取得了阶段性成效。到2020年，直联直报系统注册用户数已达13.5万家，认证主体4.7万家。其中，家庭农场2.5万家，农民合作社1.6万家，国家级、省级、市县级示范类主体占比超过50%。19家银行（包含邮储银行2330家分支行）、22家省级农担公司、10家保险公司入驻，提供量身定制的377款产品。①

第五，农产品市场信息平台。一是形成农业大数据资源池，初步构建了多源数据资源体系。利用现有批发市场数据，在完善批发市场监测点以及接入电子结算实时数据等渠道的基础上，对接农业农村部政务信息资源共享平台部分系统，梳理重点农产品市场信息资源。通过数据整合共享，平台汇聚粮、棉、油、糖、畜禽产品、水产品、蔬菜、水果8大类15个重点农产品全产业链数据。创新利用国内外传统统计数据资源，抓取电商、舆情等互联网数据，开辟果园物联网数据采集渠道，精准获取卫星遥

---

① 中国数字乡村发展报告（2020年）［R］. 北京：农业农村信息化专家咨询委员会，2020.

感气象信息，积极推动实验室和检测机构的数据共享，构建了天空地多源立体数据资源体系，多渠道多种类多频度采集数据资源。截至 2019 年 3 月，平台已接入各类数据约 20 亿条，数据容量超过 600G，每天新增数据 10 万余条。[①] 二是建立数据资源共享频道，打造客观权威的数据平台。平台突出信息化、实时性、公开性的要求，实现了数字在线查询分析、共享开放及可视化展示等多样化功能。三是客观分析指导产销，推动单品种全产业链大数据建设。围绕市场变动情况及价格趋势，做好监测预警分析，通过平台发布价格日报、周报、市场分析和市场动态等，及时引导农产品市场运行。

（三）农村电子商务蓬勃发展

第一，"互联网 +" 农产品出村进城工程初见成效。2019 年底，经国务院同意，农业农村部、国家发展改革委、财政部、商务部出台《关于实施"互联网 +" 农产品出村进城工程的指导意见》后，"互联网 +" 农产品出村进城工程进入部署实施阶段，推选了 110 个县（市）作为试点县。各试点县针对试点的 200 余个优质特色农产品，同互联网企业对接协作，充分调动社会各方资金和力量，强化县级产业化运营主体培育，建立完善适应农产品网络销售的供应链体系、运营服务体系和支撑保障体系。工程实施以来，基本形成了政企协作、线上线下融合的农产品电商发展新机制，营造了"一方牵头部署、多方聚力推进"的发展氛围。试点工程各项建设的开展，有助于推动形成"互联网 +" 与农村一二三产业深度融合发展的新格局，让农产品出村进城更为便捷、顺畅、高效。

第二，电商扶贫频道助推农产品销售。商务部、财政部、农业农村部、国务院扶贫办等部门协调地方政府和大型电商企业建立公益性电商扶贫频道，通过产品网络销售，促进农民增收。阿里、京东等电商企业通过在手机端和网页端开通了电商扶贫频道，对贫困地区农副产品网络销售给

---

① 中国数字乡村发展报告（2020 年）［R］.北京：农业农村信息化专家咨询委员会，2020.

予流量支持、减免费用等优惠措施，打造贫困地区产品网络销售直通车。

第三，村级电商服务能力不断增强。各地供销合作总社积极引入电子商务、大数据等现代信息技术，推进连锁超市、村级便利店、综合服务社等农村实体网点的信息化改造，拓展经营服务功能，提供代购代销、代收代发、物流配送、电子支付等电商服务，推动传统物流业态加快转型升级，形成线上带动线下、线下促进线上的融合发展格局。

三、国内外数字乡村发展比较

（一）国内数字乡村研究知识图谱

第一，数据与方法。随着信息化社会的加速发展和网络应用的推广，学者们通过对文献数据信息绘制科学知识图谱来实现学科知识的可视化，借此进行研究理论增长、研究范式转换、学科领域演进以及学科结构辨识等方面的研究。CiteSpace 软件融合了聚类分析、社会网络分析、多维尺度分析等方法，侧重于预测和分析学科研究前沿的演变趋势、研究前沿与其知识基础之间的关系，以及不同研究前沿之间的内部联系。本部分以"数字乡村"相关文献数据为研究对象，利用 CiteSpace 软件，对被引（cited）文献和引文（citing）进行相应数据挖掘和计量分析，提炼出数字乡村研究领域的研究中心，把握其最新进展、前沿热点、演化路径和未来趋势，为相关研究提供依据。

为了保证原始数据全面、准确，本文以知网期刊（2000～2020 年）为数据源，以主题为"数字乡村""智慧乡村""网络化乡村"进行检索，除去自引的参考文献 1170 篇，共获得文献 734 篇。对所得的文献数据进行初步的年度分布统计分析（见图 1），学科分类分析（见表 1），形成了对"数字乡村"研究领域的初步认知。

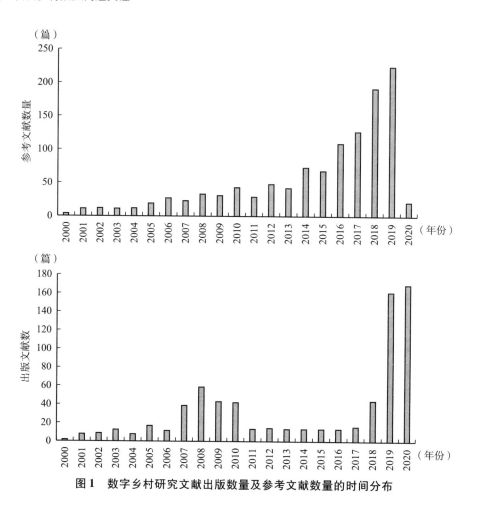

图1　数字乡村研究文献出版数量及参考文献数量的时间分布

表1　　　　　　　　　　　数字乡村研究文献的学科分类

学科类别	文献比例（%）
经济与管理科学（economic management）	42.69
农业科技（agronomy technology）	19.63
社会科学（social science）	10.80
信息科技（information technology）	7.51
其他（others）	19.37

从图 1 可以看出，在 2000～2020 年这 20 年间，国内数字乡村研究的相关文献及其参考文献数量均有所增长。对于参考文献而言，其数量增长趋势稳步上升，参考文献的研究内容并不完全与数字乡村直接相关，但基本上都是与研究网络化和数字化对乡村的影响相关。参考文献中也包含着国外对数字乡村这一大类的研究，由此可见，在这 20 年间国内外对数字乡村的研究关注度不断提升。此外，2016 年 G20 峰会提出数字经济理念之后，数字乡村研究的参考文献急剧增加，此后随着政府关注度的提高，相关的理论研究也不断涌现。

对于出版文献而言，在 2000～2007 年间的数字乡村研究并不是很多，而在 2007～2010 年间的研究较多，在此期间的研究大多是针对某个地区（例如云南省），并没有系统化地进行研究，2010～2017 年对数字乡村的研究出现了较长时间的停滞，研究进入瓶颈期。2018 年中央一号文件首次提出数字乡村理念以及 2019 年《数字乡村发展战略纲要》的出台，推动了学术界对数字乡村的研究，数字乡村的研究开始复苏，再次成为研究热点。综上所述，数字乡村的研究是存在一定的理论基础的，网络化数字化研究奠定了数字乡村研究的发展基础，而政策的出台又极大地激励了学者对数字乡村研究的热情。即，政策的实施离不开理论基础，政策的施行推动了理论的发展。

从研究的学科分布来看，目前主要集中于经济与管理科学（42.69%）、农业科技（19.63%）和社会科学（10.80%）等领域，可见数字乡村研究是个多领域共同关注的研究主题。我国的研究更偏向于数字乡村的政策经济分析，多数为阐述"数字乡村"研究的重大理论意义，以及对一些正在发展或是已经建成的农村进行总结分析，而在技术层面的关注度略显不足，因此我国数字乡村建设的技术性分析仍有待增加。

第二，知识群组识别。研究领域可以被概念化为从研究前沿到知识基础的时间映射。知识基础的聚类和演变研究是辨析研究前沿的基础，能够揭示研究前沿演变的重要知识转折点，并明确研究前沿之间的关联。本书利用前文确定的数据样本，绘制基于关键词共现分析网络的"数字乡村"

研究领域的知识结构图谱，辨析"数字乡村"研究领域的理论结构。

从关键词共现分析网络图谱来看，数字乡村研究呈现出典型的研究初期状态：研究网络集中性较强，网络重叠度较高，研究分支较少。关键节点文献之间呈现较强的关联度，彼此之间具有较强的解释性。且部分关键节点文献处于知识群组的交界处，在群组间起到承上启下的作用，为后续研究提供了理论支持和方向指引。从关键词连线分布来看，数字乡村呈现出较为清晰的关键词群组划分，具体而言划分为数字乡村、云南省、网信办、农村电子商务、乡村振兴、国务院、网络安全、对策、习近平总书记、智慧化、功能、亚洲命运共同体共为 12 类的知识群组。按关键词连线远近，本文又将上述 12 类的知识群组划分为以下 3 类：理论研究类——数字乡村、乡村振兴、亚洲命运共同体；政策分析类——习近平总书记、国务院；实践检验类——智慧化、农村电子商务、乡村振兴、国务院、网信办、网络安全、云南省、对策、乡村旅游、功能。为更好地反映关键词在时间轴上的变化，本文又展示了时间轴视图（如图 2 所示），进而更好地对几类知识群组进行时间上的分析。

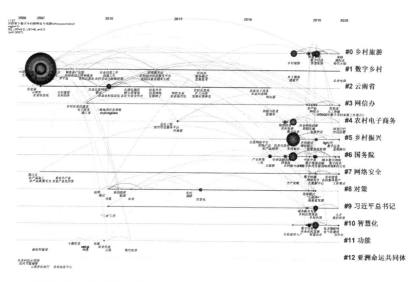

图 2　数字乡村研究的文献关键词共现分析网络图谱（时间轴视图）

第三，理论研究类。在理论研究层面主要有三种理论研究，分别是#1 数字乡村理论研究、#5 乡村振兴理论研究以及二者拓展出来的#12 亚洲命运共同体理论研究，由于亚洲命运共同体理论研究文献相对较少，本节不做讨论。

知识图谱中的#1 是数字乡村理论研究。数字乡村的提法早在 2007 年就有学者提出，但一直不成系统。2007 年时的研究多为云南省对"数字乡村"的解读，彼时对"数字乡村"的认识主要集中在现代化信息手段对决策层的作用。在 2007～2018 年期间，虽有众多"数字乡村"的报道研究，也提出了例如农村劳动力转移、乡土聚落集聚等比较有价值的理论，但这些理论研究仅停留在对实践结果的合理化解释阶段，并没有构建相对完善的理论体系。

自 2019 年《数字乡村发展战略纲要》出台以后，涌现了较多的理论研究。其中主要包括数字赋能理论研究、计划行为理论研究、习近平中国特色社会主义理论体系中对美丽乡村的论述。

在数字赋能理论研究中，吕普生（2020）指出现代信息与通信技术将转变为新的生产要素，建立可行的数字乡村战略有助于打破城乡数字鸿沟，进而促进农业生产和改善农村生活。夏显力等（2019）虽有类似的看法，但他们并未将信息技术看成是新的生产要素，而是更倾向于将信息技术视作可以赋能于农业要素市场的动力，通过促进农业高质量发展进而实现农村现代化。彭超（2020）将数字赋能的含义广义化，他认为数字赋能可以优化处理"人与自然""政府与市场""创新与应用"三者之间的关系，进而促进现代数字技术与乡村生产全面融合。总体而言，无论信息技术是否能在经济学生产函数中扮演新的生产要素角色，毋庸置疑的是，信息技术均直接或是间接地将能量传递给乡村的发展，促进了农村各产业的发展。

在计划行为理论研究中，计划行为理论能够帮助学者更好地理解人们是如何改变其行为模式的，因此大部分的理论研究集中在普惠金融方面。马凯榕等（2020）通过田野调查研究指明，数字乡村提供的数字普惠金融可通过影响农户的投资理财服务来提高农户对金融机构的积极性，进而促进农村金融业的发展。计划行为理论研究所涉及的工作量较大，因此在数字乡村的理论研究中应用较少，但通过该理论可以发现数字乡村所释放出来的动力不仅包括外生动力，还体现在内生动力上，数字乡村通过影响农民的生活行为从而促进农村各产业发展。

在习近平中国特色社会主义理论体系中对美丽乡村的论述中，也可以发现数字乡村理论发展的端倪。王岩佳（2019）指出习近平总书记描述的"美丽乡村"是我国农村建设的重要目标，而"美丽乡村"应与国家信息化强国战略一脉相承，是"互联网＋"最后深入的腹地。可以看出，数字乡村所提供的数字平台可以涵盖乡村规划、乡村经营、乡村环境、乡村服务和乡村治理多个领域，为建设"美丽乡村"提供新的动力。

知识图谱中的#5乡村振兴理论研究。乡村振兴理论与数字乡村理论的结合发生在2018年，乡村振兴战略为数字乡村理论注入了新的动力。数字乡村与乡村振兴的理论关注点主要集中在发展路径上，其中包括构建信息网络平台、发展智慧乡村旅游业、数字足迹衡量乡村振兴产业发展水平等。

党的十九大提出实施乡村振兴战略，强调要坚持农业农村优先发展，提出"产业兴旺、生态宜居、乡风文明、治理有效、生活富裕"的总要求。在理论研究中，国内外研究者在乡村振兴或乡村重塑如何进行政策设计和落地实施方面进行了颇多探索。虽仍存在颇多争议，但主要结论如下：政府（或基层干部）或农村相关社团、社会公众是推动乡村振兴的主体；资源重组、组织重构和要素流动或产业融合是乡村振兴的主要途径。

那么数字乡村推动乡村振兴的逻辑和思路是怎样的？王铮（2020）从资源重组和要素流动的角度指出数字乡村能为智慧农业发展提供支撑体系，尤其是能帮助实现农业要素统筹管理和自然资源高效利用，而农业作为大部分县域产业的主要成分，其高效发展将实现农村产业兴旺，进而促进乡村振兴。肖若晨（2020）从产业融合的角度诠释了大数据为乡村全面振兴提供了全新的手段和工具。章淑贞等（2019）从乡村振兴的主体入手，认为新媒体以其交互性强、传播范围广、传播速度快的特点助力乡村振兴战略的实施，让更多的社会公众成为推动乡村振兴的主体。

总体而言，在知识图谱中理论研究的密集度较大，发散度较小，可以看出虽然国内的理论研究已有了较大的进展，但仍处于理论研究的初级阶段，许多诸如数字赋能理论、产业融合理论、要素流通理论等一系列理论均有扩展的潜力，此外，例如被埋没的劳动力转移理论、乡土聚落理论在乡村振兴战略的背景下也可以被赋予新的生命。

第四，政策分析类。在政策研究层面主要为图谱中的#5、#9类，研究集中于2016～2020年。在政策的研究中，主要集中于中央一号文件的分析以及对习近平新时代中国特色社会主义思想的解读。

刘俊祥和曾森（2020）指出了乡村数字治理具有新时代的智理属性，既是中国特色数字化智能治理的重要实践形式，也是我国实施乡村振兴战略的重要驱动力量。赵旱（2020）也指出了数字乡村建设推动着乡村治理向开放式、协同性、精准性和前瞻性的数字治理模式转型。

第五，实践检验类。在实践检验层面主要为图谱中的#0、#2、#3、#4、#7、#8、#10、#11类，代表关键词分别为"智慧化""农村电子商务""网信办""网络安全""云南省""对策""乡村旅游""功能"。2006～2020年，实践检验层面均有大量的研究，研究跨度较大，但在不同的时间段其侧重点不同。

首先分析的是不同省份的数字乡村发展情况（图谱中#2类）。在知网中可以发现，关于"云南省"在2007年初就有着大量的报纸和期刊进行相应的报道，从罗平县到安宁市，从"农民的网络"到"工程尖兵"，可以看出数字乡村在早年就有着极大的魅力。在数字乡村实践过程中，浙江省在基础设施、数字产业化、产业数字、新业态新模式、政府与社会化的数字经济综合评价总指数位列全国首位。浙江省通过数字智能技术、数字政务体系推动了"最多跑一次"的政策改革；凭借淘宝等电商平台构建的电商村成功地带动了"商品"向"服务"转变；运用大数据监测旅游足迹有效提升了乡村旅游吸引力；伴随着5G时代的到来，浙江省也开启了新零售模式，既从线上走到线下，又从线下走到线上，线上线下的互补互动推动了各产业的健康发展。

其次是技术层面的分析（图谱中#3类和#7类），主要涉及的是"网信办"和"网络安全问题"。在这两类中，重点关注的是数字传播的安全性、大数据中心的稳定运转以及如何打赢人工智能攻坚战等问题。在数字化进程中，网络安全以及隐私安全也受到众多关注，只有网络安全得到保障，数字乡村系统才会更加稳健，从而增强农民对虚拟经济的信心。

最后是数字乡村中不同产业发展情况对乡村振兴的影响（图谱中#0和#4类）。对于农村而言，拉动农业经济发展的主要是第一产业和第三产业中的旅游业。数字乡村的发展不但能够利用数字技术助推产业深度融合，而且还能助推农业生产智能管控和农业经营决策便捷化。此外，数字乡村的发展还会增加我国农产品对外贸易附加值。对于旅游业而言，数字乡村提供的优质旅游服务提高了游客对乡村旅游的满意度，有效提升了乡村的吸引力，为乡村的文化产业注入了新的活力。

总体而言，在图谱中实践检验类的分支较多，但较为疏散。这体现了数字乡村的研究目前尚属薄弱阶段，但具有一定的潜力。新时代以来，我国各地在推进乡村治理数字化、信息化、网络化以及智能化方面均作出了一定的努力，并根据我国东中西部的地理环境、经济社会发展的不同情况，进行了多种多样的实践探索。尽管有许多的学者整理和梳理了各地数字乡村案例，但仍缺乏一定的比对，即何种数字乡村更优？因此，有必要构建一种综合的指标体系来衡量各省的数字乡村发展水平。此外在技术层面以及产业层面上的实践，虽有一定的文献支撑，但具体的实证分析仍然缺乏。

第六，研究主题的演化路径识别。将关键词进行突变分析（结合表2及图3），可以看出该领域研究热点不断发生变化，最初的关键词"新农村建设"在2007~2008年是该领域的研究热点，之后的"农业信息化"

表2　　　　数字乡村研究领域关键词共现网络的关键词中心性排序列

关键词	中心度	突变度	年份	关键词	中心度	突变度	年份
数字乡村	0.64		2007	乡村振兴战略	0.1	1.51	2018
乡村振兴	0.17		2018	网络安全	0.05		2008
智慧旅游	0.08		2019	分析预警	0.08		2013

续表

关键词	中心度	突变度	年份	关键词	中心度	突变度	年份
农业农村信息化	0.2	1.2	2009	农民直接补贴	0.06		2012
网络	0.08	2.45	2008	智慧乡村	0.05		2019
数字农业	0.13	1.47	2018	大数据	0.11		2017
对策	0.09	7.16	2010	农业机构补贴	0.04		2012
农业信息化	0.14	8.86	2009	农业部	0.04	1.39	2007

关键词	年份	突变强度	起始年度	结束年度	2006～2020 年
新农村建设	2006	5.2912	2007	2007	
农产品质量安全	2006	5.0278	2007	2007	
罗平县	2006	5.2594	2008	2008	
农业信息	2006	8.0294	2010	2010	
农业信息化	2006	15.0536	2010	2013	
对策	2006	5.3511	2012	2012	
农村信息化	2006	5.4817	2014	2014	
数字乡村	2006	1.1783	2017	2017	
云南省	2006	5.3547	2017	2017	
网站群	2006	5.3547	2017	2017	
农村电商	2006	0.9326	2018	2018	
农村电子商务	2006	6.4915	2018	2018	
精准扶贫	2006	1.9054	2018	2018	
农业大数据	2006	1.9054	2018	2018	
乡村振兴战略	2006	2.8749	2018	2018	
乡村振兴	2006	2.1035	2018	2018	
数字农业	2006	2.8516	2018	2018	
智慧化	2006	0.9354	2019	2020	
"三农"工作	2006	1.0927	2019	2020	
中共中央	2006	1.0927	2019	2020	
信息进村入户	2006	0.622	2019	2020	
城乡融合发展	2006	0.622	2019	2020	
《数字乡村发展战略纲要》	2006	1.8855	2019	2020	
数字中国	2006	0.622	2019	2020	
"互联网＋"	2006	0.622	2019	2020	
农产品电商	2006	0.7785	2019	2020	
全面建成小康社会	2006	0.622	2019	2020	

图 3　数字乡村研究领域关键词突变分析

或是"农村信息化"一词成为 2010～2014 年间的研究热点，正式意义上的"数字乡村"研究则在 2017～2020 年间，而从 2017 年的"农村电商"到 2018 年的"智慧化"乡村，从"乡村振兴战略"具体落实到"数字乡村发展纲要"，代表了近些年较受关注的热点内容，发展潜力大，将成为今后的研究趋势。信息如何进村入户，城乡之间如何解决数字鸿沟问题进而实现更好的融合，中央下发的一系列指示如何落实，全面建成小康社会决胜阶段如何打赢，这一系列问题都将成为我国接下来研究的重要话题。

（二）国外数字乡村研究知识图谱

数据与方法：与研究国内的文献类似，本文以 Web of Science 核心期刊（1990～2020 年）为数据源，以主题为"数字乡村（digital village）""智慧乡村（smart village）"进行检索，共获得文献 2376 篇。对所得的文献数据进行学科分类分析（如表 3 所示），可形成对国外"数字乡村"研究领域的初步认识。

表3   **国外数字乡村研究文献的学科分类**

学科类别	文献比例（%）
农业（agriculture）	15.14
计算机科学（computer science）	14.66
工程学（engineering）	14.23
环境科学与生态学（environmental sciences & ecology）	9.57
遥感（remote sensing）	9.54
工程、电气与电子（engineering, electrical & electronic）	8.69
环境科学（environmental sciences）	7.80
地理学（geology）	6.83
其他（others）	13.54

从国外的研究学科分布来看，国外关于"数字乡村"的研究主要集中

于农业（15.14%）、计算机科学（14.66%）、工程学（14.23%），以及环境科学和生态学（9.57%）。由此可见，国外的研究更偏向于理工科技术性的研究，而在经济管理领域的研究比例相当小（仅占0.7%）。国外研究的学科分布与国内研究的学科分布大相径庭，我国研究更注重经济效益评价或是政策解读分析，而国外的相关研究更关注技术与实践。

由于各国在各时期的发文量不同，做出的时间分布图不具有代表意义，因此本文不做文献发表量的时间分布图。此处运用文献共被引网络方法对各国的文献做出概况性认识。首先，从全球的角度来看，数字乡村问题已经发展得较为成熟，从初始的理论发展阶段逐步拓展到实践应用阶段，在实践应用阶段的研究错综复杂，形成的网络较为密集。其次，从研究的发展阶段视角入手，前期的发展相对比较简单，到了中期时需要有突破性的进展使理论研究与实际应用相结合，最后才能达到较为复杂的应用阶段研究。而我国的研究可能正处于图4中灰色网络阶段（即早期阶段），仍需要有突破性进展才能更好地挖掘"数字乡村"理论，使其发挥更大的作用。

知识群组识别：同前文关键词共现分析处理方法，国外数字乡村研究的文献关键词共现分析网络图谱见图4所示，主要分为以下7类：#0 智慧乡村、#1 影响、#2 数字高程模型（DEM）、#3 宽带连接、#4 多标准决策、#5 社区、#6 数字鸿沟。

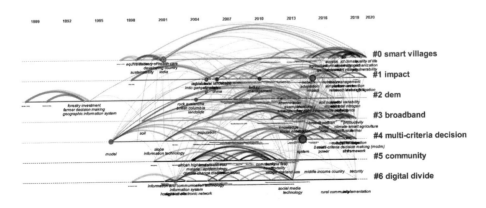

图4 国外数字乡村研究的文献关键词共现分析网络图谱（时间轴视图）

知识图谱中#0 类的智慧乡村早在 1997 年就有着相似的提法，当时将智慧乡村视为可以推进发展中国家农村快速发展的方式：加快智慧乡村的发展，不但能够为村民提供相应的医疗保障，还能推进城市或是乡村的可持续发展。但真正意义上的智慧乡村研究，2014 年之后才开始进行。智慧乡村研究的重点领域为农村农业部门，但还涉及自然资源管理、人力资源整合、基础设施建设、信息通信技术（Informations and Communication Technology，ICT）基础设施建设、能源基础设施建设、政策和文化等方面的综合考虑。

智慧乡村应当如何建成？首先，需要形成智慧乡村的核心群，即形成较高积极性的公众参与者团队，在此过程中政府需要扮演主导地位，公众参与者与社会科学机构也需要积极介入；其次，需要根据智慧乡村的发展属性进行有计划的部署，包括基础设施建设、信息通信技术基础设施建设、能源基础设施建设等设施的合理规划；再次，由点到面，以某几个乡村作为试点，分析试点乡村的成功或是失败的经验；最后根据已有的经验维持现有智慧乡村运行，复制成功的智慧乡村经验到其他地区。由此可归纳为，智慧乡村是各种要素共同组成的生态系统，在这生态系统里，需要先有政府领导人组织动员各种资源，各大机构才能在合适的时间段里介入，最终才可形成智慧乡村所必备的条件。

知识图谱中#1 类的研究大多数集中在数字乡村对农业、农村以及农民的影响。那么数字乡村如何对"三农"问题产生影响呢？首先，在农业方面，物联网的建设以及互联网的连接使智慧农业得以实现：在农业中，信息通信技术使农民可以从农场的信息中心中获取他们所需要的信息，传感器可以帮助农民了解特定土壤中播种的农作物类型，智能灌溉系统能够在不同时间段根据土壤养分情况进行施肥灌溉；在畜牧业中，传感器能够帮助牧民们获得诸如温度、动物行为等信息，使牧民能够采取最为有效的手段解决动物健康问题；在林业中，GPS 技术能够精确匹配生产商和客户之间运输路径，节约了运输成本以及运输时间，极大提高了运输效率。其次，在农村方面，智慧农业有节约能源、节约用水、提高农作物产量、防止污染等方面的优势，能够切实提高农民的收入，实现农村的可持续发展。最后，在农民方面，智慧农业不仅通过技术手段改变初级生产过程，还培养了农民的企业家精神，促使农民在大数据的帮助下调整商业计划以应对市场动态变化。综上所述，智慧农业不仅转变了农业生产方式，还促进了农业食品供应链的改善，提高了农民在全球范围内的销售力和竞争力，促进了农村的繁荣发展。

知识图谱中#2 类和#3 类可综合为技术类研究，其中包括数字高程模型（DEM）对地形的识别，遥感技术对土壤、岩石、水、作物的识别，在宽带等信息技术的研究中，有早年对宽带频率、宽带连接后视频的稳定性的研究，也有着近年来智能农业所需要的一系列设备的网络支持研究。虽然国外有大量的专业的技术类文章，但由于本文更倾向于经济管理理论分析，在此处不做过多说明。

最后，最值得关注的是#6 类关于数字鸿沟的研究。数字鸿沟指的是信息富有者与信息匮乏者之间在信息获取与处理方面的差距。早在 1995～2000 年间，美国连续发布的 4 份经典报告明确提出了数字鸿沟问题，意指经济体之间在信息技术的开发与应用、信息基础设施的普及、信息的获取与处理能力等领域存在的差距现象，报告认为数字鸿沟已经成为美国面临的在经济问题和公民权利问题之后的另一主要问题，数字鸿沟问题引起了各国政府、跨国公司和国际组织的普遍重视。数字乡村则是缩小数字鸿沟的有效方法，信息技术在改善穷人生活质量的同时也会促使穷人对信息的获取，数字技术的使用在一定程度上影响了社交网络结构，促进了数字鸿沟的缩小。在数字鸿沟的研究中，数字乡村的构建有助于信息的介入，使农民实现了信息从无到有的本质性转变。将视角返回到国内，2018 年 1月，《中共中央国务院关于实施乡村振兴战略的意见》首次明确提出要实施数字乡村战略。以数字乡村战略弥合城乡数字鸿沟进而推动乡村振兴，可以说是大有可为的新兴研究领域。

研究主题的演化路径识别：将关键词进行突变分析，可以看出国外该领域的研究热点不断发生变化，在 2001～2011 年这 10 年间"数字农业"的重点研究领域是地理信息系统和遥感技术的研究。伴随遥感技术的进步，2005～2015 年间数字高程模型（DEM）的研究层出不穷，主要研究主题是利用数字高程模型对农作物进行产量监控。2011～2016 年，学者们将视野集中于技术突破。2016 年开始，智慧乡村、智慧城市、大数据、物联网等话题备受关注。2018 年至今，伴随着人工智能的进步，深度学习和机器学习逐渐融入到数字乡村的发展进程中，数字乡村的可持续发展问题成为研究的焦点。

（三）研究结论

通过国内外的研究对比，可以发现三点不同：第一，我国数字乡村发展处于初步发展阶段，且发展较不均衡，国外发达国家处于研究的相对成熟期；第二，我国研究更注重经济效益评价或是政策解读分析，国外的相关研究更注重技术与实践应用；第三，国内的研究热点紧跟国家政策，而国外的研究热点紧跟科技发展创新，更多关注于 5G 时代、人工智能等科学技术背景。

鉴于此，数字乡村研究既要关注数字乡村建设初级阶段的热点问题，又要重点关注数字乡村发展成熟阶段的技术背景与实践问题，双轮驱动，加速发展，这是基本的创新性研究方向。因此，我们应该关注以下问题：在 4G、5G、大数据、云计算、人工智能的背景下，如何低成本、高收益地加速数字乡村的建设？在实现第二个百年奋斗目标的过程中，如何构建具有中国特色的数字乡村建设的学术理论框架？在我国丰富的数字乡村建设实践和政策过程当中，能否拓展新的学科理论？等等。

四、加速我国数字乡村的发展

（一）加强规划布局，谋划"十四五"数字乡村发展

抢抓实施乡村振兴战略机遇，将乡村建设摆在中国现代化建设的重要

位置，大力实施乡村建设行动，推动数字乡村向纵深发展。按照《数字乡村发展战略纲要》提出的"到 2025 年数字乡村建设取得重要进展"的要求，加强对数字乡村建设新形势的深刻剖析，聚焦"十四五"数字乡村发展关键领域、薄弱环节，深入开展重大课题研究，形成一批有价值、有深度的研究成果，提出有针对性、可操作的政策建议。在中央网信办、农业农村部等部门共同指导推动下，指导国家数字乡村试点地区编制数字乡村建设规划，做好整体设计，明确建设目标、重点任务工程和实施步骤。

（二）加大基础设施建设投入，提升农村数字基础设施信息化建设

以信息网络为基础，以技术创新为驱动，新型基础设施建设为数字农村发展提供更加坚实的基础和条件。加强基础设施共建共享，打造集约高效、绿色智能、安全适用的数字乡村基础设施。一方面，各地区要建立以本地特色农产品为主的农业全产业大数据中心，并与全国农业大数据中心对接，实现农业信息共享。通过对农产品产前、产中、产后相关数据的收集，不仅有利于农业科研部门更好地进行品种优化，也为农户在生产和营销等方面提供决策参考。另一方面，要提高传感器、微控单元等的智能化水平，利用卫星遥感、航空测绘等构建天地空一体化的农情检测系统。用自动驾驶耕种机械、无人机、机器人等物质装备更好地推动数字田园的建设。

（三）释放数字红利，培育壮大农业农村发展新动能

数字技术应用于农业生产经营管理的各个环节之中，实现农业数字化、智能化，进一步提高农业生产效率和农民生活品质。智慧农业形成规模，数字化技术在农业生产中的总体应用比例显著提高，数字化技术支撑农产品绿色生产、标准化生产和质量安全监管。智慧农田、智慧牧场、智慧渔场等全面普及，显著提高农业发展质量和效益。农业农村科技创新供给更加丰富，数字技术与农业装备、农机作业服务和农机管理深度融合。农村电商成为乡村数字经济发展新动力，"互联网＋"农产品出村进城深入推进建立起农产品网络销售供应链体系、运营服务体系和支撑保障体

系，促进农产品产销顺畅衔接。

（四）创新治理模式，提升乡村治理能力现代化水平

数字化技术深度应用将不断推动基层党员教育管理方式创新，增强基层党组织的凝聚力和战斗力，助力提升基层党组织的群众工作水平。线上线下相结合的村民自治方式，进一步保障了村民的民主决策、民主监督权利。"互联网＋政务"不断向乡村延伸，将助力推动社会治理和服务重心向基层下移，实现县乡联动把更多公共资源下沉到乡镇和村。加快形成覆盖城乡、均等普惠的在线公共法律服务体系，有效提升乡村社会治安防控体系效能。

（五）推动融合发展，协同数字乡村战略的时空推进

数字乡村战略要在时间和空间上协同推进，成为引领乡村振兴的重要引擎。一方面，分阶段推进。目前以电商为代表的数字经济在工业品下行方面已经发挥了重要作用，而电商在农产品出村等方面仍然处于初级阶段，多数数字农业农村技术只是点状应用。未来要提升农业生产经营的数字化水平，以生产智能化、经营网络化来改造传统农业，以数字化推动农村一二三产业深度融合发展，保障农民耕地承包经营权、宅基地成员权和使用权、集体资产收益分配权，大力服务生活数字化，促进就业、医疗、社会保障、体面居住、公平教育等社会事业更加便利化地服务于农村居民。以"智慧人影"、天空地一体化服务乡村生态，超前布局5G通信、大数据、云计算、人工智能、区块链等数字化新技术和新业态。另一方面，合理确定乡村功能定位。城镇和乡村并不是割裂的空间存在，乡村之间也不是孤立存在的个体村庄，城乡之间、乡村之间存在着广泛经济联系，城乡居民对乡土农耕的亲缘、乡愁以及对绿水青山的向往等，都可以在乡村全面振兴的格局中思考谋划，合理确定乡村功能定位。在以农业生产为主体功能的生产空间，重点布局产业数字化改造；在以乡镇政府驻地为中心、农村居民点为主体的农民生活圈，重点提升生活数字化便利程度；在以山水林田湖生命共同体为理念的生态空间，重点发挥人居环境智

能监测和天空地农业数字信息系统的作用。

（六）激发内生动力，接续推进网络扶贫与数字乡村建设

已摘帽贫困县通过数字乡村建设，巩固提升网络扶贫成果。网络扶贫经验转化为数字乡村工作的方式方法，做大做强扶贫产业，解决乡村经济发展突出问题，发展数字经济新业态，挖掘新的增长点，乡村地区发展短板逐渐补齐，机制建设和产业发展能力进一步加强。网络扶志和扶智持续开展，贫困群众生产经营技能持续提升，乡村振兴内生动力不断增强。广大农民参与数字乡村建设的积极性增强，农村创业创新环境优化，吸引各类人才返乡入乡创业创新，为数字乡村建设注入新活力。

（七）重视人力资本积累，大力培育高素质农民和新型农业经营主体

一是要提升高素质农民的学历。要围绕数字乡村建设系统梳理人才需求，针对地方特色主导产业、全产业链开展精准培养；要健全完善定向培养、学费减免和奖助学金等政策体系，学历证书、职业技能等级证书和技能培训证书相衔接的培育体系，能力素质导向的考核体系。二是要培育新型农业经营主体。数字乡村需要高人力资本和物质资本投入，因此需要大力培育懂技术和经营的新型经营主体，这包括农业专业合作社、家庭农场以及涉农企业，为新型农业经营主体营造良好的发展环境和空间。

（八）以数字系统为平台，推进农业数字化转型

农村数字经济发展引入现代信息技术、数据作为生产要素，在生产端嵌入智能化系统，打造重点农产品全产业链大数据平台。按照功能、内容、服务对象进行分类，建设满足各自需求的数据分析平台。生产前端搭建农情监测采集系统、农田遥感监测系统、农田地理信息系统、农业专家系统、环境气象监测系统等"天网地网"检测体系和"多位一体"数字农业综合体系，更好促进数字农业发展。生产中间环节注重人工智能的运用，种植业信息化、畜牧业智能化、渔业智能化，重视农业互联网、智能设备等关键技术装

备创新，进一步加强智能灌溉、精准施肥、病虫害防治、作物长势监测等数字农业技术的应用与推广。生产后端引入农产品质量安全追溯系统、农产品质量检测系统，以高标准、可识化、能追溯的形式，保证农产品质量安全，实现绿色农业、生态农业推广。

（九）以数字农业为体系，拓展乡村新业态。

促进农业发展实现生产数字化和产业数字化，因地制宜在消费端引进智慧化系统，打造农业生产性服务业链条。一方面，对现代农业进行补链。在农业生产、经营、流通等关键环节嵌入大数据、人工智能、物联网、云平台等技术，实现新型数字技术与农业全面深度融合应用，以"数字化"赋能现代农业，形成智慧农业、高效农业等新模式。另一方面，对现代农业进行扩链。在由农业物联网、农业大数据、精准农业、智慧农业构成的数字农业中，融入数字经济的体验式元素，促进一二三产业深度融合，以大数据分析的需求侧入手，促进数字农业加快触网，依托互联网、5G体验、区块链等数字化新技术，催生出游憩休闲、健康养生、创意民宿等新产业发展，丰富现代化农业体系。

参考文献：

[1] 尚荣材，王宇.华宁县农业局局长普文跃：工程尖兵 [J].创造，2008（1）：28-31.

[2] 何楠.安宁市副市长王坚：农民的网络 [J].创造，2008（1）：32-33.

[3] 夏显力，陈哲，张慧利，等.农业高质量发展：数字赋能与实现路径 [J].中国农村经济，2019（12）：2-15.

[4] 吕普生.数字乡村与信息赋能 [J].中国高校社会科学，2020（2）：69-79，158-159.

[5] 马凯榕，李子萌，余谦.基于计划行为理论的乡村数字普惠金融发展研究——以湖北省保康县的田野调查为例 [J].金融理论与实践，

2020（7）：97-102.

［6］王岩佳.习近平"美丽乡村"建设重要论述研究［D］.东北石油大学，2019.

［7］彭超.数字乡村战略推进的逻辑［J］.人民论坛，2019（33）：72-73.

［8］吴重庆，张慧鹏.以农民组织化重建乡村主体性：新时代乡村振兴的基础［J］.中国农业大学学报（社会科学版），2018，35（3）：74-81.

［9］杨慧莲，韩旭东，李艳，等."小、散、乱"的农村如何实现乡村振兴？——基于贵州省六盘水市舍烹村案例［J］.中国软科学，2018（11）：148-162.

［10］王铮，唐小飞.数字县域建设支撑乡村振兴：逻辑推演和逻辑框架［J］.预测，2020，39（4）：90-96.

［11］肖若晨.大数据助推乡村振兴的内在机理与实践策略［J］.中州学刊，2019（12）：48-53.

［12］章淑贞，李蕾.数字传播与乡村振兴［J］.新闻与写作，2019（9）：4.

［13］刘俊祥，曾森.中国乡村数字治理的智理属性、顶层设计与探索实践［J］.兰州大学学报（社会科学版），2020，48（1）：64-71.

［14］赵早.乡村治理模式转型与数字乡村治理体系构建［J］.领导科学，2020（14）：45-48.

［15］王媛，郁钊.数字乡村战略视野下我国农产品对外贸易能力提升研究［J］.农业经济，2020（9）：124-126.

［16］赵耀武，刘佳欣，王慧.基于旅游数字足迹的我国优质乡村旅游评价及发展路径探析［J］.农业经济，2020（3）：38-41.

［17］王朝辉，汤陈松，乔浩浩，等.基于数字足迹的乡村旅游流空间结构特征——以浙江省湖州市为例［J］.经济地理，2020，40（3）：225-233，240.

［18］李翔，宗祖盼.数字文化产业：一种乡村经济振兴的产业模式与

路径 [J]. 深圳大学学报（人文社会科学版），2020，37（2）：74－81.

[19] 王胜，余娜，付锐. 数字乡村建设：作用机理、现实挑战与实施策略 [J]. 改革，2021（4）：45－59.

[20] 李燕. 中国数字乡村的发展模式与实现路径 [J]. 探求，2021（2）：108－115.

[21] 沈费伟，叶温馨. 数字乡村建设：实现高质量乡村振兴的策略选择 [J]. 南京农业大学学报（社会科学版），2021，21（5）：41－53.

[22] 赵练达. 中国数字乡村建设问题研究 [D]. 辽宁师范大学，2020.

[23] 邹辉. 农村数字经济发展的困境及解决方略 [J]. 农业经济，2021（2）：46－47.

[24] 曾亿武，宋逸香，林夏珍，傅昌銮. 中国数字乡村建设若干问题刍议 [J]. 中国农村经济，2021（4）：21－35.

[25] 冯朝睿，徐宏宇. 当前数字乡村建设的实践困境与突破路径 [J]. 云南师范大学学报（哲学社会科学版），2021，53（5）：93－102.

[26] 郑磊，胡思洋. 国家数字乡村发展的现状及挑战 [J]. 中国国情国力，2021（8）：19－22.

[27] 汪雷，王昊. 乡村振兴视域下的数字乡村治理：困境与出路 [J]. 邵阳学院学报（社会科学版），2021，20（4）：32－37.

[28] 彭超. 数字乡村战略推进的逻辑 [J]. 人民论坛，2019（33）：72－73.

（执笔人：魏怡雪，中央党校（国家行政学院）博士生）

新冠肺炎疫情对农民收入的影响

导读： 构建农村居民持续增收机制对于顺利开启全面建设社会主义现代化国家新征程具有重要意义。以线上问卷调查为依据，本文呈现了新冠肺炎疫情影响农村居民收入的程度和特点，揭示出农村居民收入受影响程度较大的原因在于农村公共卫生服务体系薄弱、面向农民工的公共服务体系不完善、小微企业和个体工商户抗风险能力低，农业经营主体和农业服务主体质量不高。结合农村居民收入增长结构的动态变化，针对新冠肺炎疫情冲击暴露出的农村居民增收风险点，提出了构建农村居民持续增收机制的对策建议。

一、新冠肺炎疫情的调查情况及样本介绍

为了解新冠肺炎疫情对农村居民收入的影响，中国社会科学院农村发展研究所课题组于2020年2月9~15日进行了网络调查，共收集4621份农村住户问卷（见表1）。为确保样本的有效性，一是直接向课题组成员所在村庄的住户推送问卷；二是借助地方社科院、涉农部门等向农村住户定向推送问卷；三是为调动受访者如实填写问卷的积极性，课题组设置了激励措施，为完成有效问卷者给予现金奖励。收集的问卷数据，较为直观地反映了新冠肺炎疫情对农村居民收入的影响。

调研到的农村居民样本户结构（见表2）与宏观数据基本一致，说明样本具有代表性。4621个农村住户样本分布在中国除台湾、香港、澳门以外的所有省（自治区、直辖市）。其中，50.6%从事农业生产，其中77.3%为小农户，其余为种养大户、家庭农场、农民合作社、农业公司等新型农业经营主体；44.1%有在县外务工成员，41.7%有在县内务工成员，18.2%既有县内务工也有县外务工成员；14.2%从事餐饮、零售、加工、运输、休闲等其他经营活动；11.8%提供农机作业、农资供应等农业生产性服务。可见，基于调研样本户的数据，可以反映新冠肺炎疫情对小农户、新型农业经营主体、务工人员和个体工商户的差异化影响。

表 1   调查样本户分布情况

样本量	0～50 户	50～100 户	100～200 户	200～300 户	300 户以上
地区	福建、北京、宁夏、黑龙江、贵州、海南、天津、新疆、上海、青海、西藏	云南、内蒙古、甘肃	安徽、重庆、广东、广西、江苏、吉林、辽宁、山西、陕西、浙江	河北、湖南、江西	河南、湖北、山东、四川

表 2   调查样本户结构

	样本总量	从事农业生产样本户	小农户*	粮食种植户*	粮食主产区*	提供农业生产服务样本户	有在县外务工人员	有在县内务工人员	从事非农经营活动
数量（户）	4621	2339	1807	1334	1740	546	2037	1927	654
占比（%）	100	50.6	77.3	57.0	74.4	11.8	44.1	41.7	14.2

注：*项的占比为该项样本户数占从事农业生产样本户数的比重。粮食主产区涉及十三个省（自治区），分别是辽宁、河北、山东、吉林、内蒙古、江西、湖南、四川、河南、湖北、江苏、安徽、黑龙江。

二、新冠肺炎疫情对农村居民收入的影响

"这次新冠肺炎疫情，是新中国成立以来在我国发生的传播速度最快、感染范围最广、防控难度最大的一次重大突发公共卫生事件。"[1] 全社会为防控疫情统一采取的措施，如延期复产复工、限制人口流动和交通运输等，不可避免会对经济社会造成较大冲击。疫情防控措施延伸到农村，直接影响农村生产经营活动和农村居民务工就业的顺利进行，进而影响到农村居民收入。据调研数据反映，有89%的样本户所在村采取了封路措施，其中粮食主产区为91%、湖北省为96%。从调查反映的情况来看，农村

---

[1] 在统筹推进新冠肺炎疫情防控和经济社会发展工作部署会议上的讲话［EB/OL］. 新华网，http：//www. xinhuanet. com/politics/2020－02/23/c_1125616016. htm，2020－02－23.

居民收入受影响是全面的，涵盖了不同产业、不同工作，且疫情越严重受到的影响越大，疫情持续期间经营越活跃受到的影响越深。新冠肺炎疫情主要影响农村居民的经营活动和务工就业，这里主要呈现农村居民工资性收入和经营性收入的受影响情况。

（一）绝大多数农村居民收入受到不同程度影响

从农村居民样本户预估的全年收入受影响情况来看，只有 1.38% 的样本户全年收入保持以往增速，超过 3/4（76.8%）的样本户全年收入将减少 5% 及以上。从不同类型样本户的预估情况看，新型农业经营主体和非农产业经营主体受影响程度更深，预估全年收入减少 20% 以上的比例分别达到 47.0% 和 51.5%，明显超过了小农户和有务工人员的家庭。从不同地区的预估情况来看，疫情发生越严重受影响程度越深，预估全年收入减少 5% 以上和减少 10% 以上的比例，湖北省为 82.8% 和 70.0%，湖北周边省市为 79.1%、61.6%，全部样本户为 76.8%、60.0%（见图1）。

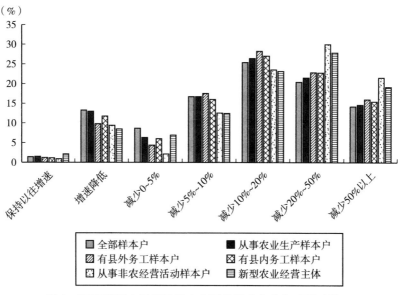

图1　不同类型农村居民样本户预估的全年收入受影响情况

（二）工资性收入受影响最直接、减收风险最大

正常情况下，调查时点各地已复产复工，多数农民工已返岗复工。受新冠肺炎疫情影响，各地都延期复产复工，农民工返回务工地后还要隔离14天。农民工没有工作就没有收入。调查显示，约九成有务工人员样本户当月工资收入受影响。在县内务工和因疫情不能返回的县外务工人员工资收入受影响程度更深（见表3）。有县外务工人员的样本户中，42.3%在调查时尚未准备返回务工地。调查时尚未准备返回务工地的人员，除了承受当月收入减少外，有35.8%的被调查者反映会失去工作。在县内务工人员在承受当月收入减少的同时，也会面临失去工作的风险（占23%）。除湖北采取了最严格的防控措施外，各地农村采取的防控措施较为统一，因此湖北农村居民承受的工资收入减收和失去工作风险更大，其他地区受到的影响较为一致（见图2）。

表3　　　　有务工人员样本户当月务工收入和工作受影响情况

类型		样本	不受影响	减少20%以内	减少20%~50%	收入减少50%以上	失去工作重新找	失去工作待业在家
有县外务工人员且返回或准备返回务工地	数量（户）	1175	150	214	275	536	—	—
	结构（%）	100	12.8	18.2	23.4	45.6	—	—
有县外务工人员且未返回务工地	数量（户）	862	100	177		276	188	121
	结构（%）	100	11.6	20.5		32.0	21.8	14.0
有县内务工人员	数量（户）	1927	235	493		756	273	170
	结构（%）	100	12.2	25.6		39.2	14.2	8.8

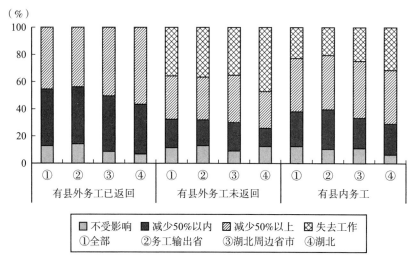

图2 不同地区农村居民当月务工收入和工作受影响情况

注：务工输出省选择山东、河北、四川。

（三）新型农业经营主体的经营收入减收风险更高

据从事农业生产的样本户预估，约七成小农户、约八成新型农业经营主体全年农业经营收入会有所减少，受影响程度因春耕开始早晚、从事种养殖领域不同而有所差异，但新型农业经营主体承受的减收风险更大。据图3所示，从事农业生产样本户的全年农业经营收入不受影响和减少10%以内的比例，新型农业经营主体（15.6%和16.7%）明显低于小农户（26.5%和24.4%）；收入减少10%以上的新型农业经营主体比例（65.4%）明显高于小农户（46.8%）。调查开展时，一些地方春耕尚未开始，疫情影响较小，如东北三省和内蒙古的样本户中，全年农业经营收入不受影响的比例（37.3%）明显高于北方冬小麦产区（25.7%）和南方双季稻产区（22.9%），收入减少5%以上的情形则正好相反（见图4）。就从事领域来看，种植粮食的样本户受影响程度明显低于从事经济作物种植和畜禽养殖的样本户（见图4）。

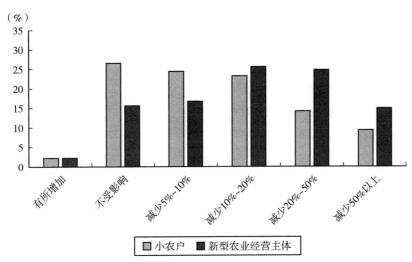

图3 从事农业生产样本户全年农业经营收入受影响情况

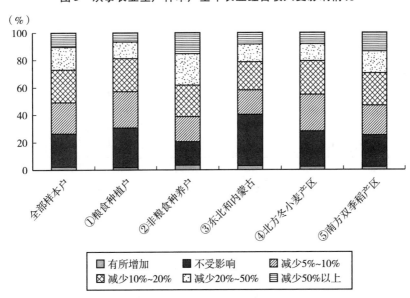

图4 不同种养领域和不同区域全年农业经营收入受影响情况

注：北方冬小麦产区指山东、河南、河北、山西、陕西5省；南方双季稻产区指湖南、江西、广东、广西、福建、安徽、湖北、海南、浙江、云南10省（区）。

（四）非农经营收入的减收风险集中在生活性服务业

从事非农经营样本户数据反映约三成经营活动因疫情暂停，超过四成当月经营收入减少50%以上。非农经营收入所受影响，在不同行业领域有所差别，满足春节前后集中需求的产业受影响更为明显。春节前后有不少非农经营活动暂停，调查时间是2020年农历正月十五前后，正常情况下因春节暂停的非农经营活动已陆续复工。新冠肺炎疫情导致部分非农经营活动延期复工。调研数据显示，非农经营样本户中，因春节暂停的有17.6%，因疫情暂停的有29.2%。样本户报告的当月非农经营收入，不受影响的仅有5.0%，减少20%以内的有14.4%，减少20%~50%的有20.0%，减少50%以上的有43.0%。具体产业主要是生活性服务业受影响较大。经营餐饮住宿休闲、超市零售的样本户，因疫情暂停经营活动、当月经营收入减少50%以上的比例明显高于加工运输等其他非农产业（见图5）。

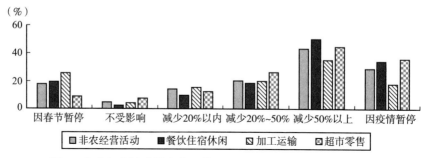

图5　非农经营活动样本户经营活动和当月经营收入受影响情况

注：经营餐饮住宿休闲、加工运输、超市零售的样本户分别占非农经营样本户的24.9%、19.3%和14.5%。

（五）随着疫情延续预估减收风险明显增加

调查中预估了疫情再延续一个月（即到2020年3月中旬）对农村居民收入情况的影响。如果疫情延续到三月中旬甚至更晚，农村居民的全年工资性收入和全年经营收入都将受到更大程度的影响。据样本户估计，约八成农村居民全年务工收入会减少10%以上（见图6），县外务工（80.6%）的影响程度将大于县内务工的影响程度（77.6%）；约八成（79.7%）新型农业经营主体全年农业经营收入会减少10%以上，小农户受影响程度相对较轻，但也超过六成（63.5%）；超过八成非农经营户（85.8%）的全年经营收入会减少10%以上。

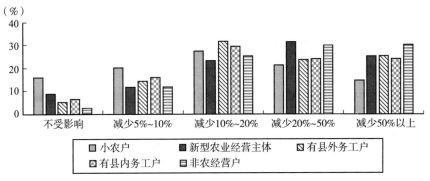

图6　自调查时间疫情延续一个月农村居民收入可能受影响情况

　　综上可见，新冠肺炎疫情对农业农村和宏观经济的冲击对农村居民收入造成了全面的影响，减收风险不同程度地显现出来。就调查时点的影响程度来看，工资性收入受影响程度更大的群体集中在未返回务工地的外出农民工和就近就地务工的农民工，他们还面临失去工作的风险；农业经营收入受影响程度更大的群体，集中在春耕已经开始或即将开始的地区、新型农业经营主体和经济作物、畜禽养殖领域；非农经营收入受影响程度更大的群体集中在农村生活性服务业。随着疫情的延续，农村居民的工资性收入和经营性收入的减收风险明显增加，外出务工的农民工减收风险超过了就近就地务工的农民工。2020年2月下旬开始，各地都出台措施推进复产复工，实际产生的对农村居民收入的影响不会到样本户预估的程度。但各地复产复工的难度很大。截至2020年2月26

日，中小企业复工率为 32.8%。① 新冠肺炎疫情对农民居民收入的影响要引起足够重视。

三、新冠肺炎疫情影响农村居民收入的成因

收入减少的根源在于从事经营活动或就业时间的减少。新冠肺炎疫情持续期间，农村居民存在担心被感染不愿外出的顾虑。各地农村采取的封村封路、停工停产等措施，限制了农业农村生产经营活动，再加上疫情对宏观经济的影响也会传导到农村居民务工就业。这些使部分农村居民闲在家里，"无活可干""有活不能干""找不到活干"，从而减少了这部分农村居民收入。当然，这是直观上表现出的新冠肺炎疫情对农村居民收入的影响机制，其背后反映了农村公共卫生服务体系、农民工公共服务体系的薄弱，小微企业和个体工商户抗风险能力不足，农业经营和服务主体发展质量不高等。

（一）农村公共卫生服务体系薄弱，限制了农村经营活动和农民务工就业

健康教育、传染病和突发公共卫生事件报告和处理属于国家明确的基本公共卫生服务范畴，由乡镇卫生院、村卫生室等基层医疗机构向农村居民免费提供。近年来，国家大力推进农村公共卫生服务体系建设，升级乡镇卫生院设施，普及村级卫生室，加强了基层医疗卫生服务队伍。但在新冠肺炎疫情面前，农村公共卫生服务体系的能力短板仍较突出，表现在防疫物资短缺、防疫服务简单、村级设施简陋、动员手段落后、人员力量薄弱等，限制了农村生产经营活动和农村居民务工就业。一是加剧了农村居

---

① 班娟娟，钟源. 中小企业复工复产率超过 30% 新一轮纾困中小微企业政策将落地［EB/OL］. 新华网，http：//www. xinhuanet. com/politics/2020 - 02/28/c_1125636614. htm，2020 - 02 - 28.

民心理上感染病毒的担忧，造成部分农村居民主观上不愿照常进行经营活动或务工就业。农村基层医疗服务机构不能及时将科学防护知识传达给农村居民，使部分农村居民对新冠肺炎产生了恐惧心理，担心外出会接触未知感染源而患病，遂暂停了经营活动或放弃了务工机会。调查数据显示，因为担心疫情，三成农业服务主体（30.2%）暂停服务，近三成小农户（27.1%）不敢下地干活，超过两成在县外务工人员（21.0%）未准备返回务工地，超过两成非农经营户（22.3%）雇工无法复工。二是以封村封路、停产停工来弥补公共卫生服务短板，直接导致部分农村生产经营活动暂停。调查数据显示，近三成农业服务主体（27.7%）因封村封路、交通阻断不能提供服务；两成小农户（19.9%）因参加村里疫情防控不能正常从事农业生产；约六成未返回务工地的在县外务工人员（58.8%）因为延期复工不让返回；超过六成在县内务工人员（64.8%）因疫情不能务工；超过四成非农经营户（41.4%）因当地禁止复工而停止经营活动。不管是主观意愿还是受防控措施限制，农村生产经营活动和农村居民务工就业的暂停，直接阻断了当季或当期收入。这是农村公共卫生服务体系建设滞后导致的农村居民收入的脆弱性。

（二）面向农民工的公共服务体系不完善，农民工返岗就业面临多重困难

农民工群体的流动性，决定了工作不稳定是他们的一种常态。春节集中返乡后，有相当一部分在县外务工人员会更换工作。在未准备返回务工地的在县外务工人员样本户中，约两成（20.2%）原本就不打算返回。农民工更需要公共服务来支撑返岗就业和再就业，但面向农民工的公共服务体系明显滞后。在新冠肺炎疫情面前，面向农民工的公共服务短板，加大了农民工返岗就业难度，使相当一部分农民工难以及时返岗甚至失去工作，既造成当前工资性收入的减少，也加大了全年收入减收风险。一是就业服务向农村延伸不够，信息不畅、渠道不通的问题普遍存在。很多农民工外出就业是通过亲朋或老乡介绍，就业面狭窄。疫情期间，这种传统方式"失灵"，城市用工需求信息不能及时下乡，造成复产复工初期"民工荒"和"返岗难"并存。这种情况下，促进农民工就近就地就业服务的重要性凸显出来。但农村就业服务体系尚未建立起来，难以为因疫情滞留待业的农民工提供再就业服务。二是农民工市民化程度低，疫情期间难以返回务工居住地。春节期间，农民工集中返乡，主要是因为在务工城市的融入程度低。2018 年，在进城农民工中，38% 认为自己是所居住城镇的"本地人"（城市规模越大，农民工的归属感越低），26.5% 参加过所在社区组织的活动，购买住房的占 19%，租房居住的占 61.3%。① 农民工居住的很多社区，把农民工当作外来人，疫情期间不让返回、阻止返回的现象较为普遍。灵活就业的农民工面临租房难、找工作难，还需要自行隔离 14 天，更加大了外出务工的难度。截至 2020 年 3 月 10 日，还有近一半左右的返乡农民工没有返城复工。② 三是农民工合同签订率低、履行率低、维权意识差，加剧了工作不稳定性。很多农民工在小微企业务工，是经熟人介绍，或与雇主是亲朋老乡关系，不注重签订合同；签订合同的，也因缺乏维权意识，合同执行力、约束力弱。不少农民工只能接受雇主的口头辞退，不仅拿不到经济补偿，甚至还会拖欠工资。四是社会保障参与率低，无法享受基本保障服务。农民工就业方式灵活，频繁更换工作和就业城市，很难参与到需要连续缴费的城市社会保障体系中。很多农民工收入水平不高，参与社会保障的意愿较强，但缴费的意识和主动性不够。很多小微企业主为农民工缴纳社会保障费用的意愿低，往往以提高工资的方式换取农民工同意不参加社会保障。这就导致农民工参与社会保障的比例低，特别是失业保险的参与率低，在失业时得不到有效的保障。

---

① 2018 年农民工监测调查报告 ［EB/OL］. 国家统计局网站，http：//www. stats. gov. cn/tjsj/zxfb/201904/t20190429_1662268. html，2019 - 04 - 29.

② 国务院联防联控机制权威发布（2020 年 3 月 10 日下午）文字实录 ［EB/OL］. 中国政府网，http：//www. gov. cn/xinwen/gwylflkjz52/index. htm，2020 - 03 - 10.

（三）小微企业和个体工商户抗风险能力低，疫情后期用工需求短时间内难以恢复

农民工主要在小微企业和个体工商户就业。数据显示，2018年末，中国共有中小微企业法人单位1807万家，其中小型企业239.2万家，占比13.2%，微型企业1543.9万家，占比85.3%；吸纳就业人员2.33亿人，占全部企业就业人员的比重为79.4%。[①] 目前，中国登记在册的个体工商户8331.3万户，带动就业人员超2亿人。[②] 受疫情影响，小微企业和个体工商户都受到较大冲击，用工需求明显减少。当前，从中央到地方都出台了推动复工复产的有力政策，能够帮助小微企业和个体工商户渡过难关。但他们的生产经营活动仍面临很多困境，用工需求短时间恢复的难度很大。一是部分小微企业和个体工商户错过经营旺季，损失难以挽回。春节期间是餐饮、食品、娱乐等生活性消费旺季，是城乡生活性服务经营主体的经营旺季。受疫情影响，春节期间城乡居民的聚会聚餐、走亲访友、娱乐休闲骤停，大量城乡餐馆、酒店、门店、农家乐等消费性场所也暂停服务，多数是从2020年1月底停止经营一直延续到2月底，到3月初尚有相当一部分未恢复营业。对于这部分经营主体来说，错过了经营旺季就损失了经营利润，还意味着存货备货、硬性支出的损失。这对于很多小微企业和个体工商户而言是难以承受的，就更谈不上在此期间的用工需求，以及保障农民工收入。很多小微企业和个体工商户向参与疫情防控的单位、人员捐赠鲜活农产品、食品饮料等，也是存货难以销售出去下的无奈之举。二是部分小微企业和个体工商户短期内难以恢复正常经营活动。在强力政策措施推动下，小微企业和个体工商户复工复产不存在太大问题。

---

① 中小微企业成为推动经济发展的重要力量——第四次全国经济普查系列报告之十二［EB/OL］．国家统计局，http：//www. stats. gov. cn/tjsj/zxfb/201912/t20191218_1718313. html，2019－12－18.

② 市场监管总局：加大对个体工商户服务力度降低经营成本［EB/OL］．央视网，http：//jingji. cctv. com/2020/02/27/ARTIMaUhFNmqhFmLvfg3WEiC200227. shtml，2020－02－27.

但为防控疫情，他们要付出额外成本，如购买防疫物资、进行消毒作业、监测员工健康和接送上下班等，如果员工从外地回来还要居家隔离。同时，疫情延续期间，城乡居民外出消费有限，导致小微企业和个体工商户销量比平常少很多。有些小微企业和个体工商户为此只能有限复工，只使用本地农民工或干脆不雇工。三是疫情对宏观经济的冲击会在一个较长时间范围内持续影响小微企业和个体工商户，这使得他们的生存压力会持续一段时间。这期间，小微企业和个体工商户的用工需求都会或多或少受影响，无疑会加大农民工的就业压力和失业风险，导致农民工收入的不稳定。我们对防控措施延续一个月情况下新型农业经营主体和非农经营户受影响情况的预估见图7。

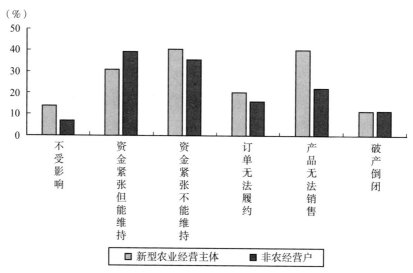

图7　自调查时点防控措施延续一个月新型农业经营主体
和非农经营户预估受影响情况

（四）农业经营和服务主体质量不高导致服务短缺，加剧农业经营收入减收风险

随着农业分工深化和专业化水平的迅速提升，新型农业服务主体成为农业现代化的重要推动力量，新型农业经营主体成为现代农业发展的骨干力量。小农户把多数农业生产作业环节交给农业服务主体完成，尽可能多地从事兼业经营或务工就业。受疫情影响，很多农业服务主体暂停服务，特别是跨区作业服务、农资和农产品运输难以进行。农业服务主体因服务业务量减少而收入下降，也导致小农户和新型农业经营主体陷入农业生产经营活动难以进行的困境。农业服务的短缺，还造成农业生产要素供给和产品销售、订单履约难题，导致生产成本上涨、经营效益下滑。调查数据显示，超过一半的农业服务主体（57.3%）不能正常提供服务；小农户农业生产经营受到了农资供应紧张（买不到17.3%、价格上涨8.1%）、农业服务受限（短缺13.2%、价格上涨4.9%）、设施无法修缮（10.9%）等的影响；新型农业经营主体面临的经营难题更为明显，反映生产资料运不进来的占39.5%、价格上涨的占17.5%，反映雇工难的占35.4%、工资上涨的占16.0%。春节前后，新型农业经营主体要素和产品交易频繁、超越传统农业生产季节和周期，需要流转土地、签订订单、准备农资、维修设备等，疫情对他们的影响较大。不少从事畜禽养殖的新型农业经营主体，甚至大量宰杀幼崽以减少损失。面对疫情冲击，农业经营和服务主体都需要风险保障，但农业经营主体参保率低，面向农业服务主体的保险产品缺乏，现有政策性保险能否把疫情引起的经营损失纳入补偿范围尚未明确。这使得因疫情直接或间接造成的收入损失只能由农业经营和服务主体自己承担，同时还加大了包括小农户在内的当季农业经营收入减收风险。

四、构建农村居民稳定增收机制的政策建议

新冠肺炎疫情对农业农村和宏观经济的冲击，不可避免会波及农村居民收入，给农村居民增收造成较大困难。目前，从中央到地方都出台了大量政策减缓疫情影响，对于降低农村居民减收风险，实现全年农村居民增

收目标具有重要作用。政策往往是短期的，我们更关注新冠肺炎疫情冲击下暴露出的农村居民收入的不稳定性，以及如何建立农村居民持续增收机制，有效应对未来的不确定性冲击。结合农村居民收入受影响的表现和原因，我们认为，短期内要从确保如期实现全面建成小康社会目标的考量出发，进一步出台强有力的措施，减缓疫情对农村居民收入的影响，确保农村居民收入不减少、不徘徊，稳定增长；长期内，应从消除农村居民增收潜在风险出发，构建农村居民持续稳定增收机制。

（一）千方百计确保农村居民收入稳定增长

为减缓新冠肺炎疫情对农村居民生产经营和务工就业的影响，各部门、各地区都出台了很多强有力的政策。如 2020 年 3 月 2 日，农业农村部办公厅发布了《关于应对新冠肺炎疫情影响扩大农村劳动力就业促进农民增收的通知》。2020 年 3 月 18 日，国务院办公厅印发了《关于应对新冠肺炎疫情影响强化稳就业举措的实施意见》，专门强调了引导农民工安全有序转移就业。在相关政策的强力推动下，经济秩序迅速恢复，农村居民复产复工和返岗就业成效显著。但随着疫情在全球的不断蔓延，疫情对国际经济的影响会进一步传递给国内经济，给农村居民收入带来更大的不确定性。这需要更多针对性更强的政策措施来保障农村居民收入。

一是提高减缓疫情影响政策的支持力度。第一是支持水平的提升，如减税降费的比例进一步提高。第二是支持范围的拓展，把吸纳农民工就业较多的小微经营主体、个体工商户纳入支持范围，做到城镇和乡村经营主体的公平对待。第三是延长政策支持期限，至少要放宽至疫情在国际上得到有效控制，进出口贸易恢复正常。第四是简化支持政策获取程序，尤其是取消小微经营主体和个体工商户获取政策的冗余要求。

二是稳定和扩大农民工就业机会。要适时推出稳就业项目，积极开发城乡公益性岗位，增加农民工就业机会。对于有外出务工需求且就业不稳定的农民工群体，关键在于提高他们的劳动技能，处理好稳定就业和工作更换的关系，降低失业风险。对于在务工地有稳定就业的农民工群体，要通过技能提升和社会保障促进稳定增收，同时加快其市民化进程；对于已经或预计返乡的农民工群体，要及时纳入当地的就业服务保障体系，支持其多渠道灵活就业或创业。要尤为关注因疫情而滞留乡村的农民工的务工需求，通过加大农村基础设施建设力度，引导自行建设村庄道路、厕所等设施，加快设立保洁员、水管员、护路员、生态护林员等公益性岗位，鼓励创新创业等吸纳这部分农村劳动力就业。

三是出台更多临时性农业支持保护政策。第一是要关注农产品价格动态变化，预防国际形势对国内农产品价格的影响，稳定农村居民农业经营收入。第二是瞄准新型农业经营主体和服务主体，实行对稳产增效作用显著的主体或环节的临时性补助，加大购买农业社会化服务力度，发挥新型农业经营主体和服务主体的稳产增效作用，带动小农户衔接现代农业、分享农业产业链增值收益。第三是可以考虑临时提高小麦、水稻最低收购价，加大玉米、棉花、油菜、大豆等重点农产品价格支持力度，推动农村居民农业经营收入稳定增长。第四是提高政策性农业保险保障水平，减少农业经营主体因疫情造成的损失。

（二）多策并举构建农村居民持续稳定增收机制

一是提高农村应对公共安全事件的能力。外部冲击难以预防、也不可避免，关键是建立一套行之有效的应对机制，减少公共安全事件对农村居民收入的影响。这需要把提高农村应对公共安全事件的能力纳入乡村治理体系和治理能力现代化的工作中重点考虑。首先，以疫情防控为中心补齐农村公共卫生服务短板。要加快疫情防控体系向农村延伸，推动防疫力量下沉村庄，把应对重大突发疫情需求列入农村医疗服务设施改造升级范围；及早研究和布局农村公共安全物资储备的可行性和可行方案，消化疫情后期防疫物资过剩产能。其次，健全公共安全事件农村响应机制。要推动社会动员体系向农村延伸，明确县级政府、乡镇政府、村级组织的职责定位，形成全方位、全覆盖的农村社会动员体系；要制定针对不同公共安全事件的响应预案，定期组织演练演习，保持对突发事件的响应敏感度。

最后，加大专业人员培养力度。要创新培训形式，以订单培训、在岗培训、继续教育等，提高农村公共安全服务人员的综合素质和服务能力；把公共安全服务专业技能列入职业院校的培养重点，把公共安全服务岗位列入乡村公益性岗位补助范围，吸引专业人员进村。

二是建立健全针对农民工的公共服务体系。为农民工提供公共服务，要适应其流动性强的特点，顺应流动规律和分化趋势，提升其稳定就业能力。第一，加强针对农民工的公共服务。要掌握农民工动态信息，及时摸底调查农民工就业状况和就业意向；建立输出地与输入地对接机制，建立农民工与用工企业的信息对接平台；要充分发挥基层就业和社会保障服务平台作用，总结推广部分地区设立农民工服务中心的经验，把农民工就业服务保障纳入地方政府工作重点，为农民工提供培训、就业、信息、交通等服务。第二，努力提高农民工社会融入水平。加快把农民工纳入城市公共服务体系，鼓励用工企业、街道、社区等开展灵活多样的农民工融入活动，及时帮助农民工解决实际问题。第三，提高农民工社会保障参与水平。加强对用工企业规范管理，以优惠政策引导用工企业为农民工缴纳社会保障费用，如作为税费抵扣的依据；对于灵活就业的农民工，要探索可行办法实现与城乡社会保障体系的有效衔接；要努力提高农民工失业保险参与率，为他们提供有效的失业保障服务。第四，加大农民工劳动权益保护力度。要加强对受疫情影响企业的劳动用工指导和服务；加强法律和政策宣传解读，畅通司法、仲裁、监察、信访维权渠道，为农民工维护权益提供支持。

三是积极培育新型农业经营和服务主体。培育新型农业经营和服务主体，关键是解决它们的发展难题，推动成长性强的农业经营和服务主体加快成长。第一，继续扩大新型农业经营和服务主体基数。重点围绕农业生产经营和农业产业链薄弱环节，支持职业农民、返乡人员创业，发展贮藏保鲜、生产托管、电子商务、直播直销等新产业新业态。依托农村创新创业园，设立"一站式"创业服务平台，简化注册变更手续。第二，提高新型农业经营和服务主体规范发展水平。新型农业经营和服务主体多数规模小、实力弱，相当一部分负担不起建立规范制度的运营成本。可行办法是以公益性与经营性服务相结合的方式，发展面向农业经营和服务主体的服务组织，为他们提供会计、制度、标准等规范管理服务，以及政策咨询、项目申请、信息服务、资源对接、贷款申请、税费缴纳等服务。第三，增强支持政策带动农业经营和服务主体能力提高的作用。在继续加大财税、信贷、担保、项目等扶持政策力度的同时，新增政策向提高发展能力的关键环节倾斜。更多投向农业保险领域，健全农业保险市场和服务体系，满足新型农业经营和服务主体的多元保险需求；更多投向新型职业农业培训，提高农村致富带头人的生产组织、产品营销、风险防控能力；更多投向示范带动能力提升，密切与小农户利益联结机制，带动小农户衔接现代农业。

四是通过乡村产业振兴培育农村居民增收新动能。近年来，农村居民收入增长结构出现了明显变化，经营性收入对农村居民可支配收入增长的贡献企稳回升。这种变化的原因是来自第二、第三产业增收贡献的提高，特别是第三产业增收贡献提高较快。经营净收入对农村居民可支配收入的增收贡献率下降到 2016 年的 25.2% 后便开始增加，到 2019 年已稳步增加到 28.8%。① 分产业来看，第一产业经营净收入比重和增收贡献率仍在下降；第二产业经营净收入比重和增收贡献率在 2017 年都实现逆转；第三产业经营净收入比重和增收贡献率增长较快，2017 年分别达到了 9.8% 和 12.6%。② 在乡村产业振兴政策推动下，农村非农产业加速发展，对农村居民增收的带动作用会不断增强。在疫情冲击下，农村非农产业经营主体的脆弱性暴露出来，其原因归结为产业链不完整、衔接不畅，经营活动服务保障薄弱。要把乡村产业振兴的推力转变成农村居民稳定增收的新动能，就要完善农村产业链薄弱环节，提高农村经营活动服务保障水平。第一，以产业融合为抓手，侧重产业链完整性和高效运转，引导富民产业下沉乡村，发展壮大乡村新型服务业，建设农村现代化产业体系。第二，重

---

①② 根据国家统计局网站公布的农村居民可支配收入数据计算。

点瞄准带动农村居民增收能力强的经营主体，推动城市为产业链和企业运营提供服务的力量向农村延伸，针对性创设更多贴合农村实际需要的服务项目。第三，吸引返乡人员创业兴业，落实创业补贴和担保贷款等政策，为返乡创业人员提供政策申请、社保接续、创业辅导等服务，将有培训需求的返乡创业人员全部纳入培训范围。第四，结合农村综合性服务中心建设，整合乡镇政府和基层组织服务小微经营主体力量，增设面向农村小微经营主体开展服务的服务中心、服务站、服务点等，为他们提供运营保障服务。第五，要引导和鼓励银行、保险、担保、物流等服务力量进一步下沉农村，为小微经营主体提供更多便利获取的服务。

五是更好发挥转移性收入"稳定器"作用。转移性收入对农村居民收入增长的带动能力和稳定能力显著增强。2014~2019 年，转移净收入在农村居民人均可支配收入中的比重由 17.9% 增加到 20.6%；2015~2019 年，转移净收入对农村居民人均可支配收入的增长贡献率由 20.3% 增加到 26.9%。[①] 转移性收入来自国家惠农利农政策。面对类似新冠肺炎疫情的冲击，发挥转移性收入的"稳定器"作用更为重要。第一，提高农业支持保护政策的增收促进作用。在农业支持保护政策改革过程中，要继续巩固和提高农民直接获得的转移性收入，新政策的实施要与带动农民增收相挂钩，把对稳产增效作用显著的主体或环节的临时性补助政策制度化。第二，进一步提高农村社会保障水平。要加快推动城乡社会保障一体化进程，提高农村居民养老、医疗、失业、救助等保障水平，进一步扩大保障范围和覆盖面。第三，探索建立应对突发应急事件的奖励机制。为防控新冠肺炎疫情，很多农村居民参与到疫情防控中，应该给予他们奖励，并建立相应的奖励制度机制。

参考文献：

[1] 何蒲明 . 农民收入结构变化对农民种粮积极性的影响——基于粮

---

① 根据国家统计局网站公布的农村居民可支配收入数据计算。

食主产区与主销区的对比分析 [J]. 农业技术经济, 2020 (1)：130-142.

[2] 康慧, 张晓林. 农村居民收入质量对生活满意度的影响 [J]. 经济问题, 2019 (4)：77-84.

[3] 柯炳生. 我国农民工工资变化及其深远影响 [J]. 农业经济问题, 2019 (9)：4-7.

[4] 孔荣, 王欣. 关于农民工收入质量内涵的思考 [J]. 农业经济问题, 2013, 34 (6)：55-60, 111.

[5] 姜长云. 中国农民收入增长趋势的变化 [J]. 中国农村经济, 2008 (9)：4-12.

[6] 姜长云. 当前农民收入增长趋势的变化及启示 [J]. 人民论坛·学术前沿, 2016 (14)：46-57, 79.

[7] 谭砚文, 马国群, 岳瑞雪. 国外农产品最低支持价格政策演进及其对中国的启示 [J]. 农业经济问题, 2019 (7)：123-133.

[8] 王健宇. 收入不确定性的测算方法研究 [J]. 统计研究, 2010, 27 (9)：58-64.

[9] 袁方, 叶兵, 史清华. 中国农民创业与农村多维减贫——基于"目标导向型"多维贫困模型的探讨 [J]. 农业技术经济, 2019 (1)：69-85.

（执笔人：芦千文, 中国社会科学院农村发展研究所助理研究员）

乡村防疫的短板与治理路径的现代化趋向

导读： 新冠肺炎疫情不仅是对国家治理体系和治理能力的一次"大考"，也是对我国乡村治理能力的一次重大考验。为阻止疫情向乡村蔓延，乡村地区采取了花式"硬核"抗"疫"措施，其效果立竿见影，但也暴露出了乡村自身弱势、治理方式短板等问题。本部分采用比较研究法，对乡村防疫和城市防疫进行对比分析。在此基础上提出了乡村防疫治理路径的现代化趋向选择。

新冠肺炎疫情暴发以来，党中央和全国人民时刻关注疫情的发展，这次疫情是新中国成立以来发生的传播速度最快、感染范围最广、防控难度最大的一次重大突发公共卫生事件。为了清楚地认识乡村防疫的治理特征和短板，本文采用比较研究法对乡村防疫和城市防疫进行对比分析，在此基础上提出乡村防疫治理路径的现代化趋向。

一、乡村防疫治理体系和治理能力的研究进展

目前，国内已有不少学者对乡村治理体系和治理能力现代化做了研究。从政治层面上看，韩鹏云指出乡村治理体系和治理能力现代化的实践中各自呈现出"治理体制'类'科层化""治理过程规范化和治理方式技术化""服务能力社区化、领导能力精英化和公共管理能力专业化"的逻辑，并提出可以从"改革乡村关系、推动自治下沉和加强基层民主建设"等多个方面促进国家政权建设和简约治理传统的协同推进，从而实现乡村治理现代化。桂华认为，乡村治理现代化目标是否能够实现取决于"国家能力、乡村体制和基层社会"这三个因素的融合程度，而且在当前乡村振兴战略背景下，只有处理好"民生与民主、技术化治理与群众路线、村治与乡政"三组关系，才能稳步推进乡村治理现代化目标的实现。贾康在经济层面上做了研究，他认为我国的乡村振兴和乡村治理现代化应该着力于

弥合二元经济和实现中华民族伟大复兴的现代化全盘战略，并提出了八个视角来认识乡村治理现代化：即大农业、乡村区域的产业集群、基本农田的"占补平衡"、城乡一体化下突出的矛盾、城乡一体化大系统、社会治理的制度建设和层级架构、乡村公益项目和城乡基本公共服务均等化。除此之外，从乡村现状上看，安明友指出了乡村地区常住人口老龄化和素质低这一事实，并强调这会严重阻碍乡村各项工作的开展，也给我国乡村治理现代化带来巨大的挑战。而且随着城镇化进程的持续深入，我国乡村地区将迎来常住人口快速减少的局面，农村"空心化"问题也是我们在乡村治理工作中需要考虑的问题。

总体上，学术界已分别从理论和实践上指出了乡村治理现代化的常态化路径，但鲜有人在乡村防疫的背景下对乡村治理现代化进行专门研究。本文在国家政策和现有乡村治理现代化相关概念的基础下，立足于当前乡村社会发展的客观实际，引入疫情这一不确定因素，以乡村防疫的特征、短板及如何以疫情防控为切入点大力提升乡村治理体系和治理能力现代化进行研究。

二、比较城市防疫的乡村防疫治理特征分析

（一）乡村防疫和城市防疫的不同属性对比

城市与乡村的各属性（人口密度、居住地、生活成本、人口老龄化程度、受教育程度、媒介素养等）呈现相反的态势，分别可以归结为"四高一低一集中"和"四低一高一分散"（见表1）。

表1　　　　　　　　　　城乡防疫特点对比

属性	城市	乡村
人口密度	高	低
居住地	集中	分散

续表

属性	城市	乡村
生活成本	高	低
人口老龄化程度	低	高
受教育程度	高	低
媒介素养	高	低

乡村的一些固有特点令其在抗击疫情时有着先天优势。首先,乡村人口密度低、居住地分散的特点能够抑制病毒的传播;其次,乡村社会世代聚族而居,祖祖辈辈传下来的熟人关系网使乡村在疫情防控时期更易于排查外来人口;最后,乡村生活成本低,即使是在疫情期间各商超停业的情况下,村民还是可以自给自足来保证日常基本生活不受影响。

然而,乡村的先天优势需要辩证看待。首先,从疫情宣传与防控难度上看,和人口密度高、居住集中而便于集中宣传和防控的城市相比,乡村人口密度低、居住地较为分散,为乡村的疫情宣传、防控增加了难度和工作量,从而容易出现盲区。其次,由于乡村人口老龄化、受教育程度不高,村民的媒介素养普遍较低,不能及时获取真实信息且容易相信不实信息。从六项属性对比结果来看,在疫情防控时,即使农村有着部分先天优势,但其低现代化的现状仍会阻碍着防疫工作的开展。

(二) 乡村防疫和城市防疫的举措对比

根据乡村和城市采取的一系列防疫措施,结合国家防疫政策以及对现实的观察与思考,我们将城市与农村防疫措施分为四个方面来对比分析(见表2),即:组织情况、人员及车辆管控情况、防控宣传情况、公共环境与卫生治理情况。

表2   乡村防疫和城市防疫的不同举措对比

情况分类	城市	乡村
组织情况	新冠肺炎疫情防控指挥部；领导干部牵头带动街道、社区干部、小区物业、社会志愿者等共同参与	构建以农村基层党组织为战斗堡垒，农村基层干部和全体村民上通下达的战"疫"体系
人员、车辆管控情况	积极组织各社区对所辖小区实行"门禁"制封闭管理，封锁小区；排查本社区、小区的外来人员。限制管理人员车辆出入：车辆只出不进、人员非必要不要外出，外出须登记、测量体温等	封乡、封村、封路；村入口设置防疫关卡，派驻专人值守，一律谢绝外来人、车进村；乡村之间、村民组之间无特殊情况一律禁止人员走亲访友；禁止串门、聚餐、聚众等
防控宣传情况	利用社区、小区内宣传栏、巡逻车循环大喇叭、物业微信群等	宣传标语条幅、村口广播、村主任"硬核喊话"、流动宣传车等
公共环境与卫生治理情况	及时清理社区内垃圾；定时对重点高频次使用区域，如电梯间、楼梯等进行消毒；定时利用消毒车对公共区域进行消毒	没有专门针对疫情防控进行公共环境与卫生治理

首先，在组织层面上，城市防疫主要以成立新冠肺炎疫情防控指挥部进行统一管理；乡村是构建以农村基层党组织为战斗堡垒，农村基层干部和全体村民上通下达的战"疫"体系。其次，在人员、车辆管控方面，城市主要以分级负责为主，在入市主干道设置关卡，严格控制外来人员、车辆入市；对于市内人员，社区根据上级要求设置具体举措并下发给各居民小区来实施。乡村主要在入村口设置防疫关卡，一律禁止外来人、车入村；并且以广播形式来对居民进行直接式管理。疫情防控宣传是帮助人们了解疫情相关政策、知识等最直接的方式。由于其分散性，乡村地区每个村落主要以"广播喊话"的方式进行防疫宣传。相比之下，城市的宣传工作更有组织性。日间巡逻车在主干道循环播放防疫宣传知识，社区拉横幅介绍疫情，小区在业主群内宣传防疫知识等。至于公共环境和卫生治理

方面，乡村防疫短板凸显，由于居住地分散，乡村没办法进行大面积的消杀工作，而城市则能够针对性地对主干道进行喷洒消毒。从乡村与城市的不同防疫措施可以看出，城市在各方面基本上是统一管理，分级负责，更加有规划性、组织性；相比之下，农村的防疫措施是基于一个层面进行粗犷化的管理，效率上可能会有欠缺。

（三）乡村防疫的成效得失分析

如前文所言，与城市相比，乡村固有的特性使其在抗击疫情方面有着先天优势。在党中央的领导下，在这种先天优势的作用下和防疫工作的推进中，很多地方在疫情防控期出现了乡村善治的良好局面：基层村干部、群众、社会组织等的积极性都被调动了起来，一些地方还形成了"乡自为战""村自为战"的疫情防控模。乡村地区疫情防控宣传中一项十分抢眼的举措便是火爆网络的村主任"硬核喊话"。这样的方式使村民能够最直观地理解当前疫情防控形势。但必须承认的是，这种"硬核"宣传方式也是一种落后且耗时费力低效的表现。此外，乡村地区第一时间采取的封乡、封村、封路、拦卡设限等措施尽可能地阻止了疫情扩散。最为"硬核"的措施莫过于部分村庄挖断公路，物理式杜绝同外界往来的可能性。这些措施虽对阻止疫情的蔓延有立竿见影的效果，同时节约了人力成本，但也反映出当前农村基层治理方式的落后，在面对重大疫情时还未形成良好的应急管理体系。

三、乡村治理体系现代化视域中的乡村防疫短板

（一）乡村人居环境公共卫生条件较差

乡村目前相对落后的人居环境和公共卫生条件（见表3）为病毒的滋生和传播提供了温床。首先，在饮食方面，仍有不少村民以为"不干不净

吃了没病"，即便在疫情期间依然有着不卫生的烹饪习惯。其次是乡村生活垃圾处理的问题，不少乡村并没有专门的保洁负责打扫，而村民有着"各家自扫门前雪"的习惯，导致乡村街道"垃圾基本靠风刮"。再次，虽然乡村一直在进行"厕所革命"，但是改厕工作在实际的推进中还是存在一些问题：有些地方的公厕无人打扫，只有在领导来检查的日子开放。最后，大部分乡村缺乏专业的污水处理设备，导致村民随意排放生活污水。总体上，这次疫情令乡村人居环境和公共卫生这块"短板"无处可藏。

表3   乡村人居环境和公共卫生条件情况

重点	短板
饮食	"不干不净吃了没病""物尽其用""就地取材"
生活垃圾	无专人打扫；"垃圾靠风刮""各家自扫门前雪"
厕所	"如厕难，如厕脏"现象依旧存在
生活污水	随意排放；无专业处理，基本靠自然蒸发

（二）乡村医疗水平有限，防疫物资匮乏

尽管在国家政策的扶持下，乡村医疗卫生建设已有很大改善，但农村公共卫生投入增长缓慢，优质医疗资源供不应求，医疗水平低等问题依然存在。表4从三个角度对城乡医疗资源进行了对比。

首先，城市的每千人口医疗卫生机构床位数量大约是乡村的两倍。国家统计局数据显示，截至2018年末，乡村地区每千人口乡镇卫生院床位数低至1.43张。其次，城市的每千人口卫生技术人员数量超出乡村的两倍多，城市的现代化水平吸引了更多的技术型人才，从而能够提升各医疗机构的医疗水平。最后，乡村的人均卫生费用不到城市的一半，城市由于其较高的医疗水平、完善的医疗设施，体现出了其更高的价值，从而卫生费用较高，而乡村则相反。城乡三项医疗资源的对比说明，无论是医疗经费投入，还是技术人员配备，农村相比城市仍有着不小的差距。

表4 城乡医疗资源对比

项目	城市	乡村
每千人口医疗卫生机构床位[a]（张）	8.70	4.56
每千人口卫生技术人员[b]（人）	10.91	4.63
人均卫生费用[c]（元）	3558.31	1412.21

注：a 所选数据为2018年。每千人口医疗卫生机构床位＝医疗卫生机构床位数/人口数×1000。人口数系年末常住人口。资料来源：国家统计局，http://www.stats.gov.cn/tjsj/ndsj/2019/indexch.htm。

b 所选数据为2018年。每千人口卫生技术人员：每千人口卫生技术人员＝卫生技术人员数/人口数×1000。人口数系年末常住人口。资料来源：国家统计局，http://www.stats.gov.cn/tjsj/ndsj/2019/indexch.htm。

c 所选数据为2014年（因2015~2018年缺失）。人均卫生费用：即某年卫生总费用与同期平均人口数之比。资料来源：国家统计局，http://www.stats.gov.cn/tjsj/ndsj/2019/indexch.htm。

（三）疫情防控措施简单粗暴、流于形式

乡村地区所谓的封村封路等"硬核"措施虽能直接、快速地阻断疫情蔓延，但为长时间的抗"疫"生活带来诸多不便。物理封闭的道路导致村民就医出行、物资采购、消防急救无法得到保障。这暴露出了乡村疫情防控措施过于简单、粗暴，甚至不合理。值得注意的是，乡村地区地形开阔，羊肠小道众多，即便在封乡封村封路的情况下，村民仍有办法出入。2020年2月8日，国务院办公厅印发《关于做好公路交通保通保畅工作确保人员车辆正常通行的通知》，就进一步做好公路交通保通保畅工作，确保人员车辆正常通行，切实维护经济社会正常秩序作出专门部署，其中明确提出要"严禁硬隔离或挖断农村公路"。乡村地区疫情防控工作处于相对复杂的形势下，防控措施不落实、不仔细、不严格，个别地区防控工作流于形式的情况时有出现。部分商超、室内公共场合等入口的安保人员并未严格进行测体温等管控措施，部分商业场所甚至出现不配备防控物资便开业的违规举措。

（四）部分村民疫情防控意识淡薄，参与疫情防控不积极、不主动

乡村由于其固有的特征，邻里之间的关系十分密切，形成"熟人社

会"。疫情期间，即便三令五申禁止聚会、聚众、聚餐，但仍有不少村民因为人情的关系，放松了对病毒的警惕，继续聚集。这反映出在乡村里不少人仍存在侥幸、无知无畏的观念，并未真正意识到新冠肺炎疫情是什么以及它所带来的严重后果。从乡村社会呈现出来的状态来看，乡村"个体化"特征比较明显，即乡村居民无论是在生产还是在日常生活上，只着眼于自己的"一亩三分地"，并不关心村庄的公共事务。这样的"个体化"状态对乡村疫情防控是一个严峻的挑战。而且当前来看，乡村基层干部组织动员和联系群众的能力还比较弱。这些现象一方面是村民疫情防控意识淡薄的表现，另一方面暴露出来乡村基层疫情防控工作呈现出来的是一种自上而下的被动式治理。

四、乡村防疫治理体系和治理能力现代化的路径构建

此次新冠肺炎疫情给乡村治理现代化带来了新的挑战。乡村基层组织的应急防控能力、组织能力，乡村居民的防控意识、参与意识乃至整个人居环境、公共卫生条件、医疗资源等环节的问题都暴露出来，迫切需要推进乡村防疫治理体系和治理能力现代化的路径构建。

（一）加强乡村人居环境整治和公共卫生体系建设

乡村人居环境的整治和公共卫生体系的建设关系着乡村居民的健康生活，是帮助其提升获得感、幸福感和安全感最基础的工程，更是应对突发性公共卫生事件的基本法宝。要以疫情为切入点，加大健康卫生理念的宣传力度，加快培养乡村居民的良好的生活方式和卫生习惯。首先，要积极引导村民培养良好卫生的饮食习惯和饮食安全意识，提倡健康绿色饮食，增强应对疾病的抵抗力，坚决抵制野味。其次，聘用专职的环卫工人并落实村庄清洁保洁费用标准，按要求配备环卫用车、垃圾桶等清洁保洁用具，实现全村专业清扫。同时要全面治理生活垃圾，实施垃圾分类、从源

头减少垃圾的产生。再次，分类精准推进农村"厕所革命"，因地制宜选择技术模式提高农村改厕工作的科学性和实效性，严格标准规范改厕质量，引导乡村居民文明如厕、日常保洁等。最后，要因地制宜地进行污水治理和循环利用：技术推进和水生态保护相结合。对于这些具体措施，乡村需要设置相应部门负责监管，并且财政部门需要划拨相应的款项来配合实施。除此之外，还可探索创新形式，招募有意向的企业参与乡村人居环境卫生整治。

（二）提升农村基层医疗卫生服务，加强乡村疾病防控医疗队伍建设

从图 1 中可以看出，政府对公共卫生事业的投入总量保持增长趋势，其中卫生费用的投入也在不断提高。

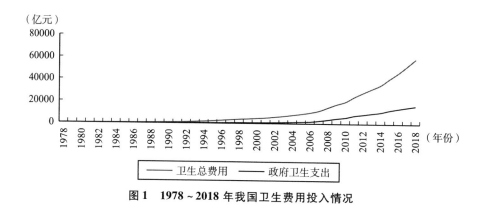

图 1　1978～2018 年我国卫生费用投入情况

图 2 是我国卫生总费用占 GDP 的比重，我国用了 40 年的时间翻了一番，从 3% 上升至 6.57%。尽管如此，城乡之间的医疗资源缺口还是较大（见表 4）。目前，乡村公共卫生体系通过县级医疗机构（依托）—乡镇卫生院（主体）—村卫生室（基础）三级网络机制发挥作用。乡村作为最基层的治理单元，在信息一层层上传下达的过程中存在耗时长、程序烦琐等问题，其应急机制和公共卫生服务体系明显落后于城市。

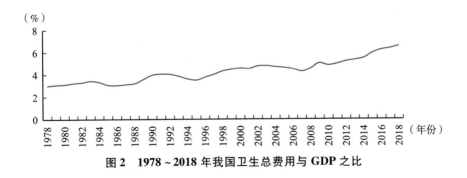

图 2　1978～2018 年我国卫生总费用与 GDP 之比

改善农村基层医疗卫生服务，建立结构完善、功能齐全、上下结合、高效管用的应急管理机制和乡村公共卫生服务体系势在必行。首先要严格按照标准和要求来建设和规范乡镇医疗机构和村卫生室，构建"县—乡—村"三级网络共同参与的"互联网＋医疗服务"线上平台，促进医疗资源和信息共享，提高工作效率。其次，乡村政府可利用盈余的财政资金来制定恰当的人才引进政策。尤其是对于本村的医疗技术人员，可采取吸引"人才回流"的政策来吸引各个有"乡土归属感"的人员，加强对乡村基层疾病防控医疗队伍的建设。

（三）健全乡村治理工作机制，促进乡村自治、法治和德治相融合

要推动实现县—乡—村三级联动联防和群防群控，要坚持把更多资源从县级下沉到乡镇到行政村，切实提高乡村治理效能。首先，发挥好县级作为"一线指挥部"的作用，下足功夫抓好基层工作。其次，以疫情为切入点，建立健全乡村重大疫情防控机制及应急管理制度，建设好一支在乡村公共卫生条件和人居环境整治方面"真抓实干"的队伍，为乡村防疫工作充实工作力量。再次，继续完善村规民约，强化村民规范自我、管控自我等意识，从而促进自治、法治和德治相融合。最后，要创新工作方式方法，可利用互联网信息技术搭建乡村"云治理"工作平台来推进乡村基层管理服务，例如村民能及时从"云治理"平台获取权威信息，亦可在平台上畅所欲言，从而真正实现"村干部—村民"上下贯通的良性互动。

（四）充分发挥党组织的领导作用，发展壮大群防群治力量

构筑群防群治的严密防线，首先，要在党组织的领导下，大力推动乡村现代化建设，发展乡村产业，完善基建设施，这样才能为动员和组织人民群众提供坚实的基础和物质保障。其次，要广泛动员村民参与到乡村治理工作中来，强化村民的主体意识。尤其在这次疫情防控工作中，乡村基层干部要把宣传和防控工作做实、落地，时刻牵挂着群众，密切联系着群众，让村民切实理解疫情防控的重要性，更加有序地参与到国家的疫情防控战疫中来。最后，要拓宽村民参与到疫情防控的渠道，发展壮大群防群治力量。可以组织和动员因疫情"被困在乡村"的"闲人"和"能人"发挥自己的长处，积极参与到疫情防控中来。比如因疫情不能返学的大学生们，可以组建临时志愿者团队，为村民特别是老年人宣传疫情防控知识等。

参考文献：

[1] 新华社.《中共中央关于坚持和完善中国特色社会主义制度 推进国家治理体系和治理能力现代化若干重大问题的决定》[EB/OL]. 中华人民共和国中央人民政府，http：//www. gov. cn/zhengce/2019 – 11/05/content_5449023. htm，2019 – 11 – 05.

[2] 韩鹏云. 乡村治理现代化的实践检视与理论反思 [J]. 西北农林科技大学学报（社会科学版），2020（1）：102 – 110.

[3] 桂华. 面对社会重组的乡村治理现代化 [J]. 政治学研究，2018（10）：2 – 5.

[4] 贾康，柯锦华，党国英，王晓毅，赵秀玲，左停，邓磊. 中国农村研究：乡村治理现代化（笔谈）[J]. 华中师范大学学报（人文社会科学版），2020（2）：1 – 7，12 – 27.

[5] 安明友，贺东航，刘伟，蒋英州，崔晶，袁方成，李荣娟，罗静，马奇柯. 乡村治理现代化（笔谈二）[J]. 湖北民族大学学报（哲学社会科学版），2020（2）：1 – 27.

［6］车英，袁松，张月盈. 试论新闻传播在乡村治理中的反作用［J］. 武汉大学学报（人文科学版），2008（1）：107－111.

［7］温铁军，陈高威. 乡村相见：在疫情防控实践中提高乡村治理效能［EB/OL］. 搜狐网，https：//www. sohu. com/a/383264648_120194067，2020－03－26.

［8］新华社. 国务院办公厅印发通知：做好公路交通保通保畅工作　确保人员车辆正常通行［EB/OL］. 中华人民共和国中央人民政府，http：//www. gov. cn/zhengce/2020－02/08/content_5476266. htm？trs＝1，2020－02－08.

［9］新华社. 中共中央　国务院　关于抓好"三农"领域重点工作确保如期实现全面小康的意见［EB/OL］. 中华人民共和国农业农村部，http：//www. moa. gov. cn/ztzl/jj2020zyyhwj/2020zyyhwj/202002/t20200205_6336614. htm，2020－02－05.

［10］新华社. 《习近平出席统筹推进新冠肺炎疫情防控和经济社会发展工作部署会议并发表重要讲话》［EB/OL］. 中华人民共和国中央人民政府，http：//www. gov. cn/xinwen/2020－02/23/content_5482453. htm，2020－02－23.

（执笔人：吴童，中央党校（国家行政学院）博士生）

区块链加快农业现代化的前景与推进策略

导读：中国农业现代化的主要难题是小农户与现代农业发展的有机衔接，表现为小农户生产方式导致的农业分工水平和专业化水平不高。从技术原理上看，区块链为此提供了技术解决方案，有可能成为重塑中国农业现代化道路、促进小农户衔接现代农业的重要技术路径。但总体上讲，区块链仍是中国农业发展的超前技术，受其本身不完善和农业数字化水平低，受农业大数据、物联网等技术短板的制约，在农业领域的应用范围还很小，主要集中在需要自证和防伪的高端农业领域。由于目前区块链应用的识别度低，要谨防虚假项目的大量出现。区块链创造的新规则为小农户交易提供了安全保障和激励机制，需要以确保上链数据标准的合理性，整合涉农部门的数据、监管和服务，建设不同层级的区块链服务和监控平台等为应用基础。可见，区块链应用价值最主要的不是去中心化，而是数据的不可篡改、技术的组织功能、交易的硬性约束，把小农户与大市场联系起来。农业数字化水平的提升和基础数据资源体系的建立，使区块链的应用范围和价值迅速提高。为此，应明确战略、及早布局、稳步推进，充分发挥区块链推动中国农业现代化的作用。

新技术转化应用是农业生产性服务新产业、新业态、新模式集中涌现的领域，也是农业生产性服务业促进农业现代化的重要路径。新时代以农业生产性服务业加快农业现代化，必须准确把握技术创新的更替趋势，为加快农业现代化注入强劲的驱动力。新技术的不断出现，改变了农业发展基础和农业现代化轨迹，推动了农业高质量发展。区块链作为基础性、关键性技术创新，在数字货币领域的成功应用，引发了对其在金融产业、数字产业、智能产业领域应用的畅想和尝试，以及深刻改变传统产业发展基础和升级路径的讨论。区块链链技术在农业领域的应用，能否破解中国农业发展的瓶颈，加快推动中国农业现代化的进程？目前，区块链技术在农业领域应用的讨论主要是应用场景描述和应用案例解读，认为其能解决涉农交易中的信息失真和信息不对称问题，提高涉农交易效率，从而破解农业产业链治理难题，推动农业产业升级（付豪等，2019）。对理论基础、技术机理和应用前提等方面的讨论不足，难以理性把握区块链技术推动农业现代化的问题和挑战。因此，从理论层面讨论区块链技术在现代农业领域的作用机理、应用前景，分析区块链技术在小农户衔接现代农业转化应用的困难和挑战，对于顺利推动区块链技术普及应用，加快中国农业现代化进程具有重要意义。

一、"斯密猜想"与中国农业现代化的瓶颈

分工和专业化是经济增长的源泉，也是农业现代化的根本动力。亚当·斯密曾提出著名的"斯密猜想"，即"农业劳动生产力的增进，总也赶不上制造业的劳动生产力的增进的主要原因，也许就是农业不能采用完全的分工制度"。[①] 这揭示了农业生产效率落后于制造业的根源在于农业分工的有限性。斯密认为，农业独特的产业特征使得农业分工面临着天然障碍。罗必良（2008）认为，农业的生命特性、季节特性、生产组织特性、产品市场特性，导致了分工的有限性，使得农业生产的迂回程度低于工业生产。同时，农业劳动的计量和监督难题、农户分散生产条件下的机会主义和道德风险行为，使得农业合约存在明显的不完全性和很强的履约障碍（刘凤芹，2003），导致分工和专业化基础上的农业纵向一体化整合面临很高的交易成本，制约了农业产业链的延展、农业供应链的治理和农业价值链的升级，进而束缚了农业分工深化和专业化水平提升。

世界各国农业现代化的路径各有特色，但基本轨迹都是沿着解决农业分工有限性、促进分工深化和提高专业化水平的方向推进。农业技术创新、管理创新、组织创新、模式创新的主要内容，也与促进分工和专业化密切相关。一是通过品种选育、农艺改良，改变农产品的生物特征，提高内涵品质、改善加工性能，适应标准化、多元化、个性化生产需求。二是通过机械、化学、设施、灌溉、信息技术的更新，推进农业的机械化、化学化、电气化、水利化，提高农业生产效率。三是通过增加中间物质投入和服务、知识等非物质投入，推动农业的"迂回"生产，提高专业化水平。四是通过组织创新、管理创新、交易创新、文化创新，密切联结机制，推动农业生产的规模化、社会化，延长产业链、升级供应链，促进

[①] 亚当·斯密. 国民财富的性质和原因的研究 [M]. 北京：商务印书馆，1997：5，7.

农业与非农产业的融合。这样，由创新驱动的农业现代化，就形成了分工深化、专业化提升、一体化推进相互交织、相互促进的轨迹。中国的农业现代化轨迹也是沿着分工深化和专业化水平提升的方向，推进农业生产经营的规模化、社会化、集约化，以及通过农业产业化实现农村一二三产业融合发展。

技术创新提升了农业分工和专业化水平，但随着技术创新深入到一定程度，对农业分工深化和专业化水平提升制约因素的消除效果迅速减弱。尤其是农业生产和交易中的计量监督问题凸显出来。在农业产业链、供应链治理领域，农业生产和交易中的计量监督难题诱发的信息不对称、契约不完全以及由此导致的市场主体机会主义、道德风险等问题，已经成为农业分工深化和专业化提升的主要制约因素。这在中国以小农户为主的农业现代化进程中表现得更为明显。中国农业现代化水平与发达国家尚有很大差距。宏观层面上表现为农业生产效率低下、农产品供求结构失衡、农业产业链不完整、农业整体竞争力不强；微观层面上表现为以小农户为主的农业经营主体下农业生产方式落后、农业生产成本高、农产品质量参差不齐、农产品附加值实现较少等。而且，在小农户分散的生产方式下，农业生产的计量监督难题被放大，外部市场主体想要介入小农户生产经营过程，并掌握生产信息、推行标准生产、规范物质投入，需要极高的交易成本。若保留小农户分散生产方式，则标准生产、信息追溯、品牌建设、精深加工等很难实现，现代农业产业链、供应链的治理方式也很难普及。同时，受制于小农户生产经营方式的局限性，土地流转难、技术推广难、产品销售难、融资难等问题始终难以解决。因此，中国农业现代化的关键在于破解小农户农业生产方式下的计量监督难题。对此，需要一项基础性、关键性的技术创新，进一步改善农业生产的可计量和可监督性，提高小农户农业生产的分工和专业化水平，为现代产业链、供应链建设奠定基础。

二、区块链技术与农业生产经营方式变革

区块链技术一经产生，就深刻改变了应用领域的发展基础，引领世界发生巨大变革乃至新一轮产业技术革命。中共中央已经认识到区块链技术在创新驱动和引领发展中的重要性。2018 年 5 月 28 日，习近平总书记在中国科学院第十九次院士大会、中国工程院第十四次院士大会上发表的重要讲话中，将区块链与人工智能、量子信息、移动通信、物联网等列为新一代信息技术代表。① 2019 年，中共中央政治局就区块链技术发展现状和趋势进行了第十八次集体学习。习近平总书记在主持学习时强调，区块链技术的集成应用在新的技术革新和产业变革中起着重要作用，要把区块链作为核心技术自主创新的重要突破口，着力攻克一批关键核心技术，加快推动区块链技术和产业创新发展。② 目前，区块链在大数据、物联网、智能生产、供应链管理等领域的应用延伸，正是农业产业转型升级的所亟须的技术创新。区块链技术与农业产业发展的融合，必将推动农业生产方式的变革，加快推动农业现代化进程。

（一）区块链技术的特点与应用现状

最初，区块链技术是为比特币的加密而开发出来的，并因作为比特币的底层技术而广为人知。2008 年 11 月 1 日，中本聪（Satoshi Nakamoto）发表了《比特币：一种点对点的电子现金系统》一文，提出构建一个不需要金融机构的交易系统的技术框架，为区块链技术的产生提供了理论基

① 习近平. 在中国科学院第十九次院士大会、中国工程院第十四次院士大会上的讲话［EB/OL］. 新华网，http：//www. xinhuanet. com/2018－05/28/c_1122901308. htm，2018－05－28.
② 习近平在中央政治局第十八次集体学习时强调把区块链作为核心技术自主创新重要突破口，加快推动区块链技术和产业创新发展［EB/OL］. 新华网，http：//www. xinhuanet. com/politics/leaders/2019－10/25/c_1125153665. htm，2019－10－25.

础；2009 年 1 月，第一个区块"创世区块"（序号为 0）产生，一周后序号为 1 的区块产生，并与创世区块相连接形成了链，标志着区块链的诞生。简单来讲，区块链技术是以数据存储、传输和交易为核心，将数学、密码学、互联网和计算机编程等跨学科、跨领域技术融合到一起的集成式创新的新技术，包括区块和链两部分。经过不断演化，区块链已经形成了由分布式账本、非对称加密、共识机制、时间戳和智能合约为主要创新内容的应用技术范式，以点对点的数据传输实现了去中心化的分布式储存交易。在技术层面，已经有大量学者对区块链技术原理和应用场景进行了详细介绍，如袁勇和王飞跃（2016）、何蒲等（2017）。在应用层面，区块链技术作为一种分布式的数据记录方式和共享式的数据库，具有去中心化、不可篡改、全程留痕、可以追溯、集体维护、公开透明等特点。这使得以区块链为底层技术的应用场景可以形成新的规则，"一套经过数字定义与背书的，并由各个节点参与者共同维护、执行的数字规则"（付豪等，2019）。区域链的技术特征及其原理整理见表 1。

表 1   **区块链的技术特征及其原理**

特征	技术原理
去中心化	采用分布式记录和储存，不依赖特定中心节点处理和储存数据，任一节点间都可以进行点对点的数据交换与共享。区块链中数据由各节点共同维护，任一节点损坏都不会对整个系统的稳定构成威胁，避免了集中式服务器被攻击导致单点崩溃的风险
去信任化	所有数据组成了分布式储存账本，每个节点都能获取一致的信息，任一节点出现欺骗行为时都会受到其他节点的排斥。每个节点都不依赖于任何权威机构的信用背书，将对人的信任转为对机器的信任。这能够降低信用成本和道德风险的发生
共识机制	所有节点对新加入的区块执行共识算法，即全网节点均表示接受该区块后才被正式储存。所有节点均以被全网认可且长度最大的区块链为正确链，并持续以此为基础验证和延长。只有控制了 51% 的节点，才有可能出现造假可能。这使得造假成本非常高
不可篡改	通过运用哈希函数和非对称加密技术实现了信息可添加但无法随意修改或删除，经过验证的信息会被永久储存。单个或少数节点对数据进行修改，将不被其他节点认可，除非同时控制超过 51% 的节点数，从而保障了数据安全。节点数越多安全性就越高

特征	技术原理
隐私保护	交易中，用户自行创建和保存使用地址，每次交易会生成不同的地址。地址与用户信息无任何关联。交易通过地址在匿名情况下完成，既实现数据共享，也保护了隐私
可追溯性	数据按时间先后顺序记录在区块中，打上时间戳和签名。每个节点各自维护账本，通过节点间定期互换实现同步更新。每个节点都能对全链的数据录入、更改和交易进行记录
智能合约	作为一种计算机程序，具有代码强制执行的逻辑，可自动执行事先约定好的条款
激励机制	信息收集可采取积分奖励机制，节点用户上传的真实信息越多，获得的积分奖励就越多，积分可用于兑换权限或其他奖励。数据提供者、呈现者、审查者对信息进行共识和数字签名，可通过智能合约从交易中获得利润

区块链之所以是各个产业创新发展所亟须的基础性、关键性技术，是因为以区块链作为底层技术以机器信任代替人的信任，克服了信息不对称、信息不可追溯等产生了一系列问题，能够让互不相识、没有信任基础的主体建立信任。这就使得区块链延伸出的应用场景，能够创造一种信息对称和诚实透明的环境，实现不同主体的相互信任、高效合作以及一致行动。因此，区块链产生后，应用领域迅速从数字货币拓展至数字金融、物联网、智能制造、供应链管理、数字资产交易等，在促进数字资源共享、优化业务流程、降低运营成本、提高协同效率、建设信用体系等方面发挥着无可比拟的作用，并成为推动传统产业链升级和催动新兴产业链涌现的关键所在。区块链技术的应用引起了世界主要国家的高度关注，纷纷加快布局区块链技术创新和应用。

（二）区块链技术与农业分工深化

区块链技术应用场景所实现的效果表明，其与农业生产经营活动的结合，将为进一步解决农业生产的计量监督难题提供技术解决方案，为推动农业分工深化，转变农业生产方式提供了技术支撑。就技术层面来讲，区块链技术提供了不可篡改、可以追溯、公开透明的信息记录和存储方式，便于各方主体达到信息对称和诚信互信的状态，有助于推动受计量监督难题制约而难以分工的农业生产经营环节实现分工和专业化。就制度层面来讲，区块链技术蕴含的数字规则，提供了以数字信任替代机构信任的数字解决方案，为熟悉或不熟悉的涉农主体与农业经营主体之间进行交易，提供了安全透明信任机制、共识共享机制、智能合约机制、协作和声誉机制等方面的制度供给（付豪等，2019），为形成更高效的农业产业链、供应链创造了条件。技术和制度的结合，将使区块链在农业领域的应用，创造新的交易规则和合约结构，重构农业产业链、供应链以及农业经营组织、合作的治理模式（见表2）。尤其是基于区块链技术实现的智能合约，无须中介、不可篡改，可灵活嵌入各种数据，可分析环境并独立做决定，安全高效地实现信息交换、价值转移和资产管理（欧阳丽炜等，2019），推动"信息互联网"向"价值互联网""信任互联网"变迁，维护合作秩序，促进高效治理，使得离散程度高、管理链条长、涉及环节多的多方主体仍能有效合作（叶蓁蓁，2019）。这可以为农民合作组织、农业经营主体联合组织、农业产业链组织以及物联网等的高效运营提供技术解决方案。区块链还具有开源特性，会随着技术的进步和需求的增长，将更多技术融入进来，为更多农业生产经营方式的创新提出技术支撑。这些理论上的应用场景，恰好为小农户衔接现代农业提供了技术支撑或新的路径，从而引发涉及小农户农业生产环节的进一步分工深化。可以预见，区块链技术向农业生产经营领域的渗透，将引发中国农业生产经营方式的技术革新和深刻变革，会成为中国加快农业现代化进程的重要创新驱动力量。

表2　　　　　　　　　　**区块链与现代农业结合的理论图景**

应用场景	解决问题和理论效果
数据信息不可篡改、可以追溯	解决涉农企业、消费者与农业经营主体交易时因信息不对称而产生的逆向选择和道德风险问题，有助于加快完善农业经营主体的信用体系

应用场景	解决问题和理论效果
数据信息分布式存储、集体维护	打通农业生产数据信息在不同部门、不同主体间的"壁垒",实现农业产业链、供应链和农业服务平台、体系、网络的数据信息共享
构建点对点直接连接的网络组织结构,使每个主体在节点上体现为相同的地位和权利	实现农业经营主体,特别是小农户与涉农企业、消费者的直接交易,减少冗余的中间环节,提高交易效率
把合同条款及其他约定,转变成自我验证、自动执行的计算机交易协议,即智能合约	为农业订单、服务、信贷、保险、担保等的自动履约提供了技术支撑,解决了涉农经营主体与农业经营主体之间委托代理的履约障碍
区块链技术应用产生的共识机制、协作机制、激励机制(声誉机制),能够实现多个主体之间的协作信任,让参与主体可以充分地互动与博弈,也让利益相关者和监管者嵌入其中,参与合作秩序的维护、治理、监督	拓展农业生产经营领域,尤其是小农户生产环节和农业产业链、供应链的合作范围,为农业领域的组织创新、协同协作提供丰富的制度选择,提高农业产业体系不同产业、不同环节、不同主体的协同效率,使得离散程度高、管理链条长、涉及环节多的多方主体仍能有效合作

三、区块链技术在中国农业现代化中的应用前景

当前,中国推进农业现代化最为关键的是通过培育新型农业经营体系,构建新型现代农业服务体系,健全完善农业产业链、供应链、价值链,把小农户农业生产引入现代农业发展轨道,把优质生产要素导入现代农业产业体系。理论上讲,区块链的技术特征和应用场景,以解决农业生产的监督和计量难题,以及涉农经营主体的信用识别难题为突破口,形成公开透明的信息流、物质流和资金流,创造了保证有效合作的制度机制和技术环境,为突破当前中国农业现代化的瓶颈提供了综合技术解决方案。具体来看,区块链技术加快中国农业现代化进程的领域主要有如下几个方面。

(一) 农业生产经营信息追溯体系建设

农业生产经营信息溯源是发展现代农业的一项基础性工作,是农产品

质量安全体系的核心，决定了农业标准化、产业链、供应链、品牌建设等一系列工作的顺利进行。目前，农业生产经营信息追溯体系建设的主要问题是信息记录和传递过程的"失真"，以及中间环节过多导致的信息不可追溯和质量安全隐患。区块链技术的应用，可以把分散的农业生产信息沿着产业链整合起来，保证所有信息数字化并实时共享，实现从田间到餐桌全过程的信息追溯。农产品生产、加工、流通、销售等信息录入区块链后，农业产业链治理主体依托区块链，使生产者、加工者、运输者、消费者、监管者以及其他利益相关者能迅速获得农业生产过程的有效信息，降低了溯源追责的难度。这样，整个农业产业链的信息用数据展示出来，应用到衔接小农户、塑造农业品牌、加强质量控制等中，从而有利于消费者选出优质产品，生产者严格物质投入，推动农业价值链升级。同时，区块链技术下的农业生产经营信息追溯，节省了信息的采集、传输、使用成本，提高了信息追溯的经济性，将加快培育涉农追溯服务业，使涉农追溯服务业迅速成长为新型服务业。目前，中国食品链联盟和京东品质溯源防伪联盟利用区块链技术初步建成了有效的农产品信息追溯体系①。

（二）小农户与现代农业技术衔接体系建设

小农户与现代农业发展有机衔接，不管选择何种路径，都要实现农业生产过程的技术现代化和管理现代化。这就需要以某种形式介入小农户生产过程。现有签订订单、统一服务、组织联结、信息追溯等介入小农户农业生产过程的手段，虽然把小农户引入了农业产业化经营轨道，但依然难以做到小农户农业生产过程的标准化、规范化。尤其是与小农户建立的契约关系始终面临着履约率低、执行不到位等难题。其背后的原因主要是现有组织联结小农户，监督小农户的成本过高；解决的主要思路是建立公开

---

① 前者是是由食品生产、食品加工、物流配送、公益事业和区块链研发等企事业单位及有关机构自愿组成的以"区块链为核心技术、食品服务为发展导向"的联盟组织；后者是京东公司与工信部、农业部、国家质检总局等部门，运用区块链技术搭建的"京东区块链防伪追溯平台"。参见2018年5月工业和信息化部信息中心发布的《2018年中国区块链产业白皮书》。

透明、双向约束的小农户农业生产监督机制，以更低成本实现小农户的标准化、规范化生产作业。小农户的农业生产经营信息录入区块链后，一是使涉农企业获得小农户生产经营的信息更加便利，选择信任和适宜的小农户进行合作，以技术和服务带动小农户标准化、规范化、精准化生产作业；二是促进小农户充分表达产品质量方面的消息，激励小农户改进生产方式，提供优质农产品，约束机会主义行为；三是推动小农户组织形式、联结机制、服务方式和发展模式的创新，减少中介和中间组织环节，实现与小农户的直接对接，降低组织小农户标准化、规范化生产的交易成本；四是促使非标准化的小农户向标准化转变，实现整个农业领域的标准化。

（三）面向小农户的农业金融服务体系建设

涉农项目和农业经营主体融资难、融资贵，一般认为原因在于农业自然风险大，土地、设施、设备的可抵押性不足。除此之外，小农户还因面临信用难以识别、金融服务成本高等问题，被涉农信贷、担保、保险、抵押等农业金融服务排斥。以区块链记录小农户的各方面信息，可以使小农户的信用状况和有效需求显示出来，剔除非理性和无效的金融服务需求，提高面向小农户的金融服务的针对性；还可以无须通过中介组织或第三方担保，直接对接小农户，降低向小农户提供金融服务的成本以及小农户获取金融服务的难度。如以区块链为底层技术，提供了信息共享、直接对接、自动履约的新型农业保险形式。保险机构省去了为小农户提供保险服务的众多烦冗环节，精准实现对小农户资产状况和风险系数的评估；小农户可以轻而易举地获得相匹配的保险产品，不需要纸质合同以及数据维护、更新，也节省了小农户与保险公司复杂的协商谈判过程。风险发生时自动识别、触发理赔条款，做到了规范、安全，便于监管者直接监督。区块链的智能合约机制为构建多方担保的小农户信贷模式提供技术解决方案，以信息抵押代替传统的物资抵押，不再依赖银行、征信机构或中介机构提供的信用证明，调取相应信用信息并签署智能合约即可。区块链与农业金融服务的结合，将重塑面向小农户的金融服务供给，超越了空间上的局限，发挥出传统信贷不可比拟的低成本、高效率的交易便利。

（四）农产品质量安全保障技术体系建设

构建从田间到餐桌的农产品质量安全保障体系，是顺应农产品消费升级趋势，推动农业转型升级的重要支撑。目前，危害分析和关键控制点（Hazard Analysis Critical Control Point，HACCP）[1] 体系，被广泛应用到农产品生产中。但我国农产品质量安全保障仍面临很多挑战，如多主体分散生产，多部门片段监管，产加销衔接不畅，风险节点过多等。健全农产品质量安全保障体系的主要难题是既要同时适应不同的农业经营方式，尤其是包容小农户分散生产方式，也要实现与跨区域、跨产业、跨部门的农业产业链、供应链融合。区块链可以把多种农业经营主体和农业产业链、供应链的参与主体联结起来，组成互信、协作和高效的网络，从源头上控制和解决农产品质量安全问题。区块链嵌入 HACCP 体系中的控制点后，数据信息的可溯源性和安全性得到保证，形成精准控制的全产业链、全供应链质量安全监控体系，打通了跨区域、跨产业、跨部门的质量安全保障障碍，推动以政府和消费者等外部监督为主转变为生产者内部自控为主。同时，区块链的嵌入，也降低了中小企业以及小微企业、农业经营主体参与农产品质量安全控制网络的成本，使得他们可以根据自身实际接入区块链，提高质量安全控制水平。

（五）农业品牌塑造及其运营维护体系建设

品牌农业是现代农业的重要标志之一。塑造农业品牌的主要作用是解决优质不优价问题，实现优质特色农产品附加值。这正是深化农业供给侧结构性改革的有效路径。但受农业生产基础薄弱的限制，农业品牌建设始

---

[1]　HACCP 是国际上共同认可和接受的食品安全保证体系，主要是对食品中微生物、化学和物理危害进行安全控制，20 世纪 60 年代由美国的公司研发出来。2011 年，我国制定了 GB/T27341 – 2011《GBT 27341 –2009 危害分析与关键控制点体系食品生产企业通用要求》，2012 年 5 月起实施。

终面临着质量信息难以表达和传输给消费者，特色产品防伪难度大，品牌运营和维护难以持续，标准化生产理念难以贯彻等难题。区块链在信息追溯体系、衔接小农户技术体系和质量安全保障体系的作用，已经为农业品牌建设创造了基础环境。在此基础上，以区块链为底层技术构建品牌塑造和维护的平台，可以串联产业链各个环节主体，打通信息流、物流和资金流，建立标准生产体系、全程监控体系，形成区域、企业、产品的多维品牌溯源体系，推动品牌化路径深入到产业链、供应链的各个层面，引导农业加快向标准化、产业化、品牌化发展转型。农产品信息经区块链呈现，便于消费者查询识别，提高了造假成本，提升了消费者对产品品质的认可度和认同感；借助区块链技术对品牌运行和维护的关键节点进行控制，既节省组织运营成本、提高品牌塑造效率，也确保技术标准和生产规范的执行。由于有了区块链的信用背书，优质农产品可以卖到更高的价格，农业经营主体生产高附加值、高品质农产品的积极性将增强。

（六）多层次多维度农业服务平台建设

发展涉农平台经济是促进小农户衔接现代农业的有效方式（芦千文，2018）。区块链为平台经济发展提供了保障直接交易安全的底层技术平台①。区块链嵌入涉农服务平台后，小农户、中间商、消费者、服务商、监管者间实现数据共享、直接交易和智能合约，形成了 M2M（Machine to Machine）平台，对信息进行多方认证，并从中形成透明的价格机制，获得合理的收益回报，承担相应的责任约束。随着信息化技术的加速渗透，越来越多的涉农资产、产权被数字化，以区块链为底层技术的服务平台支持交易的涉农资产和要素范围大大拓展，如土地流转交易、集体产权交易以及数据资产、实物资产、知识产权等。同时，可以接入资产评估、信息发布、法律咨询、抵押融资、担保服务、监督监管等功能，解决农村产权

---

① 区块链本身可以形成不同层次、维度的网络，如公有链、联盟链、私有链，分别对应区域层面的综合性网络平台、行业层面的专业性网络平台、主体层面的个性化管理平台。

交易项目分布广、数量大、额度少、监管难、机制滞后等问题。这使得区块链在面向小农户的农产品交易平台、产权交易平台、农村综合性服务平台、农业生产性服务平台、农业产业链或供应链集成服务平台等领域具有广泛的应用前景。这些交易平台的普遍建立和有效运行，将加速农村要素流动和城市优质要素下乡。如区域性综合农业服务平台，以区块链整合农业产前、产中、产后的综合服务，将农资供应商、农机服务主体、金融服务机构、农技服务部门、农产品运销和加工主体网络成紧密的协作共同体，直接为包括小农户在内的农业经营主体提供全程农业生产性服务。区块链介入农业产业链和供应链后，形成一个集成服务平台，重构了农业产业链和供应链中价值增值的关键节点。同时，以区块链为技术支撑，金融服务、品牌服务等更多农业生产性服务更好地嵌入农业产业链和供应链，形成了以服务平台为中心、以区块链为支撑的价值链新生态。

（七）农业支持政策精准管理技术支撑体系建设

国家出台了大量的财政补贴、税费减免、项目扶持、奖助奖励等农业支持政策。这些政策执行过程中，面临着扶持对象难以精准识别、向小农户发放补贴成本高、中间环节执行存在偏差、项目运营和管理不到位、监督和评估跟不上等问题。区块链在公共服务、电子政务中的有效应用，说明其在农业支持政策的精准执行、监督和评估中也有着应用前景。农业部门作为重要节点接入区块链后，可以全面了解同处于区块链中的农业经营主体以及农业产业链、供应链不同环节的数据信息，以此为依据识别需要扶持的主体，了解政策需求，以及制定针对性政策。监督和评价主体同样可以作为重要节点，接入区块链，对受扶持对象开展监督和评估。如农机购置补贴政策实施过程中，区块链的介入，可以客观记录农机企业基本信息，自动识别和匹配需要补贴的产品和对象，筛除虚假信息和不良企业；可以实现农机产品从制造商到最终买家的全程追溯，确保补贴真正受惠于农民；可以实时查看补贴资金的使用情况，利用大数据技术进行分析预测，及时发现和预防可能存在的风险，查处违规行为。此外，以区块链为底层技术建立农业支持政策管理平台，用于直接向小农户发放补贴，嵌入涉农服务平台，向农业服务主体发放补助资金等，节省了中间冗余环节，降低了组织实施成本。

四、区块链技术在现代农业领域应用的问题与挑战

对区块链在现代农业领域应用场景的阐述，都是基于技术原理、理想场景与小农户前提下农业现代化的瓶颈结合起来的分析。区块链在实际运用中，还需要一定的技术基础和外部环境，而区块链本身并不完善，且处于初级应用阶段，除数字货币外的成功案例并不多见。其在现代农业领域的应用还存在着一些亟待解决的问题，也需要面对一些挑战。

（一）农业生产数据不能完全自动采集，限制了区块链技术特点的发挥

数据化是区块链应用的前提。区块链创新了信息数据记录和使用方式，但并不解决信息数据来源本身的问题。区块链只是解决了数据生成后的不可篡改、点对点传输、信息追溯问题，并没有解决数据生成环节的真实性问题。在讨论的区块链应用场景中，都假定数据录入完整且真实，这才使得区块链具有数据不可篡改和点对点传输的技术优势。但现实中并不具备农业数据完全自动采集的条件，有相当一部分数据需要人工录入。这就不可避免地出现数据"失真"的问题。在农业生产领域，很多环节的数据采集在现有技术水平下难以实现自动化、智能化采集，必须依靠人工录入，如农业物质投入、农业生产作业等。在工业领域，依赖物联网技术可以实现数据采取的自动化，而农业领域本来标准化实现程度低，加之小农户农业生产分散化、零碎化作业，物联网技术难以介入。即使在部分环节能实现数据的自动化采集，也需要大量的低功耗、快速、准确、小型化的农业传感器。这将显著抬升农业生产成本。不能保证数据的真实性，区

块链与现代农业结合的应用场景就很难实现。

（二）去中心化同时造就新的中心，需要配套多层次治理机制创新

区块链介入后，虽然农业经营主体可以与农业产业链和供应链其他环节主体实现直接对接，甚至直接与消费者建立联系。但在现有条件下，仍然需要专门的主体进行数据维护、合约谈判、规则制定、平台运营和技术支持。这就使得承担这些职能的主体成为新的"中心"。这些"中心"与原有扮演中心角色的主体一样，并不是中性的，同样具有机会主义倾向，从而影响区块链技术的发挥。随着区块链的大规模应用，提供数据存储和维护、移动支付、智能合约等技术外包服务的第三方主体会大量出现。他们在提供服务时，既有受软件或能力制约导致的服务瑕疵，也有员工的道德风险所导致的不确定因素。小农户通过区块链直接接入农业产业链或与消费者对接，对合作组织或中介组织承担的功能提出了新要求，原有生产经营或服务以及组织统一作业、签订订单、监督执行的功能弱化，但数据采集和维护、合约谈判、标准执行等新的功能增加。这种功能的转换，有助于农民组织组织创新功能实现形式，提高农村合作经济发展质量，但也伴随着利益分配格局的转换，尤其是合作组织盈利性经营活动的减弱，将对合作组织的发展提出挑战，也为区块链技术的普及带来阻力。这些都对现有的农业制度和监管规则提供了挑战，需要制度层面、机构层面、工具层面的创新。

（三）亟须的关键性技术创新滞后，配套的软硬设施支撑较为薄弱

在现代农业发展需要的技术创新中，区块链是重要的底层技术之一，但不是最底层的技术，仍需要其他更底层或以区块链为基础的更多技术创新，如适应农业农村发展需求的信息存储、高速传输、新一代互联网物联网、传感器等技术的创新。目前，区块链在现代农业领域的应用，主要受农业物联网和大数据技术短板的制约。同时，区块链的普及还需要重建农业软硬件设施。区块链的应用依赖完善的信息化基础设施，正是农业现代

化设施建设的短板所在。区块链在农业领域的推广应用，需要大量的软硬件设施建设投入。一是配置区块链所需的专业设备和软件，如数据采集需要的传感器、数据传输和维护需要的设备、产品检验检测设备以及应用终端设备，以及适用于区块链运行和小农户使用的操作系统与浏览系统。二是亟须普及互联网基础设施。为便于全流程数据采取和信息追溯，需要加强农村和农业领域互联网基础设施建设，尤其是要装配到可移动的农业生产设施和农产品流通设施的互联网终端设备。三是亟须专业人才队伍作为支撑。区块链技术的研发对技术开发人员要求比较高，在农业领域应用还需要具备相应领域的专业知识储备。目前，大部分农业科技推广人员不具备区块链相关知识，既懂农业又熟悉区块链的复合型人才更为缺乏。如果只是应用而不涉及应用群体知识结构和人力资本的匹配性升级，无疑是"新瓶装旧酒"。

（四）区块链应用与否"识别度"低，需要谨防大量虚假项目的出现

目前，我国很多地区农业的技术水平和分工水平比较落后，现有技术水平下的农技推广普及只能显著促进农业分工深化，尚未到达必须依靠区块链破解农业发展痛点的阶段。这使得区块链与推动农业现代化的结合的切入点比较少。也即是说，区块链整体上仍属于超越当前农业发展阶段的技术。而区块链的应用，需要使用群体掌握专业知识。绝大多数小农户很难了解区块链技术原理，普通农产品消费者也因"懒得"联入区块链识别产品信息，而对区块链技术不积极，对区块链的接受度不高。这就导致目前很多区块链在农业领域的应用案例，一方面其必要性无法体现，依靠现有技术也能实现；另一方面，不能直接判断是否真的应用了区块链。因此，在当前时期，区块链热点的出现，在引发关于区块链在现代农业应用前景讨论的同时，也会有大量的以区块链为亮点进行投融资或争取政策的项目，很大可能会有一些是以区块链为幌子或噱头，骗取政策支持或公众投资的虚假项目，对此要特别注意。

（五）区块链技术本身并不完善，广泛的商业应用存在很多局限性

区块链技术发展处于早期，技术很不成熟，应用的经济性短期内难以体现，也面临很大的监管风险。一是信息安全隐患。农业领域应用区块链的节点数相对较少，信息安全隐患相对较大。农户信息安全意识较为薄弱，其访问区块链的密钥容易泄漏或被窃取。这导致应用区块链时，网络安全和隐私保护相当脆弱。二是交易效率受限。区块链实现的公平交易是以牺牲效率为代价的，其分布式和共识机制决定了交易效率瓶颈，不能较好地支持高频交易（赵刚，2018）。而且，所有规则都是事先预置的，虽然无法篡改，却无法确保规则最优。三是应用成本高企。农业经营主体普遍散弱小，尤其是小农户，在基础设施不完备的情况下，接入区块链需要大量的设施设备和人力资本投入，无疑抬高了区块链普及应用的门槛。四是业务融合较难。区块链需结合具体应用场景才能实现价值。对于农民来说，技术越简单、便捷、易操作，越容易被使用。区块链本身没有业务或商业模式，既不易被农民理解，也难以实现与业务的融合，从而难以以某种场景直接呈现出来，供农民便捷化地操作使用。五是监管体系空缺。区块链内数据保护、产品定价以及责任划分，都是法律约束和监管规范的新课题。针对区块链应用的通用标准、技术规范、法律制度处于初步探索阶段①，尚未形成对区块链在农业领域应用的约束力、规范力。这使得当前区块链在农业领域的应用处于"野蛮生长"阶段，这也使得区块链在农业领域的大量应用普及还很远。

参考文献：

［1］付豪，赵翠萍，程传兴. 区块链嵌入、约束打破与农业产业链治理［J］. 农业经济问题，2019（12）：108-117.

---

① 2019年1月10日，国家互联网信息办公室发布了《区块链信息服务管理规定》，2019年的3月30日发布了第一批共197个区块链信息服务名称及备案编号。

［2］［英］亚当·斯密．国民财富的性质和原因的研究（上卷）［M］．郭大力，王亚南译．北京：商务印书馆，1976：7.

［3］罗必良．论农业分工的有限性及其政策含义［J］．贵州社会科学，2008（1）：80－87.

［4］刘凤芹．不完全合约与履约障碍——以订单农业为例［J］．经济研究，2003（4）：22－30，92.

［5］袁勇，王飞跃．区块链技术发展现状与展望［J］．自动化学报，2016，42（4）：481－494.

［6］何蒲，于戈，张岩峰，鲍玉斌．区块链技术与应用前瞻综述［J］．计算机科学，2017，44（4）：1－7，15.

［7］李拯．区块链，换道超车的突破口［N］．人民日报，2019－11－04（5）．

［8］欧阳丽炜，王帅，袁勇，倪晓春，王飞跃．区块链智能合约的发展现状：架构、应用与发展趋势［J］．自动化学报，2019（9）：1－13.

［9］叶蓁蓁．我国必须走在区块链发展前列［EB/OL］．人民网，http：//politics.people.com.cn/n1/2019/1026/c1001－3142 1642.html，2019－10－26.

［10］芦千文．涉农平台经济：典型案例、作用机理与发展策略［J］．西北农林科技大学学报（社会科学版），2018，18（5）：63－71.

［11］赵刚．区块链技术的本质与未来应用趋势［J］．人民论坛·学术前沿，2018（12）：61－69.

（执笔人：芦千文，中国社会科学院农村发展研究所助理研究员）

"育种4.0时代"促进种业高质量发展

导读： 国际一流种业正由"分子育种3.0时代"进入"智能设计育种4.0时代"，而我国仍处于"表型选择2.0时代"到"分子育种3.0时代"的过渡阶段。种子是现代农业竞争力的核心，是保障粮食安全的重要支撑。中国一直重视品种培育和种业发展，取得了显著成效，现代种业"芯片"不断取得创新突破。但是从整体上看，中国种业"大而不强"的问题仍然较为明显，与国际种业强国的差距较大，一些领域"卡脖子"问题突出。制种生产方式落后、面向小农户的种子市场难以监管、小农户良种应用意愿不足等，导致良种不能有效向小农户推广应用，阻断了品种培育和推广应用的内在循环关系。农业生产托管通过为制种生产和良种应用提供专业化服务，破解了良种推广应用瓶颈，激发了种业高质量发展的原生动力。要打好种业翻身仗，推动种业高质量发展，必须重视发挥农业生产托管的作用，把农业生产托管作为推动种业高质量发展的关键性、战略性抓手。

一、新中国成立后我国种业发展的回顾

新中国成立以来，种子作为农业重要生产资料，经历了粮、种不分，粮、种交换，再到具有商品展性的种子，进步发展形成初具规模的种子产业。从社会经济发展的视角，中国种业经历了四个发展阶段：集体调剂、计划管理、开放市场和深化改革阶段。

一是集体调剂阶段（1949~1978 年）。这一阶段农业生产水平低下，农业生产采用的主要是农家品种，基本上是"家家种田，户户图种，种粮不分，以粮代种"。1949 年 12 月，农业部召开第一次"全国农业工作会议"，要求全国农民兴修水利、改良品种、增施肥料、防治病虫害、开垦荒地，迅速提高农作物的产量，把推广优良品种作为农业增产的重要措施之一。1950 年 2 月，农业部发布《五年良种普及计划（草案）》，组织农民开展群众性的选种留种活动，发掘优良品种，就地繁殖，迅速推广。

1950 年 8 月，农业部召开"全国种子会议"，讨论开展群众性的选种活动和建立良种繁育体系。农作物优良品种主要由农业部门预约繁殖，预约收购省、区之间适当调配，农民以粮换种或以种子顶交公粮。农业部1950 年颁布《全国玉米改良计划》，确定在近期采用简而易行的人工去雄选种增产措施和利用品种间杂交种；从长远说要利用玉米杂种优势培育自交系间杂交种，充分发挥玉米的增产潜力。1950 年 8 月以后，从农业部到地方各级农业部门成立了种子机构，实行行政、技术"两位一体"的种子指导与推广体制，负责评选良种和种子示范推广。到 1954 年底，全国共评选出农作物优良品种 2000 多个。1956 年，农业部设立种子管理局，实行行政、技术、经营"三位一体"的管理体制，加强对种子工作的领导。

1958 年中央制定"依靠农业社自选、自繁、自留、自用，辅以必要的调剂"的"四自一辅"农业用种方针。1962 年中共中央、国务院颁布了《关于加强种子工作的决定》，明确指出"种子工作，是农业生产带根本性的基本建设，不容忽视，不能放松"，并提出了"种子第一，不可侵犯"的要求，此后颁布了一系列与种子相关的决定。20 世纪 70 年代中期，杂交水稻种子的发明和推广应用打破了原有的种子供应体系，出现了统一计划、统一生产、统一供种的产供销一体化及集中连片的专业生产基地。1949 ~ 1978 年，全国开展了水稻、小麦、棉花等 25 种主要农作物育种工作，育成并推广的品种超过 2700 个，其中推广面积在 6 万 ~ 7 万公顷的有近 300 个品种，对提高产量、改进品质、增强抗病能力起到了重要作用。

二是计划管理阶段（1979 ~ 2000 年）。改革开放以来，我国种子事业及种业进入快速发展期。伴随着我国市场化改革的不断推进，我国种业市场得到了快速发展。为适应农村和农业生产形势的变化，根据农业部指示，1980 年以后种子经营原则上改为"不赔钱，略有盈余"；种子购销改为"以粮换种"和"种、粮脱钩，以货币计价"两种方式，并施行县、乡、村多层次供种。20 世纪 80 年代初期，邓小平同志强调"农业靠科学种田，要抓种子、抓优良品种"。全国种子公司现代化基础设施建设获得很大进展，借助世界银行种子贷款项目先后从国外引进现代化种子机械精选加工设备。1978 ~ 1985 年，全国已陆续建成 15 座种子精选加工厂；1985 ~ 1995 年，全国建成种子精选工厂 490 座，配备复式精选机和重力式精选机 9000 多台，种子烘干机 400 多台，果穗烘干室 500 多座，检测仪器 4 万多台（件），种子加工中小型配套设备 600 多套。

1989 年发布的《中华人民共和国种子管理条例》，为强化种子工作的管理提供了法规依据。1995 年，农业部开始实施种子产业化工程，开启我国种子产业化新阶段；1996 年，农业部又发布了《"种子工程"总体规划》，种子工程由此开始成为党和国家"三农"工作的一个重要战略决策。1997 年 9 月，《关于设立外商投资农作物种子企业审批和登记管理的规定》发布，标志着我国种业对外开放正式开始。种业现代化是我国农业现代化的重要组成部分，也是农业面临加入世界贸易组织（World Trade Organization，WTO）的重大应对之策。2000 年 12 月开始施行的《中华人民共和国种子法》（以下简称《种子法》），为我国种子市场发展提供了法律依据，标志我国种业向市场经济体制加速转型。之后，国家又陆续制定实施了相关配套法规，地方政府也出台相应的种子法规，我国种业市场化进程得以加快推进。

据有关部门资料，截至 2000 年 12 月，全国县级以上 2700 家国有种子（站）公司，平均总资产 1240 万元，账面平均净资产 49 万元，平均销售额 800 万元，平均年利润 30 万元。种子销售超过亿元的仅有 7 家，登记资产超过 3000 万元的种子公司有 20 多家，注册登记的种子经营点 32500 多家。国有原种场、育种场 2300 多处，职工 4.7 万人，耕地 3000 多万亩。[1] 一些县级种子公司与种子生产者签订合同，向农民提供商品种子，另一些县级种子公司依靠调运种子从事经营活动；地区级种子公司则利用省、地级农业科研单位或高等农业院校提供的原原种（或育种者种子）生产原种，并提供给县级种子公司，有些地级种子公司也生产和经销商品种子；省级种子公司和国家种子公司主要是制定种子生产与经营计划以及负责地区余缺调剂，国家种子公司还承租国际种子贸易进出口业务。

如果把经营盈亏作为评价种子公司优劣的标准，国有种子公司可以划分为上、中、下三类：上类种子公司数量极少，全国不到 56%，加上中等偏上类也达不到 10%；中类和中下类种子公司数量较多，基本上是资

---

① 佟屏亚. 中国种业六十年大事记［M］. 贵阳：贵州科学技术出版社，2009：10.

不抵债，负债经营，约占全国种子公司数量的 70%；严重亏损或坐待"破产"的种子公司数量约占总数的 20% 或更多一些。这一时期除水稻、小麦、玉米、棉花等主要农作物种子仍有些计划供应外，逐步取消了非主要农作物种子的计划管理，实现了种子到种业的转变，种业产业体系基本形成、种业市场体系基本确立，较好地保障了国内农业发展的良种需求。

三是开放市场阶段（2001～2010 年）。2000 年 12 月 1 日《种子法》实施，彻底打破了计划经济时代国有种子公司垄断经营的局面，中国种业成为农业领域市扬化进程发展最好的产业之一。作为世界贸易组织成员，中国种业正在融入全球经济一体化浪潮，开创市场竞争和产业发展的新局面。主要表现在：一是破除了主要农作物种子垄断专营体制，放开了种子市场；二是打破了国有种子公司垄断的局面，多种所有制形式的种子企业共同发展；三是确立了品种权的法律地位，品种知识产权受到保护；四是实施了国际双边贸易，鼓励发展种子的进出口业务。一个生机勃勃的种子市场随之诞生。

在此期间，我国种业主体多元化格局基本形成，包括股份制种子公司、新兴的民营种子公司、科研院开设的种子公司等，其中一些公司建立了现代企业管理制度和法人治理结构。同时，高产优质新品种数量增加，《中华人民共和国植物新品种保护条例》实施以来，有效地维护了品种权人的合法权益，有力地推动了植物新品种的培育，促进了种业科技创新和新品种权有偿转让，提高企业自主开发新品种的积极性。据农业部资料，我国的农业植物新品种权申请数量以年均 40% 的速度增长。

四是深化改革阶段（2011 年至今）。进入新时代，对标民族复兴、瞄准强国战略，我国种业发展目标是实现"强起来"，实现种业振兴和民族种业崛起。2011 年，国务院出台了《关于加快推进现代农作物种业发展的意见》，明确了种业作为国家战略性、基础性核心产业的定位，明确了企业是现代种业发展的主体地位。党的十八大以来，习近平总书记高度关心重视种业问题并作出了一系列重要指示，"下决心把民族种业搞上去""解决好种子和耕地问题""开展种源'卡脖子'技术攻关，立志打一场种业翻身仗"等，为新时代我国种业改革创新发展提供了根本遵循。2013年印发的《关于深化种业体制改革提高创新能力的意见》，提出了建设种业强国的目标，开启了我国传统种业迈向现代种业的新跨越。2016年起施行的新修订的《中华人民共和国种子法》在简政放权、突出市场作用方面进行了制度改进。2020年发布的《关于加强农业种质资源保护与利用的意见》是新中国成立以来首个专门聚焦农业种质资源保护与利用的重要文件，开启了农业种质资源保护与利用的新篇章。

近十年来，多个中央一号文件都强调了要发展现代种业、培育具有自主创新能力的"育繁推一体化"种业企业、突破农业育种核心技术和推动生物种业发展，有力强化了种业的国家基础性、战略性核心产业地位。2021年7月，中央全面深化改革委员会通过《种业振兴行动方案》，强调必须把民族种业搞上去，把种源安全提升到关系国家安全的战略高度，再次充分表明了党中央推进种业振兴的坚定决心。随着我国种业改革政策措施不断深化，种业自主创新能力不断增强，种业发展水平不断提升。目前，全国水稻、小麦、大豆用种均为自主选育，基本实现中国粮用"中国种"。农作物良种覆盖率在96%以上，自主选育品种面积占比超过95%，良种对粮食增产的贡献率达45%。[①] 畜禽良种繁育体系基本建成，生猪、奶牛和肉牛等引进品种的本土化选育进程加快，畜禽核心种源自给率超过75%，良种对畜禽业贡献率达40%。新中国成立以来，我国农作物、畜禽、水产种业发展取得了显著成就，为农业发展提供坚实基础。我国作为全球第二种子大国，种业市场规模已达到千亿元级别。

近年来，生物技术、信息技术革命催生了基因编辑、人工智能等前沿技术，驱动农作物育种从"经验育种""分子育种"向"智能育种""设计育种"转变，推动国际种业发展进入"育种4.0"时代。目前，我国育种技术相对落后，粮食生产面临粮食需求刚性增长、耕地水土资源制约加

---

① 农作物自主选育品种面积占比超过95% [EB/OL]. 光明网，https://m.gmw.cn/baijia/2021-01/16/1302042079.html，2021-01-16.

剧、生态环境压力加大以及国际影响不断加深等多种复杂问题，存在部分农作物的生产受制于"洋种子"，种源被"卡脖子"的风险日益加剧，严重威胁国家粮食安全。国家粮食安全特别是种子安全受到了党中央的高度重视，2020 年中央经济工作会议更是明确提出，要着力攻关解决我国种源"卡脖子"技术难题，立志打赢一场种业翻身仗。

党的十八大以来，以习近平同志为核心的党中央从中国国情出发，密切联系实践，科学引领并有力推动了粮食安全的理论创新和实践创新，带领中国人民走出了一条具有中国特色的保障粮食安全之路。习近平总书记关于粮食安全的系列重要论述和具体战略部署，为推动我国种业高质量发展，打赢种业翻身仗指明了前进方向，提供了重要遵循。

坚持党的坚强领导是我国种业高质量发展的根本保证。中国特色社会主义最本质的特征和中国特色社会主义制度的最大优势是中国共产党的领导，这是战胜一切困难和风险的定海神针；党的坚强领导也是做好种业高质量发展，保障粮食安全等各项工作的根本保证。习近平总书记多次深入基层，精确洞悉粮情，准确把握大事，强调要下决心把民族种业搞上去，明确要求解决好种子和耕地等要害问题，凸显了种业高质量发展对于保障国家粮食安全的极端重要性；构建了"党政同责"保障粮食安全的责任体系，强化了种业高质量发展的责任担当；做出了"藏粮于地、藏粮于技"的战略部署，提出了"以我为主、立足国内、确保产能、适度进口、科技支撑"的战略方针，为我国种业指明了发展方向。

以习近平同志为核心的党中央充分发挥我国社会主义制度的优越性，汇聚亿万人民的智慧与力量，在农业相关法律制度、科技创新、生产实践等方面不断开拓创新，推动我国种业持续良好快速发展。《中华人民共和国生物安全法》开始实施，中国种业安全性再度升级；种业整合加速，龙头种企国际竞争力稳步提升；"七大农作物育种"国家重点研发计划持续推进，重大理论成果、具有自主知识产权的作物品种不断涌现。

坚持底线思维是种业高质量发展的重要思想方法。21 世纪以来，我国农业科技创新持续突破，基础研究与前沿技术研究跨越发展，推动粮食生产实现了"十七年丰",为确保粮食安全提供了有力支撑。即便是在新冠肺炎疫情和世界形势严峻复杂的 2020 年,中国依然靠自身力量有力地端牢了自己的饭碗。2020 年我国粮食总产量达 13390 亿斤,人均粮食占有量超过 470 公斤。就人均粮食占有量而言,我国人均粮食占有量远远超过了人均 400 公斤的国际粮食安全标准线。

粮食连续丰收的背后依然存在潜在问题和隐含风险。面临百年未有之大变局,我们更应该增强粮食安全的底线思维和风险意识。粮食需求刚性增长、生态环境压力加大,国际影响不断加深等多种复杂问题可能会导致粮食严重减产,甚至会出现良种无法自给的危险。美国华盛顿大学科迪斯·德什(Curtis Deutsch)教授及合作者构建的计算机模型预测结果表明,当地球平均温度上升 1 摄氏度,可能导致小麦、水稻和玉米因害虫的产量损失风险概率进一步增加 10% ~ 25%。习近平总书记明确要求"谷物基本自给、口粮绝对安全",[1] 多次强调"中国人的饭碗任何时候都要牢牢端在自己手上"。[2] 我国种业发展,要坚持底线思维,增强忧患意识,做到未雨绸缪,才能防患于未然。

坚持自主自强是种业高质量发展的根本途径。中央全面深化改革委员会第二十次会议指出,要打牢种质资源基础,做好资源普查收集、鉴定评价工作,切实保护好、利用好。要加强基础性前沿性研究,加快实施农业生物育种重大科技项目,开展种源关键核心技术攻关,扎实推进南繁硅谷等创新基地建设。

坚持科技创新发展是种业高质量发展的重要保障。耕地有限,技术进步无限。在耕地面积稳定的情况下,要满足我国人民日益增长的粮食需要,不断提升粮食产量和品质,必须依靠持续的农业科技创新的技术保障。习近平总书记强调,"要给农业插上科技的翅膀"。[3] 中央全面深化改

① 《粮食安全干部读本》编写组.粮食安全干部读本 [M].北京:人民出版社,2021:33.
② 中共中央宣传部.习近平总书记系列重要讲话读本 [M].北京:人民出版社,学习出版社,2014:82.
③ 《粮食安全干部读本》编写组.粮食安全干部读本 [M].北京:人民出版社,2021:46.

革委员会第二十次会议特别强调，要强化企业创新主体地位，加强知识产权保护，优化营商环境，引导资源、技术、人才、资本等要素向重点优势企业集聚。要综合运用法律、经济、技术、行政等多种手段，多措并举，有的放矢，推行全链条、全流程监管，对假冒伪劣、套牌侵权等突出问题要重拳出击，让侵权者付出沉重代价。

二、"育种4.0时代"我国种业发展的现状

分析我国种业高质量发展问题，既要看到现有品种资源带来粮食稳产的有利一面，也要看到良种资源缺乏带来的育种发展瓶颈的不利一面；既要看到新一轮科技革命带来的种业变革的机遇，也要看到理论与技术不同程度的落后阻碍我国种源创新发展的挑战。坚持和运用辩证思维，准确把握我国种业高质量发展的瓶颈卡点。

（一）种质资源的保护与利用工作不适应现代农业种业发展

如果说种业是农业的"芯片"，那么种质资源则是芯片中的"芯片"。种质资源是指携带生物遗传信息的载体（包括种子、根、茎、叶、果实等），是农业科技原始创新与现代种业发展的物质基础，是保障粮食安全、支撑农业可持续发展的战略性资源。虽然我国是种质资源大国，保存种质资源总量达52万份，总量位居世界第二，但仍然不是种质资源强国。究其原因主要有以下两点，其一是优异种质资源的储备依然不足。随着城镇化、现代化、工业化进程加速，气候变化、环境污染、外来物种入侵等因素影响，地方品种和野生品种等特有种质资源丧失严重，如广西壮族自治区1981年有野生稻分布点1342个，目前已不足350个。[①] 此外，许多重

---

① 全国农作物种质资源保护与利用中长期发展规划（2015—2030年）［EB/OL］.农业农村部网站，http：//www.moa.gov.cn/nybgb/2015/si/201711/t20171129_6134098.htm，2015–04–29.

要的农作物如小麦、玉米、马铃薯、油菜等起源于国外，已收集到的种质资源并不丰富。其二是优异种质资源和基因资源的发掘利用严重滞后。优异种源首先来源于对所保存的种质资源进行表型精准鉴定，其次进行筛选出具备高产、优质和抗逆性强等特性的优异种质资源，从而挖掘出一批具有育种价值的基因，最后创制出一批具有自主知识产权的新材料。但是，由于我国当前高通量表型测量技术系统不成熟，从基因型到表型的基础研究的深度和广度不够，使得目前完成表型精准鉴定的农作物种质资源数目不到1.5 万份，蔬菜的种质资源鉴定数目仅 1000 余份，导致我国种质资源的总体利用率低，难以满足农作物育种对优异新种质资源和新基因的需求。

（二）育种理念和技术与发达国家有较大差距

我国育种历史悠久，育种成绩突出。新中国初期，就有小麦育种专家赵洪璋培育的小麦良种"碧蚂一号"，开创了我国一个小麦品种年种植面积的最高纪录。进入新时代，我国著名水稻育种专家袁隆平带领的青岛海水稻研发中心团队依据迪拜的自然资源禀赋为迪拜的热带沙漠带来的"人造绿洲"，种植的水稻最高亩产可超过 500 公斤。但是，在育种理念方面，我国与发达国家尚有较大差距。美国康奈尔大学玉米遗传育种学家、美国科学院院士爱德华·巴克勒（Edwards Buckler）教授在 2018 年提出"育种 4.0"理念，[①] 认为作物育种技术发展伴随着人类社会的进步已经历了三个时代："1.0 时代"是农家育种，"2.0 时代"是杂交育种，"3.0 时代"是分子育种，包括分子标记、转基因、基因编辑育种等。近年来，生物技术、信息技术革命为农业科技发展带来新的机遇，基因编辑、人工智能等前沿技术驱动的农业科技变革对农业发展呈现系统性颠覆趋势。目前发达国家已进入以"生物技术 + 信息技术"为核心的"育种 4.0 时代"，但我国育种工作却大多数还停留在以杂交选育和分子技术辅助选育为主的

---

① Wallace J. G., Rodgers-Melnick E., Buckler E. S. On the road to breeding 4.0: Unraveling the good, the bad, and the boring of crop quantitative genomics [J]. *Annual Review of Genetics*, 2018, 52 (1): 421–444.

"2.0 时代"至"3.0 时代"之间。

在技术方面，种业发达国家高度重视基础研究在农业科技创新中的重要性，不断深化基础学科布局，强化重要功能基因挖掘与功能解析、重要性状形成的分子机制等方面的基础研究，驱动农业生物技术与人工智能深度融合，促使基因编辑、合成生物等技术升级换代与叠加整合，推动种业革命向精准化、智能化、工厂化方向不断深入，竭力抢占未来农业发展的制高点。[①] 而在我国，生物技术、信息技术等领域核心技术的缺乏，种质资源利用、基因挖掘、品种研发、产品开发、产业化应用的全链条组织体系尚未形成，严重制约我国种业在"育种 4.0 时代"的发展。

三、制约我国种业高质量发展的根源

对照现代种业的发展趋势，剖析我国种源的瓶颈卡点，发现其问题的核心是农业科技创新能力不足，问题的根源是基础研究没有跟上。主要表现有三点：其一是生物技术和信息技术领域的基础理论研究相对薄弱；其二是生物技术、信息技术与种业的交叉融合实践创新不足；其三是交叉复合型人才的培养力度不够。

（一）生物技术、信息技术领域的基础理论研究相对薄弱

近年来，生物技术、信息技术的快速发展助推我国整体研发水平与发达国家差距逐步缩小。在 2019 年和 2020 年，中国科学家连续两年在 5 个植物学主流期刊（*Molecular Plant*，*Nature Plants*，*Plant Cell*，*Plant Physiology*，*Plant Journal*）上的发表研究论文数位居世界第一。2021 年对水稻、小麦和大豆等作物的基础研究更是取得重大突破。例如，中国科学院遗传与发育生物学研究所傅向东团队发现水稻氮肥利用效率调控新机制，助力新一轮绿色革命。在看到我国农业科技持续取得标志性成果的同时，我们还应

---

① 马爱平. 育种：实现跨越发展，打好种业翻身仗 [N]. 科技日报，2021 - 3 - 10（8）.

清醒地认识到，我国生物技术、信息技术等领域的基础研究相对薄弱、原始性创新力度不够强、高水平创新技术缺乏等问题。比如，已经在农业领域得到广泛应用的作为生命科学领域最新发展起来的颠覆性技术——基因编辑技术，就打破了现有育种技术瓶颈，极大缩短育种进程，开启了植物遗传改良的一次新革命。美国和德国科学家因此技术获得 2020 年诺贝尔化学奖，并申请了大量保护性专利。再比如，给大数据分析带来革命性的信息技术——深度神经网络，最开始是由美国科学家提出并研发出开源的程序框架，现在已经垄断了整个深度学习研究和应用领域。没有"挺得起腰"的基础研究，就很难有"站得住脚"的颠覆性创新成果，就很难高效高质地解决种源"卡脖子"问题，打赢"种业翻身战"。

（二）生物技术、信息技术与农业的交叉融合实践创新不足

生物技术、信息技术与农业的交叉融合实践创新，有力地推动我国水稻功能基因组等基础研究，我国的超级稻、转植酸酶玉米等重大技术研究就处于世界领先水平。比如，中国科学院院士张启发教授和韩斌教授等挖掘出一批可影响水稻重要农艺性状的宝贵基因；李家洋教授提出异源四倍体野生稻快速从头驯化新策略，开辟了作物育种新方向。但是，多学科交叉融合创新在不同农作物基础研究中的发展很不平衡。相对于水稻，多学科交叉在玉米、小麦等基因组更复杂的作物上的创新科研群体相对较少，取得具有较大影响力的研究成果也相对较少。在 2020 年，中国科学家以水稻、玉米和小麦为研究材料在 5 个植物学主流期刊上发表论文的数目分别为 123、57 和 25。另外，交叉融合的知识贯通性还不够。2020 年，中国科学家以模式植物拟南芥为研究材料在这 5 个植物学主流期刊上发表的论文多达 348 篇。但是，在拟南芥上的研究成果未能大规模用于推动水稻、玉米、小麦等作物的基础研究。

（三）交叉复合型种业人才的培养力度不够

科技发展人才是关键。习总书记明确指出，培养创新型人才是国家、

民族长远发展的大计。① 当今世界的竞争说到底是人才和教育竞争。目前，既懂得生物技术、信息技术，又懂得育种理论和实践的交叉复合型种业人才严重缺乏。原因有多个方面：一是种业人才培养渠道相对单一。传统农业院校以及近年来北京大学、南京大学、中山大学等高校成立的农学院是种业人才培养的主阵地，企业在高水平种业培养人才中的贡献尚需加强。二是培养的种业人才学科交叉背景不够强。涉农高校培养的种业人才大多来自农学、园艺、植保等专业，对生命科学、信息科学领域的基础理论与前沿技术掌握得不够扎实。三是培养的种业人才理论与实践结合不够密切。涉农高校培养的种业人才理论基础扎实，但是育种实践相对缺乏。

四、促进种业高质量发展路径的新探索

近年来，各地兴起了形式多样的农业生产托管服务，围绕制约小农户农业生产的薄弱环节，导入现代生产要素，推动了农业发展质量和效益的明显提升，有效地把小农户引入现代农业发展轨道。其中，与种业高质量发展密切相关的是制种生产、良种推广与托管业务的有机结合，有效提高了种子生产效益，促进了良种推广应用。实践表明，农业生产托管与种子生产、推广应用的有机结合，是补齐种业产业链短板、破解推广应用难题、向小农户导入良种的有效路径，有助于重构品种培育和推广应用的内在循环关系，形成种业产业链的"内循环"系统，为种业高质量发展提供原生动力。推动农业生产托管与现代种业融合发展，是中国国情下实现种业高质量发展的必然选择。

（一）中国种业高质量发展的推广应用瓶颈

种子是现代农业竞争力的核心，是保障粮食安全的重要支撑。中国一

① 习近平. 习近平重要讲话单行本（2021年合订本）[M]. 北京：人民出版社，2022：88.

直重视品种培育和种业发展，取得了显著成效，现代种业"芯片"不断取得创新突破。新品种保护申请量连续 3 年位居世界第一，主要农作物良种基本实现全覆盖，自主选育品种面积占比超过 95%，实现了中国粮主要用"中国种"，超级稻亩产突破 1000 千克，杂交水稻育种国际领先；畜种主要核心种源自给率超过 75%，部分蛋鸡品种达到国际先进水平；种质资源收集与保护体系初步形成，国家农作物种质资源库于 2021 年 9 月建成并投入试运行，长期保存能力达 150 万份，居世界第一，保存方式完备且技术先进，种子贮藏寿命可以达到 50 年，超过欧美等发达国家。

但是从整体上看，中国种业"大而不强"的问题仍然较为明显，与国际种业强国的差距较大，一些领域"卡脖子"问题突出。与国际种业强国相比，中国种业"大而不强"的问题集中表现在种业产业链创新能力和竞争力较弱。发达国家已经形成了以跨国资本为驱动，以巨型企业为中心，资源保护、种子科研、品种繁育、应用推广、市场销售等环节顺畅衔接、集成整合、创新驱动的种业产业链，实现了高度市场化和育繁推一体化，构建了以种质资源、基础科研为支撑，品种培育和应用推广的良性循环机制，形成了效益激发的种业创新原动力。中国种业发展取得了显著成就，逐步缩小与种业强国的差距。但种业发展资源保护、基础科研在高校和科研单位、品种繁育在地方院所和种子企业、推广应用在各级政府部门和服务机构的多元分离格局，造成中国种业产业链各环节较为分散、缺乏协同整合，不能有效形成整体的、协同的高质量发展驱动力。种业企业的资源掌控和集成整合能力提升缓慢，短时期内难以打破已经形成的种业创新资源分配和主导格局，造成种业科技创新导向与现代农业发展需求导向的脱节。同时，由于优良种子应用终端是小农户为主的农业经营主体。优良品种面向小农户"最后一公里"难题的始终存在，使得品种推广衍生出很多细分环节，种子销售市场出现无序竞争和各种乱象，削弱了品种培育与应用推广的联系，导致优良品种的效益潜力被抑制，无法形成对品种培育的正反馈，也就阻断了品种培育与推广应用的内在循环机制。这使得品种推广成为种业高质量发展更为关键的瓶颈所在。品种推广应用，包括制种、销售、使用三个方面的多个环节，存在的问题如下。

一是制种生产方式落后、效益不高，对资源环境影响较大。制种是决定种子质量的关键所在，是农业的重要组成部分。2020 年，中国大田作物中粮食、棉花、油菜的制种面积约有 2600 万亩，包括秋冬种作物冬小麦 1114 万亩、杂交冬油菜 10.02 万亩、常规冬油菜 3.08 万亩；春夏播作物杂交玉米 230 万亩、杂交水稻 115 万亩、常规稻 181 万亩、大豆 403 万亩、棉花 144 万亩、马铃薯 304 万亩、春小麦 70 万亩、春油菜 8.55 万亩（全国农技中心，2020）。制种生产主要是以订单方式，采用"种子企业 + 农业经营主体或种子企业 + 中介组织（村集体、合作社、经纪人）+ 农业经营主体"等组织方式进行。其中农业经营主体以小农户为主，兼有部分家庭农场、农民合作社等规模化经营主体。生产出种子质量达标的以高于普通产品的价格由种子企业收购，未达标的按照普通产品销售，使制种生产效益较高。但小农户为主的制种生产主体结构，使制种生产环节同样面临小农户生产方式存在的问题，如分散生产导致的种子质量不齐、规模小导致的生产成本高等。近年来，土地流转租金上涨较快，流转土地从事制种生产的家庭农场、合作社等面临较大的租金上涨压力，加上用工、农资投入成本也在上涨，导致生产成本迅速升高，利润被逐步压缩。由于制种售价高于普通种植，不管是小农户还是规模主体，都存在增加化肥农药投入，以进一步提高产量的倾向。这就导致制种生产对土壤肥力、理化特性造成不利影响（有机质下降、土壤板结），对周边环境也产生作用，加剧了农业面源污染，还使种子质量有所下降。制种是种业产业链的关键环节。制种高质量发展是种业高质量发展的应有之义。推动种业高质量发展亟须破解制种环节生产方式落后的问题。

二是面向小农户种子市场难以监管，无序发展现象始终存在。种子企业收购制种主体的种子，进行分选、加工、包装后，进入市场销售。面向小农户的种子销售环节较多，一般通过"总经销商→一级经销商→二级经销商→……→末端经销商→零售商"多层次、多渠道结构将种子售卖给农业经营主体。从种子企业到终端客户中间隔了多层次的经销商，产生了大量的销售成本和流通成本，大部分利润流失在这些环节，加大了种子管理和市场监管的难度。而且，面向小农户的销售终端环节，仍以传统落后的销售方式为主，不少销售主体是走街串巷的个体户，产生了很多种子市场监管的盲点。我国建立了自上而下的种子管理和监管体系，但随着种子销售市场化改革的深入和公益性农业服务体系的整体弱化，种子市场管理和监管机构、力量、能力等也在逐步弱化，加上种子管理和监管体系本身多部门各管一段的分散格局，导致越是接近小农户的种子销售环节，市场管理和监管越是缺位。近年来，不少地区县级种子管理和监督机构人员老化问题突出，借调他用现象普遍，很多乡镇种子站虚设或直接被取消（芦千文、崔红志，2021）。这导致种子入户"最后一公里"的监管盲点，使种子销售市场乱象始终存在。主要表现在走街串巷的传统销售方式仍然占小农户购买种子的相当比重。这种销售方式以种子或农资销售的个体户异地走街串巷为主。他们往往一个区域只去一次，基本是"一锤子买卖"，游离在监管体系之外，也难以做到有效监管。其中不乏售假、掺假、以次充好等现象。各地报道的假种子问题多属这一原因。这类种子销售者算得上农村销售人才，具有很强的营销能力，有些甚至化身农技专家，让缺乏辨别力的小农户信以为真，心甘情愿购买假种子。当小农户发现是假种子时已经到了收获季，种子销售者已经不知所踪，想维权几乎不可能。此外，由于销售层级太多，越是末端的销售代理商，即使是本乡（镇）本村的零售店，有固定的销售场所，有着出问题后"跑不掉"的约束，也难以确保种子质量。因为，他们本身也不具备鉴别种子真假、好坏的能力，只是种子企业或经销商的代理而已。上述问题，是当前种子市场监管的痛点，也是优良品种推广普及的堵点。

三是小农户辨识及应用能力弱，主动采用优良品种的意愿不足。种子的好坏要等到收获后才能验证。对于多数小农户，尤其是其中经历过假种子的小农户来说，更换新品种意味着风险。而且，随着优良品种从注重增产到增产提质并重的升级，优良品性的充分发挥对农事农艺和农资投入的要求越来越高，经营风险也明显增加。这不符合当前小农户发展的行为逻辑。小农户普遍呈现兼业形态，偏好省时省力稳产的品种，往往当地传统品种成为首选，也决定了省时省力增产的品种易于推广，前提是经过比较试验示范的过程，让小农户充分接受。随着小农户进入代际传递阶段，常年外出务工就业的农民工返乡成为小农户农业生产的决策者，他们大都已经淡忘了农事经验或者没有务农经历，更不具备辨识优良品种的能力。对于一些优良品种，增产的实现或品质的提升，需要借助专门的技术方案或农资投入时，小农户往往不愿意或者没能力做出改变，况且小规模经营单位上的产量增长或品质提升并不意味着效益增加，具有经济理性的小农户也不愿意采用优良品种。笔者在四川某地调研时访谈到一个案例，被调研者做了超级杂交水稻和普通杂交水稻的对比，虽然前者产量高约 10%，但对水肥条件要求高，需要额外增加水肥投入和人工投入，综合计算效益并不比普通杂交水稻高，而且前者产量不稳定，容易受外在因素影响。这决定了当地小农户并不愿意改种超级杂交稻。专用性农产品品种或者功能性农产品品种，都有较高的技术要求，价格高，效益好。新型农业经营主体具备较强的技术水平和经营实力，可以从专用性品种或功能性品种中获得较高收益。但小农户往往不具备相应的技术和经营能力。通过企业订单形式带动小农户采用这类优良品种，组织成本高、产品质量不齐，也决定了这类品种向小农户推广比较难。小农户是中国农业生产经营的基本力量，优良品种不能被小农户广泛采用，也就无法做到推广普及，潜在的品种效益也就无法实现，不能形成品种培育与推广应用的良性循环。

2021 年 3 月 5 日，农业农村部办公厅印发《农业生产"三品一标"提升行动实施方案》，明确提出实施打好种业翻身仗行动方案，加快推进品种培优。但主要措施集中在加快选育新品种，即发掘一批优异种质资源，提纯复壮一批地方特色品种，选育一批高产优质突破性品种，建设一批良种繁育基地。品种推广应用环节的上述瓶颈存在，使品种培优缺失了内生循环的驱动力，再多的资源投入和行政干预，只会加剧资源浪费和扭曲市场，造成推动品种培优、提高种业产业链竞争力等效果有限。一些领域种业发展较好，种业创新水平处于国际前列，也是因为种子推广应用链条较为完善，优良品种推广应用较为顺畅，品种效益能够反馈给品种培育，持续推动品种升级换代。因此，推动种业高质量发展，要正视品种推广应用存在的问题，打通瓶颈环节，顺畅品种培育和推广应用的良性内在循环。这样才能激发种业高质量发展的原生动力。实践中已经探索出有效的方法和路径，即各地兴起的农业生产托管和良种推广应用相结合的灵活多样服务模式。

（二）农业生产托管促进品种培优的实践做法

农业生产托管是指"农户等经营主体在不流转土地经营权的条件下，将农业生产中的耕、种、防、收等全部或部分作业环节委托给服务组织完成或协助完成的农业经营方式"。2017 年 8 月，农业部、国家发改委、财政部联合出台《关于加快发展农业生产性服务业的指导意见》，把发展农业生产托管作为推进农业生产性服务业、带动普通农户发展适度规模经营的主推服务方式。同年，农业农村部、财政部开始实施农业生产社会化服务项目，支持聚焦农业生产托管为主的服务方式，项目资金从 30 亿元增加到 2021 年的 55 亿元。在政策的有力推动下，农业生产托管迅速在全国兴起。虽然农业生产托管就服务内容来看早已存在。但实际上其与以往农业生产中广泛存在的产中作业服务不同。当前迅速发展的农业生产托管，是"市场化服务供给＋'放心'机制"形成的农业生产性服务高质量发展业态，是新型农业经营方式与新型农业服务方式的有机结合（芦千文、苑鹏，2021）。从购买方看是农业经营主体把产中作业环节"放心"交由服务主体完成的经营方式，从供给方看是内涵信任和约束机制，促使农业经营主体"放心"购买服务的方式。在实践中，很多地方的农业生产托管在业务和模式创新过程中，将良种推广应用作为提升服务质量和竞争力的重要手段，既促进了制种环节生产方式现代化和种子质量的提升，也促进了良种向小农户的推广普及，破解了良种入户的"最后一公里"难题。

一是为制种生产提供专业化托管服务。农业生产托管面向农业经营主体提供服务，制种生产也包括在内。制种生产比普通种植的销售价格更高、质量要求更高，对增产增效技术和专业化服务需求更高。各地制种在发展的过程中，已经发展了较为充分的耕、种、防、收等作业服务，但这些服务业务大都是简单初级、层次较低，满足不了制种技术标准的要求。农业生产托管的发展，以专业化、标准化、集约化的服务业务改造升级传统的简单初级服务，并将绿色集约高效技术方案导入制种生产过程，提高种子生产质量和效益，推动制种经营主体生产方式的现代化。由于制种生产主体比一般小农户更具有市场经营意识，各地推动农业生产托管发展过程中，制种是服务主体优先选择的服务对象。特别是在全国性或区域性的制种基地，农业生产托管正成为推动制种环节纳入现代农业发展轨道的重要路径。如2020年，甘肃省各类农作物种子生产面积266多万亩，其中玉米制种面积稳定在120万亩以上、面积和产量占全国总量的50%以上（庄俊康、王云祥，2021），玉米制种主要集中在张掖市，2020年玉米制种面积95.63万亩。甘肃谷丰源农工场农业社会化服务有限公司（简称"谷丰源"）是为玉米制种提供专业化托管服务的典型代表。该公司源自2006年成立的甘肃谷丰源农化科技有限公司，以化肥、农药等农资销售起步，逐步扩展服务领域，已经形成较为成熟的玉米制种全程植保、水肥一体化为核心业务内容的绿色高效托管服务模式，成功入选全国首批农业社会化服务典型案例。

谷丰源公司为玉米制种提供的绿色高效托管服务模式，包括服务业务、技术支撑和组织机制三个方面内容。一是服务业务。谷丰源公司按照农业生产标准化思路，以集约高效绿色为导向，制定托管服务方案，业务内容包括全程植保、配方施肥、水肥一体化、土壤改良等系列综合托管服务。2017~2020年，累计完成服务面积271万亩次。其中，玉米制种的全程植保服务包括两次统防统治服务，用于防治红蜘蛛、玉米螟、棉铃虫，增强作物营养，亩均成本共计36.5元；水肥一体化科学施肥服务，包括一次底肥和七次追肥，亩均成本合计313元。二是技术支撑。谷丰源公司按照"产学研推服用"一体化思路，汇集科研、教学、生产、推广等相关技术专家资源，与涉农高校、科研单位等合作，聘请专家团队，制定全程作物集约高效绿色生产技术解决方案，并成立了专业技术服务团队，为玉米制种提供全程技术支撑。三是服务机制。谷丰源公司已经形成了"服务公司＋制种公司＋村集体（合作社）＋小农户"的托管服务组织模式。一方面，从2010年开始，谷丰源公司与制种公司合作，通过导入专业化服务，提高小农户供应种子的质量，提升制种公司和小农户的合作质量。另一方面，通过村集体或合作社组织小农户统一接受专业化服务，打破小农户应用病虫害统防统治、测土配方施肥、水肥一体化和土壤改良等现代农业生产技术的门槛，降低服务组织成本、提高服务作业效率，推动农业标准化技术在小农户生产中的普及。谷丰源的农业生产托管服务，帮助玉米制种经营主体实现了节本增效和绿色生产（见案例）。

案例：2018年，谷丰源公司在甘肃省张掖市甘州区为一个规模300多亩的家庭家场提供玉米制种"土肥水药"全程托管服务。该农场主的父亲也是种田能手，看到托管服务价格（成本）比自己种植成本高出每亩60元，便对公司的托管服务持怀疑态度。为了推广"土肥水药"全程托管服务，公司主动降低托管服务价格。该家庭农场接受"土肥水药"全程托管服务后，2018年产量从2017年的850公斤/亩提升到930公斤/亩，每亩增收了110元；2019年产量进一步提升到1012公斤/亩，每亩增收了近300元。[①] 托管服务方案，集成采用绿色高效技术，对土壤改良效果明显，减轻了过量水肥投入导致的土壤板结问题。该家庭农场主的父亲反映，"托管了之后，翻地时拖拉机不吃力了，翻起的土壤板结的大土块少了"。在实际看到农业生产托管既增产又提升耕地质量的效果后，家庭农场主和其父亲不再持怀疑态度，2020年愿意全额支付托管服务费用。经过两年时间，该家庭农场主就转变了只注重眼下的经济效益，对农产品质量安全效益、土壤效益、生态效益漠不关心的思想。

二是为良种应用提供专业化服务。小农户应用良种的过程，与农业生

---

① 芦千文.农业生产托管促进中国种业高质量发展探析［J］.农村金融研究，2021（5）：23－31.

产过程结合在一起。农业生产托管以社会化分工、专业化服务、规范化作业的形式，把现代生产要素导入小农户农业生产过程，激发了小农户的家庭经营优势。其中，应用良种的小农户能通过农业生产托管，按照良种的技术要求和标准规范进行生产经营，获得良种提质增效产生的效益。农业生产托管促进小农户应用良种的业务模式有两种。

一是为采用良种的小农户提供专业化服务。服务主体提供专业化服务，帮助小农户达到良种的技术要求和标准规范，克服小农户应用良种的技术瓶颈和能力短板，在小农户层面实现良种潜在的提质增效收益。这一服务模式常见于订单农业和主动采用良种的小农户接受托管服务的情形中。前述提到的服务主体为制种农户提供的托管服务，也属于这一服务模式范畴。制种公司把订单给到制种农户，制种农户按照要求生产种子。订单农业中，农产品加工或营销企业，按照工艺要求或市场需求选择品种，提供给订单农户。为统一分散农户的技术和作业标准，往往需要借助服务主体为订单农户提供技术支撑和统一服务。很多农业产业化龙头企业和有机绿色农产品营销企业，都选择这种方式带动小农户发展现代农业。

二是以良种提升托管服务质量。全程或多环节的托管服务业务，往往要与服务对象的产量或收益挂钩。为保证服务对象的产量或收益，服务主体主动选择优良品种，结合到托管业务中。这是各地发展全程托管或多环节托管过程中服务主体的普遍做法。通过服务主体的专业化服务，发挥良种的提质增效优势，让小农户得到实际收益，既有助于加快托管业务推广进程、形成稳定的服务合作关系，也有助于降低服务主体的经营风险、减少服务纠纷。如聊城市东昌府区兴农农机专业合作社，把良种应用作为增产技术方案的核心，向周边农户推广技术托管服务。有些地方主动把良种推广和托管业务结合到一起，加快良种推广进程。如食用菌是福建省古田县的特色主导产业。古田县拥有较强的食用菌品种研发生产能力，先后开发了优质食用菌品种 37 个，但一直难以推广入户、产生经济效益，制约了食用菌品种培优。近年来，古田县支持发展菌包托管服务，由服务组织选择优质菌种，解决了小农户盲目选种难题，有力地促进了优质菌种推广普及。

（三）农业生产托管促进良种推广应用的机理

农业生产托管本质上是以社会化分工、专业化生产，将绿色集约高效的生产方式和现代要素导入小农户农业生产过程中。优良品种作为重要的现代农业生产要素，导入小农户农业生产中后，通过集约化、绿色化、标准化、专业化生产，实现了品种潜在效益。这种效益通过农业生产托管内在的利益联结机制，转化为小农户和服务主体的共享收益，激发了小农户采用优良品种的积极性，以及服务主体以优良品种提升服务质量的积极性。其好处就是破除了品种推广应用的瓶颈，建立了小农户与优良品种的有机联系，去除了种业产业链中推广应用的冗余环节，重构了品种培育和推广应用的良性循环关系，构建了品种培优的内生动力，持续不断推动种业高质量发展。这种机理表现在如下几个方面。

一是制种环节专业化托管服务，解决种子生产质量把控难题。农业生产托管以专业化、标准化、规范化服务，破解了小农户农业生产经营难题，为小农户衔接现代农业搭建了桥梁纽带。据农业生产托管项目绩效评价，2019年通过项目支持规模化生产托管，促进了服务规模经营，实现了区域化种植、规模化作业、集约化经营，提高了农业生产效率，促进了粮食增产农民增收。同时，也推动了经营方式转变，推动了现代生态农业技术的应用，促进了农业绿色发展。如河北省全程托管试点区域粮食亩均增产20%以上；江西省高安市病虫害防治托管可减少用药量20%；吉林省梨树县托管服务组织采用玉米秸秆覆盖还田和免耕播种技术，保护了黑土地，平均降低生产成本10%左右，增产10%~15%，效益增加10%~15%，土壤有机质年均增加0.60%（农业农村部农村合作经济指导司，2020）。这些作用在制种领域同样能实现，甚至效果更好。如在河西走廊地区常年进行玉米制种，连年种植不倒茬，虫害不断加重，土壤板结、次生盐渍化等致使耕地质量下降，严重影响了制种玉米的产量。谷丰源提供托管服务后，实现了技术、水肥、管理、作业的统一，有效提高了种子产量和质量，提升了生态效益。据测算，通过托管服务玉米制种亩均增产约

5% ~20%，亩均增效 360 元。通过集成应用玉米绿色防控、新型肥料、水肥一体化等技术，开展绿色防控托管服务，提升了农业生产标准化、专业化水平，节约了水肥药，保护和涵养了耕地。据测算，每亩可节水 50 ~ 200 立方米，化肥投入减少 15 ~30 千克/亩，农药用量下降 10% ~25%。谷丰源公司采用土壤改良优化集成技术，使土壤板结明显改善，经专业机构检测土壤水溶性总盐下降 30%、电导率下降 20%，且土壤有机碳分解能力、作物根系吸收能力明显增强。

二是规范种子分级销售和零售市场，破解"最后一公里"难题。农业生产托管建立了小农户与良种的直接联系，节省了中间冗余的分级销售环节，避免了小农户盲目选种，降低了良种推广应用成本，使良种直接进入小农户农业生产过程。农业生产托管与服务对象的效益挂钩，为建立持续稳定的合作关系，服务主体往往选择以良种和技术来提高服务质量，增加服务对象的农业经营效益。在这样的激励约束机制下，服务主体主动筛选适宜品种，并通过托管服务业务导入小农户农业生产中。服务主体服务规模远超一般家庭农场、合作社的规模，用种量比较大，且有专业技术团队支撑，可以直接对接种子公司，集中采购优质低价的良种。当然，种子公司通过服务主体，可以扩大种子销量，提高市场份额，没有了中间环节分利，可以在降低小农户获得种子价格的同时增加公司利润。没有了中间环节参与，种子质量也能得到保障，杜绝了假种子、以次充好等问题。很多种子公司或经销商，为加快良种销售进程，更愿意和服务主体合作，或直接拓展托管业务，向现代农业服务商转型，将试验示范和托管业务结合起来，直接向小农户推广良种。可见，农业生产托管嵌入面向小农户的良种推广过程中，一方面，节省了中间不易监管的分级销售和零售环节，规范了种子市场秩序，为种业高质量发展创造了良好市场环境；另一方面，把选种用种交给服务主体或种子公司等，规避了小农户选择难、盲目选问题，打开了良种入户的通道，从而破解了良种入户的"最后一公里"难题。

三是充分展现良种提质增效优势，激发小农户采用良种动力。按照技术要求和规范标准进行农业生产，可以发挥良种的产量和质量优势，增加农业生产效益。但小农户分散生产形式下，往往不具备良种需要的技术要求和规范标准，生产的产品产量不稳、质量不齐，无法发挥良种的提质增效优势，使小农户采用良种的积极性被抑制。农业生产托管介入后，把小农户分散生产环节整合起来，通过专业化、标准化、集约化的服务，降低作业成本、优化物质投入、改善农事管理，显著提高农业生产效率。特别是全程托管服务模式下，服务主体一般会与小农户建立"产量或收益保底＋收益分成"的利益共享机制，激励服务主体按照良种的技术要求和规范标准，整合配置资源、定制服务方案、提升服务质量，实现良种的最优产量或效益。依托对良种的质量保证，服务主体还帮助小农户与农产品加工或购销主体建立订单合作关系，导入金融、保险、品牌等优质要素，衔接现代农业产业链、供应链，分享现代农业价值链增值收益。小农户不用再担心应用良种的能力不足、技术瓶颈以及买到假种子等问题，通过托管服务就能实现良种的提质增效收益，应用良种的积极性就被激发出来。如古田县传统散户每筒银耳菌包生产成本约为 0.65 元，工厂化生产菌包成本约为 0.42 元，低了 35%。接受菌包托管后，感染率更低，成功率在99% 以上（农户自己接种成功率为 80% 左右）。而且，由于菌种质量好，在原来每年栽培 4 批次的基础上，可增加 2 批次，按每批次栽培 5 万袋的中等规模测算，每户每年可增收 10 万元（孙莹，2021）。这使菇农对优质菌种的接受度迅速增加，对菌种的研发投入和升级换代起到了很好的推动作用。

（四）以农业生产托管促进种业高质量发展的思路和建议

制约因素如下：一是对农业生产托管加快农业现代化的认识不到位。作为新型服务方式和新型经营方式的有机结合，农业生产托管以服务规模经营方式，创新农业经营体系，激发家庭经营优势，推动农业适度规模经营，实现小农户与现代农业发展有机衔接。但不论是理论或政策研究，还是各地实践探索，都对此认识不够，仍停留在强力推进土地规模经营、发展大规模农业经营主体的惯性思维上，忽视了小农户将长期存在的现实国情。这直接导致有些地方不深入了解农业生产托管的本质属性和发展规律，不注重宣传推广和推动发展农业生产托管。

二是对农业生产托管促进种业高质量发展的认识不到位。目前，理论和政策研究都认为"打赢种业翻身仗"的主要瓶颈和战略重心是种子研发和种业企业，导致推动种业高质量发展的资源配置集中在这两个环节。如前所述，当前种业高质量发展内生循环更关键的瓶颈在推广应用环节，解决这一瓶颈的有效路径是农业生产托管。意识不到推广应用的重要性，也就意识不到农业生产托管对种业高质量发展的重要性。当前，种业发展战略和政策措施，只是涉及推进育繁推一体化、加强推广应用力量、做好种子市场监管，并没有形成以农业社会化服务或农业生产性服务促进品种推广应用的思路，也就没有把农业生产托管纳入种业发展战略和政策支持范围。

三是农业生产托管服务主体品种推广应用能力亟待提升。从事农业生产托管的服务主体主要有两类。一部分是已经存在的农业服务户、服务型合作社、农业服务公司等。这部分服务主体自发探索了灵活多样的农业生产托管模式，但总体上呈散弱小的发展特点，服务范围有限，服务质量意识不强。一部分是 2017 年农业生产社会化服务项目实施以来，受支持政策引导，新型农业经营主体、涉农企业、工商资本以及返乡创业群体等进入农业生产托管领域，成为新型农业服务主体。这部分服务主体技术和实力较强、理念较新，但仍处于初级发展阶段，与服务对象尤其是小农户仍在"磨合"过程中，可持续的运营机制和盈利模式尚未稳固。由于面向小农户的服务组织成本高、模式导入过程较慢，山地丘陵地带的小农户还面临土地细碎、基础设施、地形不平等限制，两类服务主体都存在倾向于服务规模经营主体，不愿意服务小农户的问题。这些都制约了服务主体带动或促进小农户应用良种的能力。

四是农业生产托管市场培育存在向区域垄断演变的隐患。农业生产性服务和农业生产经营的有机结合，使农业生产托管市场供给自发演变的结果具有一定区域内垄断竞争的特点（芦千文、姜长云，2017）。各地推动农业生产托管发展过程中，应该尤为注重市场竞争机制和利益联结机制建设，以处理好垄断和竞争的良性互动关系。但不少地方对此认识不够到位，存在明显倾向支持某一类或某一个服务主体的倾向，干扰了市场自发培育过程，加快形成托管服务的垄断供给格局。有些县级政府甚至出台文件支持某一主体发展。区域性垄断形成后，缺失了市场竞争机制的约束，极容易造成服务主体与种子、农资等供应主体的"合谋"，挤压小农户利益。这样不利于发挥农业生产托管促进品种培优的作用。

据此，我们提出相关对策建议：从破解良种推广应用瓶颈，重构品种培育和推广应用良性内生循环机制的战略需求出发，推进中国种业高质量发展，要把农业生产托管作为关键性、战略性的抓手。要转变推动种业高质量发展的战略举措和政策措施，重视品种推广应用环节，明确支持农业生产托管发展，以畅通种业高质量发展的内生循环。

一是理性认识中国种业瓶颈的关键所在。要扩大视野，跳出就种子科研谈种子科研、就种业企业谈种业企业的局限思维，从加快农业现代化的基本国情出发，从构建种业高质量发展内生循环机制的全局视野，加强提高种业全产业链竞争力的战略研究。要正视品种推广应用环节存在的问题，加强制种生产、种子市场和种子入户环节与种业高质量发展的关系研究；要分析比较农业生产托管与土地流转规模经营形式，带动或促进小农户应用良种的内在机理、比较优势、适用范围，明确农业生产托管的重要作用。

二是把农业生产托管纳入推动种业高质量发展的战略举措。把农业生产托管作为破解良种推广应用瓶颈，以种业高质量发展促进小农户与现代农业发展有机衔接的关键举措和主要路径。在种业高质量发展战略和政策措施中，明确支持发展农业生产托管，重点支持制种环节生产托管，为良种应用小农户和新型经营主体提供专业化服务、农业生产托管与良种推广应用结合的托管业务创新。要在新出台的相关政策文件中，明确支持发展农业生产托管，并配套可操作性强、针对性强的具体支持政策。要在支持种业创新或高质量发展的相关资金中，设立农业生产托管专项，与农业生产社会化服务项目相结合，推动制种环节和促进小农户应用良种的农业生产托管加快发展。

三是引导与良种推广应用相关的服务主体有序竞争、可持续发展。在推动农业生产托管加快发展的过程中，注重引导服务主体有序竞争，探索可持续的新模式、新业态。要营造公平竞争的市场环境，引导各类服务主体竞相发展；以政府参与、市场运营、动态管理的思路，在制种基地和粮食作物等重要农产品主产区，建立以良种推广应用为主题的农业生产托管服务体系，为服务主体加快培育、规范发展创造良好条件；要引导种业企业、服务主体和小农户，通过组建合作社、联合社、联合体、联盟等形式，密切利益联结机制，打造发展共同体、命运共同体，形成区域性的农业现代化新引擎。

四是创新与农业生产托管发展相适应的种子市场监管和服务体系。农业生产托管发展将改变种子市场发展格局，需要提前适应农业生产托管发展，创新种业成果转化、种子市场的专业化社会化服务体系。要及早研究和设立制种生产、良种入户应用托管服务的标准体系，为规范化发展提供参考依据；要建立第三方服务质量和效果评价制度，为小农户选择服务主体提供参考，为规范服务主体发展提供抓手，促进服务组织提升服务质量；探索建立纠纷仲裁机制，对托管服务过程中出现的纠纷及时进行仲裁，依法保护小农户和服务组织的利益；及早研究农业生产托管对种子市场的影响，把服务主体纳入监管范围，创新种子市场监管机制，通过服务主体做到种子监管全覆盖，提高种子市场监管和服务措施的实效。

参考文献：

[1] 农业农村部发展规划司.农业现代化成就辉煌全面小康社会根基夯实 [EB/OL]. 农业农村部网站，http：//www. moa. gov. cn/xw/zxfb/202105/t20210510_6367489. htm，2021 - 05 - 10.

[2] 全国农技中心.2020 年全国农作物种子产供需形势分析夏季例会纪要 [EB/OL]. 南阳市农业农村局网站，http：//nyj. nanyang. gov. cn/

zwdt/gnxx/388209. htm，2020 – 08 – 12.

［3］芦千文，崔红志．农业专业化社会化服务体系建设的历程、问题和对策［J］．山西农业大学学报（社会科学版），2021（4）：1 – 10.

［4］芦千文，苑鹏．农业生产托管与稳固中国粮食安全战略根基［J］．南京农业大学学报（社会科学版），2021，21（3）：58 – 67.

［5］庄俊康，王云祥．"十四五"甘肃省国家级玉米制种基地面积160 万亩［EB/OL］．中国农业信息网，http：//www. agri. cn/V20/ZX/qgxxlb_1/gs/202103/t20210315_7627958. htm，2021 – 03 – 15.

［6］孙莹．生产托管"添绿"，八闽大地春浓——福建省因地制宜探索特色产业集约高效发展［EB/OL］．人民政协网，http：//www. rmzxb. com. cn/c/2021 – 04 – 12/2827052. shtml，2021 – 04 – 12.

［7］农业农村部农村合作经济指导司．关于2019 年农业生产托管项目绩效评价情况的通报［EB/OL］．农业农村部网站，http：//www. moa. gov. cn/xw/bmdt/202012/t20201223_6358632. htm，2020 – 12 – 22.

［8］芦千文，姜长云．农业生产性服务业发展模式和产业属性［J］．江淮论坛，2017（2）：44 – 49，77.

［9］孙东升．夯实民族种业振兴的高质量发展基础［J］．经济，2021（9）：62 – 65.

［10］芦千文．农业生产托管促进中国种业高质量发展探析［J］．农村金融研究，2021（5）：23 – 31.

［11］徐一兰，傅爱斌，陈光尧．中国种业发展的困境与对策［J］．中国种业，2020（11）：13 – 17.

［12］中国种子协会秘书处．历史成就　时代使命　责任担当——新中国成立70 周年中国种业发展回顾与展望［J］．中国种业，2019（7）：1 – 7.

［13］张钧．改革四十年春秋三十载　创新探索路"种"在我心中——中国种业改革40 周年感怀［J］．中国种业，2019（4）：36 – 39.

［14］马跃文．我国种业的发展现状及思考［J］．种子世界，2018（7）：62 – 63.

[15] 谭世梅. 中国种业发展现状及分析 [J]. 种子世界, 2018 (7): 64 - 65.

[16] 李登旺, 仇焕广, 张世煌, 徐志刚. 中国种业发展的国际比较与改革思路 [J]. 世界农业, 2016 (9): 162 - 168.

[17] 张延秋. 中国种业发展回顾及展望 [J]. 种子世界, 2012 (10): 1 - 3.

[18] 李干琼, 董晓霞, 王启现. 加拿大种业管理经验与启示 [J]. 种业导刊, 2011 (1): 37 - 40.

（执笔人：马闯，西北农林科技大学生命科学学院教授）

原深度贫困地区脱贫成果巩固
与乡村振兴有效衔接

——基于安徽省 24 个村的调查研究

导读：原深度贫困地区虽然实现了整体性脱贫摘帽，但其依然是发展不平衡不充分的重点地区，存在重新陷入整体性贫困陷阱的风险。实现巩固脱贫成果与乡村振兴有效衔接，对我国原深度贫困地区农村治理与发展以及我国整体上实现农业农村现代化具有重大意义。调研组对安徽省萧县、霍邱县、阜南县、石台县 4 县的 24 个深度贫困村开展了深度贫困地区脱贫成效及预警监测实地调研，发现安徽省原深度贫困地区较高质量达到"两不愁、三保障"标准，整体上脱贫成效明显，脱贫户收入增长稳定，易地搬迁等帮扶措施成效明显，贫困户对精准扶贫的整体满意度较高。同时，也存在部分特殊家庭在摆脱贫困后可能再次陷入困难，产业扶贫落实不够充分，资源整合力度不强，贫困群众内生动力有待进一步激发等问题。"十四五"时期原深度贫困地区巩固脱贫成果与实现乡村振兴，要建立健全贫情监测预警体系，及时排除返贫和漏评风险；加大原深度贫困地区基础建设和产业配套投入；将政策和资源由重点面向贫困村、贫困户转向所有村的全体农户；完善投入帮扶机制，持续激发群众内生动力。

截至 2020 年底，我国彻底解决了"绝对贫困"和"区域性整体贫困"问题，完成了 9899 万贫困人口全部脱贫、832 个贫困县全部摘帽的伟大事业，脱贫攻坚战取得决定性胜利，为其他国家解决贫困问题、加强农村治理提供了宝贵经验。但是，解决现行标准下农村的绝对贫困问题并不代表农村的贫困问题已经彻底消除。"十四五"时期，我国农村贫困问题仍然需要引起高度重视，一方面，脱贫攻坚成果需要进一步巩固，预防已脱贫人口的返贫现象发生；另一方面，相对贫困上升为主要矛盾，逐渐成为农村社会新的贫困形态，解决相对贫困、巩固脱贫成果将成为"十四五"时期我国农村贫困治理与乡村振兴的重要前提。我国原深度贫困地区的脱贫成果巩固作为我国贫困治理整体工程中的一个具有特殊性的课题，具有较高的研究价值。虽然原深度贫困地区实现了整体性脱贫摘帽，但其发展不平衡不充分的特征依然显著，原深度贫困地区在生产力发展水平、基础设施建设、社会保障与管理等方面，与非贫困地区相比存在较大的差距，存在重新陷入整体性贫困陷阱的风险。精准扶贫与乡村振兴作为国家发展战略，是推动农业农村现代化两大重要抓手，实现精准扶贫与乡村振兴的有效过渡与衔接，关键在于巩固脱贫成果，重点在于建立与乡村振兴有效衔接的机制。实践表明，从精准扶贫到乡村振兴的战略性转移，不仅是工作重心的简单变动，更需要战略目标和工作体系等方面的继承创新。因此，立足现阶段原深度贫困地区的基础条件，实现巩固脱贫成果与乡村振兴的有效衔接，构建推动原深度贫困地区乡村全面振兴的战略部署、政策体系和实施举措，对我国原深度贫困地区农村治理与发展以及我国整体上实现农业农村现代化具有重大意义。

一、原深度贫困地区脱贫成效的实地调查分析

调研组对安徽省萧县、霍邱县、阜南县、石台县4县的24个深度贫困村开展了深度贫困地区脱贫成效及预警监测实地调研，采用随机抽样与分层抽样相结合的方法，采用进村调研、入户访谈、核对系统数据（国扶办系统）等形式进行。在本次调研中，调研组共抽取了24个深度贫困村作为样本村，1242个贫困户作为样本户。在萧县、霍邱、阜南、石台4个县各抽取了5~7个深度贫困村作为样本村，每个村抽取50~60户贫困户进行入户调研。抽取原则为返贫户必须调研，已脱贫户占全部调研样本的80%以上。调研组共对1242户建档立卡户进行了调研，其中"一般贫困户"742户，占比59.74%；"低保贫困户"412户，占比33.17%；"特困供养户"88户，占比7.09%。精准扶贫是以"户"为单位，为了准确分析深度贫困地区脱贫成效及存在问题，课题组从贫困户的建档立卡情况、"两不愁三保障"情况、返贫情况、收入组成、致贫因素等方面对受访者家庭情况进行了分析。

（一）整体上脱贫成效明显，收入增长稳定，不存在返贫现象

调研组对安徽省4个深度贫困县24个深度贫困村1242户贫困户（共3309人）进行调研，详见表1，1242户贫困户中已有1173（共3142人）户如期实现脱贫，占比94.45%；未脱贫户为69户（共167人），占比5.55%；返贫户为0户。其中，计划2019年度脱贫61户（共146人），占比4.91%；计划2020年度脱贫8户（共21人），占比0.64%（见表1）。其中，调研萧县、霍邱县、阜南县、石台县累计贫困户、已脱贫户、未脱贫户、返贫户数据见表2。

表1　　　　2019 年 8 月安徽省 4 县 24 个深度贫困村脱贫情况统计

计划脱贫时间	户数	占比（%）	人口数	占比（%）
已脱贫	1173	94.45	3142	94.95
2019 年度	61	4.91	146	4.41
2020 年度	8	0.64	21	0.64

注：表格数据为调研组实际调研所得，所调研贫困户均已在计划期内完成脱贫。

表2　　　　　　安徽省 4 县 24 个深度贫困村调研样本统计

序号	县（市）	样本村及抽取户分布情况			总户数	已脱贫户数	未脱贫户数	返贫户数
		村个数	最多户	最少户				
1	萧县	6	60	19	324	292	32	0
2	霍邱	5	63	50	303	294	9	0
3	阜南	6	56	51	312	296	16	0
4	石台	7	60	27	303	291	12	0
	合计	24	239	147	1242	1173	69	0

注："样本村及抽取户分布情况"中"村个数"为对应县（市）所抽取的村数，"最多户"为调研户数最多的样本村的调研户数，"最少户"为调研户数最少的样本村的调研户数。

在所调研的 1242 户样本中，认为建档立卡后感觉收入有明显增加的农户有 1083 户，占调研样本的 87.2%，收入增加的主要来源是各类政府补贴、产业分红等政策性收入，共有 465 户农户选择该选项，占调研样本的 37.4%，认为比上一年收入明显增加的农户有 606 户，占调研样本的 48.8%。从收入变化情况来看，通过各项政策的实施，绝大多数贫困户的生活得到了改善。从贫困户收入增长来源上看，57% 的贫困户增收来源为经营性收入和工资性收入，41% 的贫困户增收来源为政府补贴、产业分红等政策性收入（详见图 1）。从整体层面分析，安徽省 24 个深度贫困村整体上脱贫成效明显，贫困户收入情况较为稳定，不存在返贫现象。

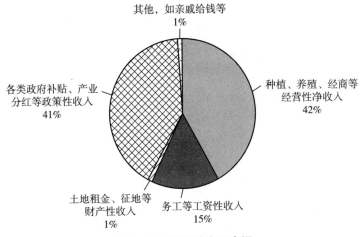

图1　农民增收的主要来源

（二）较高质量达到"两不愁、三保障"脱贫标准，贫困户生活质量大幅提高

第一是关于"两不愁"的情况。在所调研的1242户样本中，贫困户能够满足吃饱穿暖的为1242户，占样本总量的100%。大部分农户种植的水稻、小麦，养殖的鸡、鸭不但可以获取收益，还可以实现自给自足，小部分没有种养殖的农户通过劳务收入或政府兜底政策实现吃饱穿暖。在调研的1242户样本中，吃水方式为自来水的有1182户，占样本总量的95%，吃水方式依靠集中供水设施的有2户，占样本总量的0.1%，吃水方式依靠分散自主采水的有57户，占样本总量的4.8%，吃水方式依靠分散自主储水的有1户，占样本总量的0.1%。依靠集中供水设施或分散自主采水的农户共有59户，单次取水时间的均值为2分钟，最大值为3分钟，最小值为1分钟，没有取水往返时间超过20分钟的农户。第二，关于"三保障"情况。首先，在所调研的1242户样本中，处于小学阶段的孩子共168人，其中处于辍学状态的2人，占比为1.2%，辍学原因是因残，无法正常接受义务教育；处于初中阶段的孩子共19人，其中没有处于辍学状态的，占比为0%。2014年以来，安徽省深度贫困地区积极实施教育扶贫，对处于义务教育阶段的贫困家庭子女实施营养改善及"两免一补"计划，同时，通过产业、金融、生态等扶贫方式增加贫困户的收入，为义务教育阶段的贫困户子女读书提供了充分的保障。其次，在对安徽省24个深度贫困村调研过程中，未发现危房现象，各县积极落实危房改造政策并发放危房改造资金，确保贫困户"住房有保障"的同时，合理把握政策落实的尺度。调研组发现，在大部分贫困户有住房保障之外，还存在着一些"过度改造"现象。最后，在所调研的1242户（3309人口）样本中，参加医保的共有3309人，占调研样本总人口的100%。在所调研的1242户（3309人口）样本中，得慢性病的共有1330人，占调研样本总人口的40.19%，慢性病人占家庭总人数比例的均值和标准差分别为0.51和0.41。慢性病人占家庭总人数比例较高，这是由农村人口流失、人口老龄化加剧导致的。在安徽省"351""180"等政策的实施下，慢性病患者在定点医院承担的年度费用呈逐年下降趋势。

（三）产业、就业、金融等帮扶措施成效明显，贫困户对精准扶贫的整体满意度较高

第一，在所调研的1242户样本中，从政府获得资金或实物支持产业发展的有720户，占调研样本的57.9%，主要用来发展种植业和养殖业。在调研的1242户样本中，涉农企业、合作社、大户带动发展产业的有80户，占总样本的6.4%，有41户选择了用其他方式带动发展产业。在24个深度贫困村中，涉农企业和合作社成为农户脱贫的重要载体，组织、协调和牵头当地贫困户，把分散的资源组织起来，壮大集体经济，带领农户共同致富。第二，在所调研的1242户样本中，参加过就业培训的有148户（203人），占调研样本的6.13%。建档立卡以来，共有23人被政府安排外出务工，148人获得了稳定的本地就业机会，其中88人获得了公益性岗位，主要类型为保洁员、护林员，24人成为扶贫工厂工人。调研组发现，增加就业对于贫困户脱贫增收来说是最直接的方式，一人就业帮助全家增收，长期稳定就业对解决贫困代际传递问题具有正向促进作用。4

个深度贫困县不断重视贫困人口的就业问题，通过组织劳务输出、发展扶贫车间、设置公益性岗位等方式促进贫困户就业脱贫。第三，调研的1242户样本中，共有427户在建档立卡以后借过小额贷款，贷款利息由政府补贴的有427户，占比100%；贷款用途为贷款后资金转入企业或合作社的有338户，占比79.2%。调研组发现，"户贷企用"的帮扶模式在所调研的4个深度贫困县中使用广泛，此模式作用机理为贫困户申请小额贷款，资金以入股的形式给涉农企业使用，财政贴息由当地政府负责，企业按照盈利给贫困户分红，帮助贫困户不断提高收入，贫困户对产业、就业、金融等精准扶贫措施整体满意度较高。

（四）易地搬迁等扶贫政策有效落实，帮助贫困户解决后顾之忧

第一，在所调研的1242户样本中，享受易地搬迁政策的共有32户，主要集中在石台县（32户），安置地点为乡镇安置的有15户，村内安置的有17户；旧房拆除的有31户，旧房未拆除的有1户；搬迁后主要收入来源为务工的有18户，务农的有9户，搬迁后共有9户的主要帮扶措施为产业扶持，极大提高了贫困户的生活水平。作为"五个一批"工程，易地搬迁扶贫为精准扶贫、巩固脱贫成果做出了重要贡献。有学者研究发现，易地搬迁和产业扶贫对贫困户劳动供给增加具有正向促进作用，贫困户的劳动供给是其收入增加的主要渠道。第二，调研组通过对安徽省萧县、霍邱县、阜南县、石台县进行调研发现，4个深度贫困县健康扶贫政策落实扎实。从整体层面上，安徽省健康扶贫政策效果良好，扶贫干部对政策了解透彻，"180""351"等健康扶贫政策帮助贫困户解决了"大病""慢性病"等后顾之忧。第三，调研组对所调研4个深度贫困县进行逐一分析，安徽省萧县人社局为贫困户办理继续享受养老金，县农委为贫困户发放特色养殖补贴；安徽省霍邱县民政局联合县卫计委为贫困户代缴新农合，县卫计委联合镇医院为贫困户提供签约家庭医生服务；安徽省阜南县水利局实施安全饮用水入户工程，为贫困户饮水问题解决后顾之忧，县扶贫局联合县人寿保险公司帮助贫困户购买人身意外伤害保险；安徽省石台县住建局为贫困户提供危房改造和易地搬迁工程，县民政

局持续提供农村低保救助等，县扶贫办与文旅局不断整合产业资源，打造乡村旅游产业亮点，促进乡村旅游扶贫可持续发展，利用政策优势争取资金、技术、人才支持，带动贫困户就业与增收，提高乡村旅游扶贫效益（详见图2）。安徽省4个深度贫困县有效落实扶贫政策，因地制宜解决贫困户的实际难题，使贫困户的生活质量得到保障。

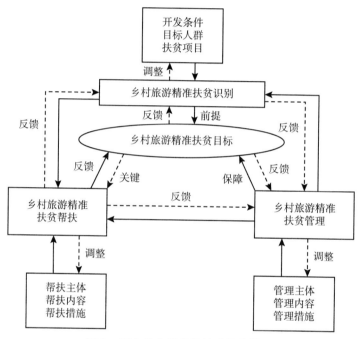

图2　石台县乡村旅游精准扶贫模式

（五）脱贫质量和返贫风险分析

第一，脱贫质量分析。单纯地套用"两不愁、三保障"的量化脱贫标准对贫困户进行评价监测容易导致虚假脱贫等现象。针对这个问题，调研组认为脱贫质量的内涵应该包括稳定脱贫、效益良好、程序规范、结果真实四个方面。其一，稳定脱贫。调研组成员所走访4个贫困县均不存在返贫现象，所调研1242户贫困户收入基本稳定，虽存在个别贫困户收入情况小幅减少的情况，但整体脱贫情况稳定。其二，效益良好。调研组发现，安徽省4个贫困县均有特色扶贫产业，特色产业一方面促进贫困户脱贫增收，另一方面促进当地三产融合，在促进特色产业发展的同时，对贫困户辅之以光伏补贴、养老金补贴、高龄补贴、计划生育补贴、退伍军人优抚金等补贴，贫困户收入呈逐年增加趋势。其三，程序规范。调研的4个贫困县严格制定脱贫标准，脱贫程序履行规范。对当年拟脱贫户和拟出列村组织开展达标认定，认定达标后方可退出。当地乡镇政府认定拟脱贫户的"两不愁"情况，教育、住建、卫生等部门逐户认定拟脱贫户的"三保障"情况；乡镇政府对拟出列贫困村的贫困发生率进行认定，县农委、县财政局、县交通运输局等部门分别对特色产业、村集体收入、基础设施及公共服务进行认定，任何一项未达到脱贫标准的不予脱贫出列。其四，结果真实。调研组成员所走访24个贫困村1242户贫困户发现，安徽省原深度贫困地区能够达到"两不愁、三保障"的脱贫标准，贫困户具有较高的群众满意度。第二，返贫风险分析。其一，监管体系完善，积极防范返贫。为防止贫困户因各种原因返贫，所调研的4个县均积极建立返贫防控体系，对无就业、无产业、田地少、缺劳动力、自我发展能力弱的贫困户通过提供小额贷款、建立扶贫车间、组织劳务输出等方式帮助贫困户增收，帮助谋划产业项目，解决就业问题，确保其有稳定收入。例如，安徽省萧县通过建立返贫防控体系，确保贫困户脱得掉、稳得住、能发展、可致富。调研组调研的1242户没有返贫户，防范返贫效果良好。其二，未脱贫户具有脱贫潜力和能力，能够如期实现脱贫。截至2018年底，所调研的4个深度贫困县还有部分未脱贫户，其中较大部分为低保户和五保户，缺劳动力、因病致贫、因残致贫占据较高比例，部分群体主要靠政府补贴和政策兜底，调研发现的部分未脱贫户均在2020年实现如期脱贫。

二、巩固脱贫成果与乡村振兴的统一性与差异化

从指导理念和结果导向来看，巩固脱贫成果和实现乡村振兴具有内在

统一性。从理论逻辑上分析，二者都致力于扎实推进"三农"工作；从实践逻辑上分析，巩固脱贫成果补齐了乡村振兴中的贫困短板，乡村振兴为巩固脱贫成果提供内在动力。但是，巩固脱贫成果和实现乡村振兴之间又存在差异性，具体表现为目标层面和战略层面的差异。

（一）原深度贫困地区巩固脱贫成果与实现乡村振兴的统一性

其一，巩固脱贫成果和实现乡村振兴具有统一的指导理念，即"始终坚持以人民为中心"。巩固脱贫成果和实现乡村振兴在指导理念层面具有内在统一性，促使二者的有效衔接具有广泛的人民群众基础。习近平总书记指出，"始终要把人民放在心中最高的位置，始终全心全意为人民服务，始终为人民利益和幸福而努力工作"。[①] 在巩固拓展脱贫成果方面，"始终坚持以人民为中心"的指导理念具体表现为让原深度贫困地区的贫困户实现彻底脱贫、不存在返贫风险，和全国人民一道实现共同富裕；在实现乡村振兴方面，"始终坚持以人民为中心"的指导理念具体表现为满足农民群体的美好生活需要，发展为了人民、发展依靠人民和发展成果由人民共享，促进农民实现全面发展，解决城乡发展不平衡的问题，做到加快推进农业农村现代化。

其二，巩固脱贫成果和实现乡村振兴具有统一的结果导向，即实现农业农村现代化。巩固脱贫成果和实现乡村振兴在结果导向层面具有内在统一性，促使二者能够在政策制定和实施举措上实现有效衔接。巩固脱贫成果和乡村振兴都以解决城乡发展不平衡、农村发展不充分等问题为导向，都致力于推进"三农"发展和农业农村现代化。巩固脱贫成果，加快原深度贫困地区发展，是促进农业农村现代化的必要前提，也是建设社会主义现代化国家的必然要求；实现乡村振兴，是促进农业农村现代化的客观要求，也是建设社会主义现代化国家的必由之路。

---

① 中共中央党史和文献研究院．十九大以来重要文献选编（上）［M］．北京：中央文献出版社，2019：402.

（二）原深度贫困地区脱贫成果巩固与实现乡村振兴的差异性

其一，巩固脱贫成果和实现乡村振兴的差异性一方面具体表现为巩固脱贫成果在目标层面表现为单一性，实现乡村振兴在目标层面表现为复合性。就具体目标来看，巩固脱贫成果的目标就是解决后扶贫时代农村的相对贫困问题，即确保在巩固脱贫成果与乡村振兴的过渡期防止返贫现象发生。巩固脱贫成果的目标导向单一，巩固脱贫成果可以定向施策，聚焦贫困县以及贫困人口，因户施策促进巩固脱贫成果取得实效。乡村振兴的目标导向是复合性的，涉及经济、政治、文化、社会、生态文明和党的建设等方面，目的是促进"三农"发展，实现"农业强、农村美、农民富"的目标。乡村振兴目标的复合性决定了在实现乡村振兴的过程中，"特惠式"精准施策要逐渐向"普惠式"共同受益转变，聚焦农村、农业和农民发展过程中的短板问题，促进农村全面振兴。

其二，巩固脱贫成果和实现乡村振兴的差异性另一方面具体表现为巩固脱贫成果在战略层面表现为局部性，实现乡村振兴在战略层面表现为整体性。乡村振兴战略作为实现农业农村现代化的顶层设计和长期目标，具有系统性、整体性特征；而巩固脱贫成果作为"精准扶贫"方略的接替延续，相比乡村振兴战略具有具体性和可操作性特征。从战略层面来看，巩固脱贫成果着眼于局部性问题，即特定贫困区域和贫困人口，致力于解决贫困人口的基本生存和温饱问题，实现贫困地区脱贫摘帽。巩固脱贫成果是对精准扶贫工作的后续承接，其重点在于集中资源解决农村贫困问题。但是，实现乡村振兴在战略层面表现为整体性，即面向所有农村地区和农村人口，促进农村、农业和农民的全面发展，实现农业农村现代化。从战略层面分析，巩固脱贫成果可以作为实现乡村振兴的一项重要任务，而不是全部任务，必须把握巩固脱贫成果与实现乡村振兴之间的局部和整体的关系，以解决重点问题带动解决全局问题，促进原深度贫困地区实现巩固脱贫成果与乡村振兴的有效衔接。

三、巩固脱贫成果与乡村振兴有效衔接的机遇与挑战

巩固脱贫成果，为实现乡村振兴打下坚实基础，成为当前原深度贫困地区"三农"工作的重点任务，也是实现乡村全面振兴的基本要求。原深度贫困地区现阶段的主要任务是实现巩固脱贫成果逐步向乡村振兴的有效衔接，但由于原深度贫困地区在自然条件、地理区位、产业发展水平、基础设施建设等方面的特殊性，决定了其巩固脱贫成果与乡村振兴有效衔接存在特定的机遇和挑战。

（一）原深度贫困地区巩固脱贫成果与乡村振兴有效衔接面临的机遇

其一，乡村振兴相关政策体系不断完善，为原深度贫困地区巩固脱贫成果与乡村振兴有效衔接提供了政策基础。党的十九大将乡村振兴作为关键来保障"三农"发展，近年来扶贫政策和乡村振兴相关政策不断完善，党和国家的各项扶持政策和"三农"政策得到有效落实，为巩固脱贫成果与乡村振兴有效衔接提供了坚实的政策基础。党的十九大指出，中央和地方政府围绕"三农"发展和乡村振兴实施的政策体系不只是停留在纸面上，更得到了具体有效的落实，以促进农业现代化、农民全面发展为宗旨的政策体系既保持了以往政策的连续性，又体现适应"三农"发展需要的创新性；既体现了全局性、综合性、普惠性的特征，又具有重点性、专项性、差异性的特征；既体现了长效性、机制性的特征，又具有阶段性、攻坚性的特征。这一系列政策体系的完善和实施，为原深度贫困地区全面推进"三农"工作以及实现乡村振兴提供了契机，有利于加快原深度贫困地区一二三产业融合发展，有利于推动农业产业的区域协调和平衡发展，尤其是推动原深度贫困地区农业的兴起和繁荣，有利于促进农村、农业和农民的全面发展，实现农业农村现代化。

其二，我国经济的稳步增长以及"三农"工作的扎实推进，为原深度

贫困地区巩固脱贫成果与乡村振兴有效衔接提供了硬件基础。有学者研究发现，把我国扶贫实践各阶段的贫困变化分解来看，经济增长提供的物质基础对我国实现大规模减贫具有重要作用。而且，完善基础设施建设、促进基础设施投资是扶贫政策起作用的重要途径。尽管原深度贫困地区可能存在自然资源匮乏、产业水平较低、城乡分割严重等问题，但我国经济的快速增长促使所有群体的收入逐年增加，加上全社会和各级政府的支持和帮助，为原深度贫困地区巩固脱贫成果与乡村振兴有效衔接提供了坚实的硬件基础。在调研的 4 个深度贫困县中，虽然基础设施建设水平较为落后、起步较晚，但以现代科学技术为主要手段的综合开发发展迅速，成效显著，已成为农村经济全面振兴、群众收入逐步增加的重要路径。以原深度贫困县萧县为例，调研组发现，萧县以农村作为公共基础设施建设的重点，积极推进城镇基础设施向乡村延伸，逐步建立了城乡一体、层级分明、多规合一的科学规划体系，统筹规划和推进城乡基础设施建设网络，为当地发展提供了坚实的硬件基础。中共中央办公厅、国务院办公厅印发的《深化农村改革综合性实施方案》，具体明确了深化农村改革的方向，为原深度贫困地区农业农村现代化注入新动能，成为原深度贫困地区巩固脱贫成果与乡村振兴有效衔接的驱动力。

其三，城乡融合发展以及人才和资源要素的加速流动为原深度贫困地区巩固脱贫成果与乡村振兴有效衔接破解了瓶颈。城乡融合发展可以加快资源要素流动、优化资源要素分配格局、提高资源要素配置效率，加快贫困地区实现乡村振兴的进程。调研组发现，当前安徽省 4 个原深度贫困县加速破除城乡二元体制，改变农村要素单向流出格局，打通城乡要素市场化配置体制机制障碍，发挥城镇对乡村发展的支持和带动作用，引导城镇的资本和先进技术等生产要素流入乡村，促进生产要素在城乡之间的双向自由流动，加快推动城乡融合发展，为巩固脱贫成果与乡村振兴有效衔接提供资源要素基础。此外，破解乡村发展人力资源瓶颈是实现巩固脱贫成果与乡村振兴有效衔接的重要一步。以原深度贫困县阜南县为例，调研组发现，阜南县立足乡村振兴需求，以新型职业农民、农业科技领军人才、创新型管理人才为重点，实施精准的人才培养和引进政策，为有意愿在乡村发展的各类人才提供良好发展环境，为乡村振兴提供人才基石。

其四，区域经济布局的逐步优化和区域经济协同发展等战略的深入实施为原深度贫困地区巩固脱贫成果与乡村振兴有效衔接提供了区位优势和空间资源。从安徽省整体层面分析，首先，安徽处于东部沿海到西部省份的必经之地，是由南至北的过渡地带，在西部大开发和振兴东北战略中的桥梁作用十分突出。其次，安徽是东部实现产业转移的理想接受地，可为东部的持续发展提供有力的支持，是东部产业转移的最佳区位。再次，安徽是"长三角"的腹地，与东部发达地区无缝接轨，是"中部崛起"的前沿阵地。最后，安徽地处长江下游地区，处于长江经济带、长三角经济圈和武汉经济圈的交接处，南连珠江三角洲，在加强区域经济协作方面具有重要作用。从原深度贫困县层面分析，调研组发现，萧县位于安徽省最北部的苏、鲁、豫、皖四省交界处，具有连接四省的独特区位优势，霍邱县和阜南县处于安徽省腹地，是全国商品粮基地县、全国的农业循环经济示范试点县，具有土地和劳动力资源优势，具有承接东部产业转移的独特优势，石台县处于长江沿线，是集生态功能区、自然保护区、革命老区、高山深山区为一体的特殊县，具有发展旅游产业的区位优势。随着区域经济布局的逐步优化和区域经济协同发展等战略的深入实施，安徽省4个原深度贫困县的区位优势和空间资源优势将会越来越明显。

（二）原深度贫困地区巩固脱贫成果与乡村振兴有效衔接面临的挑战

其一，部分特殊家庭在摆脱贫困后可能再次陷入困难。在党和政府的持续帮扶下，所有贫困户已达到现行标准下脱贫的要求。但部分有重病、重残、供养比例太高、供学负担太重、收入勉强的脱贫户在贫困识别线提高后可能会再次陷入贫困，也就是返贫现象，这是因为部分脱贫户家庭经济脆弱，抵御风险能力不足所致。通过对安徽省萧县、霍邱县、阜南县、石台县24个深度贫困村调研发现，调研组发现因病致贫为主要的致贫原因，因病返贫也是风险系数最高的潜在返贫原因。以安徽省萧县为例，自2014年建档立卡以来，9.64 万户贫困户中因病致贫的高达 5.7 万户，占比高达 59.13%。贫困户一般有一到两位患有慢性病或者大病的家属，在很大程度上导致其家庭贫困。原深度贫困地区的特殊之处在于其贫困问题具有长期性和代际性等特点，对巩固脱贫成果与乡村振兴有效衔接形成阻碍。因此，在摆脱绝对贫困之后，原深度贫困地区的巩固脱贫成果工作仍要继续推进。

其二，产业帮扶落实不够充分，资源整合力度不强。从精准扶贫的"产业扶贫"到乡村振兴的"产业兴旺"，体现出产业发展对于巩固脱贫成果与乡村振兴有效衔接的基础性作用。调研组发现，产业扶贫尚未在安徽省 4 个原深度贫困县落地生根。原深度贫困县萧县部分到村扶贫产业存在模式单一化、项目同质化、主体带动不明显、抵御和化解市场风险能力较弱等问题；霍邱县产业支撑能力不强，龙头企业不多，贫困户发展产业的抗风险能力不强，企业与贫困户之间利益连接机制有待改善；阜南县试图通过产业补贴来推行特色种植业，例如芝麻、西瓜等，以期增加贫困户的生产经营性收入，例如当地推行芝麻作为特色种植主打产品，但很多农户种植芝麻主要为获取补贴，并未发挥产业扶贫的实际作用；石台县旅游资源丰富，具有"牯牛降目连戏剧社""秋浦河民歌文化""七井山晒秋文化"等重点文化旅游基地，但在"旅游 + 扶贫"上的资源整合力度不够，尚未做到通过发展旅游帮助贫困户增加收入。因此判断"产业 +"还未真正"进村入户"，在贫困村落地生根，对安徽省原深度贫困地区巩固脱贫成果与乡村振兴有效衔接尚未起到较强的助推作用。

其三，"双非"扶持政策有待统筹。当前，原深度贫困地区"三农"工作重心转向全面推进乡村振兴，巩固拓展脱贫攻坚成果同乡村振兴有效衔接成为当前阶段的重要任务。两者的综合性和复杂性决定了其衔接过程需要多方面协同发力，政策支持需要从以贫困村为重点转向贫困村与非贫困村并重。调研组发现，调研的 4 个贫困县自开展脱贫攻坚战以来，重点把项目资金向贫困村和贫困户倾斜，贫困村的基础设施和基本公共服务能力水平有了较大改善。以原深度贫困县萧县为例，调研组所调研的 5 个贫困村均已实现"水、电、路、网"四通，但有些非贫困村基础设施建设相对滞后，部分非贫困村和非贫困户尤其是边缘户在资金投入和项目支持等方面获益较少。霍邱县也同样存在项目资金重点向贫困村和贫困人口倾斜的问题，在统筹解决贫困村与非贫困村、贫困户与非贫困户尤其是边缘户之间的不平衡问题时，还需进一步精准谋划和施策。

其四，贫困群众内生动力有待进一步激发。巩固脱贫成果与乡村振兴有效衔接离不开外部支持，但实现可持续发展必须要以广大农民的主体性参与为主。激发农村内生发展动力，促进乡村内生式发展是巩固脱贫成果与乡村振兴有效衔接的重要路径。随着惠农政策不断升级，广大农民群体在巩固脱贫成果中获益较多，由于贫困程度与帮扶力度成正比，致使部分脱贫户缺乏自我发展的能力，部分已脱贫户内生动力激发不足，脱贫户持续增收面临较大困难，存在再次陷入相对贫困的风险。比如原深度贫困地区存在农户非正规借贷现象，而贷款并非用于合作社入股和产业发展，而是用来吃喝等生活开销，不利于农户脱贫质量的提升，这一抑制作用集中表现在深度贫困群体中。调研组发现，所调研 4 个深度贫困县中的少数贫困群众过度依赖扶贫政策，"等靠要"思想和攀比心理较为严重，部分贫困人口文化程度低，参与自主脱贫和发展的积极性不够。例如霍邱县部分贫困户"闲在家中"，"等靠要"思想严重；阜南县部分贫困户通过特色种植争取特色种植补贴，为"补贴"而发展农业种植，属于变相的"内生动力不足"的现象。后扶贫时代的主要矛盾由"绝对贫困"转向"相对贫困"，相对贫困难以通过财政转移而减缓，所以我国需要强化对贫困家庭和人口在就业、教育、医疗、职业培训等方面的支持，帮助他们积累社会资本和人力资本，使其获得摆脱贫困和自我发展的能力。

（三）全球乡村发展范式对原深度贫困地区巩固脱贫成果与乡村振兴有效衔接的启示

深度贫困具有多维的内涵和区域上的结构化外延，已经从一个描述性概念演变成为衡量贫困问题的一种全球性标准。深度贫困具有不同于一般贫困的特殊性质，在人口群体、区域、动态演化上呈现出结构性分布特征。深度贫困在发展中国家是经济不均衡增长与市场失灵等综合性因素耦合作用的结果，应通过扶贫减贫、保障脱贫、巩固脱贫成果等综合举措进行解决。当前，中国成为全球首个完成减贫目标的发展中国家，但是贫困治理与乡村发展依然是全球面临的普遍问题。强化全球扶贫开发与乡村发展研究，探索揭示世界不同地域贫困演变、乡村发展等关键问题，并提供具有针对性的治理方案逐渐成为全球性课题。我国处于城镇化快速发展阶段，城乡发展差距依然较大，农业农村仍是发展短板，尤其是发展基础较差的原深度贫困地区，迫切需要科学的政策规划，以确保巩固脱贫成果与乡村振兴有效衔接取得预期效果。

从全球层面分析，各国乡村基本都经历了或者正在经历工业化与城镇化发展阶段，具体表现为因城乡日益拉大的差距迫使生产要素流出乡村，造成乡村衰退和城乡矛盾。在此意义上，全球乡村发展范式与乡村治理模式，可为我国原深度贫困地区巩固脱贫成果与乡村振兴有效衔接提供借鉴。从发展经验看，发达国家通过不断完善政策法规来推动乡村发展，特别是经济合作与发展组织（Organization for Economic Cooperation and Development，OECD，以下简称经合组织）立足成员国乡村发展实际，制定并实施具有适宜性和创新性的发展方案。起初，经合组织的方案是由政府对农业生产进行补贴并推动基础设施与公共服务均等化，以提高农民收入和提升乡村发展能力，此方案极大促进了成员国农业农村发展水平提高。但随着政府补贴增长压力加大、农产品相对过剩以及环境问题日益突出，由政府补贴主导的支持政策日益不符合乡村发展实际。随后，经合组织实施的新农村发展方案在继续支持农业生产发展的基础上，更加注重乡村生态环境保护和全面均衡发展，新的农村发展方案强调政策衔接，促进了成员国乡村功能完善。但2008年全球金融危机致使政府可支配公共资源明显减少，导致政策落实难度加大。2015年，经合组织审议通过并实施最新版乡村发展方案，该方案注重乡村形势发展变化，在政策目标、政策工具、参与主体等方面日趋多元化和精准化，政策体系的协同效应推动了成员国乡村内生发展能力的不断提升。虽然我国国情和脱贫攻坚实践经验和经合组织成员国不尽相同，也没有必要与经合组织成员国贫困标准接轨，但经合组织成员国乡村发展和治理的先进经验可以作为"他山之石"，用以促进我国原深度贫困地区巩固脱贫攻坚成果和乡村振兴有效衔接。

全球乡村发展范式对我国原深度贫困地区巩固脱贫成果与乡村振兴有效衔接的主要启示为：第一，将提高农民生活水平和促进农民全面发展作为制定政策、实施举措和监测评价的核心指标，一方面提高人民群众生活的物质水平，提升乡村发展内生动力，保证全体人民获得更多满足感；另一方面又要促进农民生命健康、道德水平、价值观念等综合素质的提升。第二，政策重心应从"特惠式"精准施策转向"普惠式"共同受益，从注重支持农业生产、提供农业补贴等专项政策转向实施"一揽子"政策体系，着力弥补农村、农业和农民发展过程中的短板问题，拓展完善乡村功能。第三，要针对原深度贫困村不同类型的实际情况，积极探索符合自身实际的差异化发展道路，避免乡村振兴发展模式同质化。第四，在不断完善基础设施功能的基础上不断优化乡村布局，缩短城乡要素与产业融合的空间，推动巩固脱贫成果、乡村振兴和城乡融合发展协同推进，促进城乡要素资源均衡配置和城乡区域协同发展。第五，将人才作为巩固脱贫成果和乡村振兴有效衔接的重要抓手，乡村人才振兴巩固脱贫成果以乡村内生动力、机制活力和政策合力吸引人才回流，推动人才在巩固脱贫成果和乡村振兴上的有效供给和有机衔接，为乡村振兴注入强大的人才动能。

四、巩固脱贫成果与乡村振兴有效衔接的路径分析

习近平总书记指出，要实现脱贫攻坚战略和工作体系的转型，将其纳入乡村振兴战略，推动建立长短结合、标本兼治、有效衔接的体制机制。[①] 只有推进脱贫攻坚和乡村振兴平稳过渡，实现二者的有效衔接，才

---

① 习近平. 在决战决胜脱贫攻坚座谈会上的讲话 [J]. 北京：中央文献出版社，2020：12.

能巩固脱贫效果，才能实现农村全面振兴，进而实现农业农村现代化。推进巩固脱贫成果与乡村振兴有效衔接，要建立健全贫情监测预警体系，聚焦产业帮扶可持续发展机制和绿色减贫长效机制等，加快政策深化调整，提升脱贫效果可持续性，促进减贫治理长效化，实现乡村内生性发展。

（一）建立健全贫情监测预警体系，及时排除返贫和漏评风险

构建脱贫人口返贫监测评价体系是巩固脱贫成果与实现乡村振兴的必然要求。首先，要建立返贫预警监测机制，完善风险监测制度。实现巩固脱贫成果与乡村振兴有效衔接要建立返贫预警和监测机制，对边缘易返贫户和脱贫不稳定户开展不定期常态化监测，综合研判各种致贫和返贫风险，建立精准识别和响应机制，将事前预防摆在突出位置，筑牢巩固脱贫成果的防线。一旦发现家有重病、天灾、供养比例高、住房出现险情等可能出现返贫的农户时，及时将信息上报到乡镇或县级扶贫部门进行核实以便后续帮扶。地方政府可根据引致脱贫人口返贫的主要因素，确定监测重点和方法，通过返贫风险信息报备，对监测到的返贫信息实施评估研判，制定相应化解措施。比如安徽省原深度贫困县把"因病返贫"作为主要返贫风险来预防，全面宣传落实"180""351"健康扶贫政策，帮助贫困户充分了解治疗大病和慢性病的报销程序，切实防止因病返贫和因病致贫。其次是引入技术手段，强化技术体系支撑，开发贫情监测预警系统。根据返贫风险发生的不同维度，在既有返贫风险监测工具的基础上，实现监控工具的实时远程高效联动，更好发挥互联网等线上方式和走访调研等线下方式的动态监测作用，准确高效监测返贫风险。打造信息共享平台，运用大数据技术建立完善的返贫监测平台，通过设置关键指标和返贫趋势等对返贫风险进行科学研判，实现对脱贫人口实时监测预警，同时也可为扶贫产业布局、政策倾斜等方面提供数据支撑。

（二）加大原深度贫困地区基础建设和产业配套投入

巩固脱贫成果与乡村振兴有效衔接的重点是在"十四五"过渡期内稳

定帮扶政策、延续帮扶工作、巩固脱贫成果。我国实现整体脱贫后，步入巩固脱贫成果与乡村振兴衔接的重要阶段，应更加注重解决乡村产业规划整合及相关配套工程等问题，做到帮扶政策和帮扶工作的后续衔接。为此调研组建议，首先，原深度贫困县在"十四五"时期将人力、物力、财力聚焦到基础设施建设、公共服务的同时，还要加大乡镇企业、村集体经济的配套帮扶和投入，为新型职业农民、农村实用人才、经营管理人才等提供平台和支持，带动广大原深度贫困地区农民增收。其次，充分落实产业扶贫政策，进一步发展产业项目，加大资源整合力度。原深度贫困县应基于县域整体层面加大资源整合力度，为产业振兴铺平发展道路，以原深度贫困县为单位推广特色产业项目。例如，安徽省萧县存在部分到村帮扶产业模式单一化、项目同质化的现象，应重点发挥特色农业产业，通过大户带动、建立新型农业合作社等形式引领脱贫户发展特色农业，让脱贫户进一步参与到经营与管理环节，在全县范围内推广特色产业项目。

（三）进行政策调整，将政策和资源由重点面向贫困村、贫困户转向所有村的全体农户

在巩固脱贫成果与乡村振兴有效衔接的过程中，要从"特惠式"精准施策向"普惠式"共同受益转变，着力解决农村、农业和农民发展过程中的短板问题。首先，既要保证现有的促进"三农"发展政策体系的稳定性，也要根据巩固脱贫成果和乡村振兴的差异性对现有政策体系进行优化升级，确保政策体系的有效性。"稳定性"主要体现在继续延续脱贫攻坚的领导体制。继续实行各级党政主要负责同志定点联系脱贫县区、乡镇和村制度，突出"五级书记抓乡村振兴"导向，健全完善"市县乡镇抓落实"的工作机制，充分发挥县级党委作为全县乡村振兴总指挥部的关键作用，强化基层党支部引领功能。"有效性"主要体现在要根据巩固脱贫成果、农村可持续发展、财政承受范围等情况，对帮扶政策进行科学分析和风险研判。比如，在原深度贫困县中选择一批乡村振兴帮扶县进行重点扶持，并根据乡村振兴发展实际，设立帮扶过渡期，在过渡期内对原有的帮扶政策进行调整转化，将

支持巩固脱贫政策转化成为推进乡村全面振兴政策，实现政策有序衔接和平稳过渡。其次，逐步将政策和资源由重点面向贫困村转向贫困村与非贫困村的所有农村，由面向贫困户向以促进全体农民的全面发展为导向。将精准扶贫时期面向个别地区和个别群体的政策进行分类调整，将其纳入乡村振兴整体战略框架，转化为面对全部地区和群体的政策，实现后扶贫时代帮扶政策与乡村振兴政策供给的有效无缝衔接。调研组发现，调研的 4 个贫困县均存在帮扶政策主要聚焦在贫困村及贫困户的现象，在此基础上要适当调整，充分激发更多农户，尤其是非贫困户发展产业的主动性，平衡贫困村和非贫困村的生产发展能力，使全体农民在产业发展过程中共同增收致富。

（四）完善投入帮扶机制，持续激发群众内生动力

基于所调研 4 个贫困县少数贫困群众过度依赖扶贫政策，"等靠要"思想和攀比心理严重，调研组建议将扶"志"上升到战略高度，全面激发群众内生动力。首先，要通过媒体等渠道全方位营造"等靠要"可耻、自立光荣的氛围，对靠自身脱贫致富的脱贫户事迹多作宣传表彰，要让脱贫户明白帮扶救济是政府的事，脱贫致富是百姓自己的事。帮助脱贫户更新老旧观念，帮助其获得致富的能力和干劲。其次，要深入依赖思想严重等的脱贫家庭，开展生产指导和帮助，激发脱贫户的内生动力。"十四五"时期，"扶志"工作要引入激励性和竞争性的帮扶政策，对有干劲和有困难的农民进行重点帮扶，对身强体壮和懒惰无为者减少帮扶和投入。再次，在绝对贫困已消除的情况下，可尝试普惠式扶贫开发机制向差异化、竞争性机制转变，部分项目尝试采用以奖代补方式实施，以激发想干事的群众带头致富，进而形成一片致富，为共同富裕之路打下基础。最后，通过原有建档立卡信息，完善原深度贫困户借贷政策，加快完善农村金融法律，使农村非正规借贷步入正轨，切实服务于原深度贫困地区农户脱贫质量的提升。地方政府应通过法律法规体系打击一切违法违规行为，确保信贷扶贫资源精准地服务于深度贫困地区的贫困人口，从而为提升脱贫质量提供有效的资本供给。

参考文献：

［1］燕继荣．反贫困与国家治理——中国"脱贫攻坚"的创新意义［J］．管理世界，2020，36（4）：209－220．

［2］汪三贵，曾小溪．后2020贫困问题初探［J］．河海大学学报（哲学社会科学版），2018（2）：7－13，89．

［3］董帅兵，郝亚光．巩固、拓展与衔接：过渡期贫困治理的路径探索［J］．经济学家，2021（8）：109－118．

［4］黄承伟．从脱贫攻坚到乡村振兴的历史性转移——基于理论视野和大历史观的认识与思考［J］．华中农业大学学报（社会科学版），2021（4）：5－10，176－177．

［5］李聪，郭嫚嫚，雷昊博．从脱贫攻坚到乡村振兴：易地扶贫搬迁农户稳定脱贫模式——基于本土化集中安置的探索实践［J］．西安交通大学学报（社会科学版），2021，41（4）：58－67．

［6］李芳华，张阳阳，郑新业．精准扶贫政策效果评估——基于贫困人口微观追踪数据［J］．经济研究，2020，55（8）：171－187．

［7］曹兵妥，李仙娥．村域脱贫攻坚与乡村振兴的衔接机制及路径［J］．西北农林科技大学学报（社会科学版），2021，21（4）：9－16．

［8］曹立，王声啸．精准扶贫与乡村振兴衔接的理论逻辑与实践逻辑［J］．南京农业大学学报（社会科学版），2020，20（4）：42－48．

［9］习近平．习近平谈治国理政：第3卷［M］．北京：外文出版社，2020：139．

［10］仲德涛．实现脱贫攻坚与乡村振兴有效衔接的路径选择［J］．学习论坛，2021（2）：119－124．

［11］卢黎歌，武星星．后扶贫时期推进脱贫攻坚与乡村振兴有机衔接的学理阐释［J］．当代世界与社会主义，2020（2）：89－96．

［12］李波，张春燕，刘丽娜．"三区三州"深度贫困地区扶贫政策效应与作用机制研究［J］．中央民族大学学报（哲学社会科学版），2021，48（2）：118－131．

［13］辛翔飞，王济民．乡村振兴下农业振兴的机遇、挑战与对策［J］．宏观经济管理，2020（1）：28-35．

［14］罗良清，平卫英．中国贫困动态变化分解：1991～2015年［J］．管理世界，2020，36（2）：27-40，216．

［15］徐舒，王貂，杨汝岱．国家级贫困县政策的收入分配效应［J］．经济研究，2020，55（4）：134-149．

［16］颜德如，张玉强．脱贫攻坚与乡村振兴的逻辑关系及其衔接［J］．社会科学战线，2021（8）：167-175．

［17］袁金辉，杨艳花．深度贫困地区精准扶贫实施成效与长效机制构建——基于渝东北地区的调查［J］．重庆社会科学，2021（1）：74-87．

［18］牛胜强．乡村振兴背景下深度贫困地区产业扶贫困境及发展思路［J］．理论月刊，2019（10）：124-131．

［19］朱海波，聂凤英．深度贫困地区脱贫攻坚与乡村振兴有效衔接的逻辑与路径——产业发展的视角［J］．南京农业大学学报（社会科学版），2020，20（3）：15-25．

［20］温美荣，王帅．政策协同视角下脱贫攻坚成果同乡村振兴的有效衔接［J］．西北农林科技大学学报（社会科学版），2021，21（5）：10-19．

［21］尚静，张和清．从脱贫攻坚到乡村振兴：社会工作的实践逻辑及策略——以广东X村的社区减贫项目为例［J］．中国农业大学学报（社会科学版），2021，38（4）：31-41．

［22］张行发，徐虹，张妍．从脱贫攻坚到乡村振兴：新内生发展理论视角——以贵州省Y县为案例［J/OL］．当代经济管理：1-18［2021-10-12］．http//kns.cnki.net/kcms/detail/13.1356.F.20211012.1503.004.html.

［23］王俊程，武友德，钟群英．我国原深度贫困地区脱贫成果巩固的难点及其破解［J］．西安财经大学学报，2021，34（2）：64-72．

［24］王汉杰，温涛，韩佳丽．深度贫困地区农户借贷能有效提升脱贫质量吗？［J］．中国农村经济，2020（8）：54-68．

［25］汪晨，万广华，吴万宗．中国减贫战略转型及其面临的挑战［J］．中国工业经济，2020（1）：5-23．

［26］贺立龙，朱方明，刘九源．结构视角下的深度贫困研究进展［J］．经济学动态，2020（2）：132－145．

［27］龙花楼，陈坤秋．实现巩固拓展脱贫攻坚成果同乡村振兴有效衔接：研究框架与展望［J］．经济地理，2021，41（8）：1－9．

［28］陈秧分，姜小鱼，李先德．OECD乡村政策及对中国乡村振兴战略的启迪［J］．新疆师范大学学报（哲学社会科学版），2019，40（3）：64－70．

［29］王小林，冯贺霞．2020年后中国多维相对贫困标准：国际经验与政策取向［J］．中国农村经济，2020（3）：2－21．

［30］牛胜强．深度贫困地区推动两大战略有效衔接的使命任务及重点领域［JOL］．当代经济管理：1－8［2021－09－27］．http：//kns.cnki.net/kcms/detail/13.1356.F.20210401.1346.003.html．

［31］张静宜，陈洁．强化乡村人才支撑有效供给实现脱贫攻坚乡村振兴有效衔接［J］．宏观经济管理，2021（8）：54－60．

［32］习近平．在决战决胜脱贫攻坚座谈会上的讲话［J］．北京：中央文献出版社，2020：12．

［33］杜庆昊．中国贫困治理演进逻辑与相对贫困治理机制［J］．理论视野，2021（2）：75－80．

［34］涂圣伟．脱贫攻坚与乡村振兴有机衔接：目标导向、重点领域与关键举措［J］．中国农村经济，2020（8）：2－12．

［35］胡世文，曹亚雄．脱贫人口返贫风险监测：机制设置、维度聚焦与实现路径［J］．西北农林科技大学学报（社会科学版），2021，21（1）：29－38．

［36］叶敬忠．从脱贫攻坚到乡村振兴：脱贫地区内的衔接抑或发展时代间的转型？［J］．社会发展研究，2021，8（3）：1－10，242．

［37］陆鹏．聚焦"形、实、魂"高效衔接脱贫攻坚与乡村振兴［N］．学习时报，2021－08－04（4）．

（执笔人：安帅，中央党校（国家行政学院）博士生）

农村贫困与净能源关系的新探索

导读： 党的十九大以来，生态文明建设与脱贫攻坚并驾齐驱，在此过程中，能源系统与经济系统相互作用，净能源与经济社会之间的关系愈发紧密。为探索贫困与净能源之间的关系，本文运用时间序列模型对我国 1987～2017 年的净能源与贫困程度进行了分析，发现贫困与净能源互为格兰杰因果并存在定量关系，在短期内，净能源每提升 1%，则贫困程度将会立即下降 0.008%；在长期内，净能源每增加 1%，则贫困程度则会减少 0.16%。为进一步研究净能源与贫困在社会运行过程中的深层关系，我们根据生物体进化等特性构建了 Efflab（Efficiency laboratory）以观察在进化过程中个体及系统的能源投入回报值（Energy Return on Investment，EOI）变化。最后在 Efflab 的基础上增加了四种社会情形，构建了 TPlab（Teleological Puring Laboratory），发现当经济发展在合理区域内，净能源的波动减少对贫困的影响不大，然而当经济发展一旦超过临界点，那么产生的净能源危机将会同时在短期和长期内对贫困造成一定影响：在短期内，净能源危机造成大面积的贫困同时引起贫困人群的灾难性死亡；在长期内，净能源造成不可愈合的贫富差距。

党的十九大报告强调了脱贫攻坚的重要性，习近平总书记也多次强调需打赢脱贫攻坚战。脱贫攻坚不仅要发展好金山银山，更要保障好绿水青山。能源是唯一的初级生产要素，化石能源和环境容量的有限性以及全球气候的急剧变化，阻碍了经济社会的发展。在如今的科技发展下，矿产资源、能源资源作为劳动对象和生产资料，在生产过程中起着重要的作用。同时，能源是生态文明的重要一环，能源的可持续开采是生态文明建设的重要内容。生态文明遵循尊重自然、顺应自然、保护自然之理念，追求经济持久、社会公平和生态繁荣的宗旨；而脱贫攻坚秉承科学治贫、精准扶贫、有效脱贫之精髓，促进经济持续、社会和谐和民族崛起之大任，由此可见，脱贫攻坚与净能源稳定供应对生态文明建设及经济建设均有着重大意义。

一、生物物理经济学的理论基础

（一）能源 EROI 金字塔理论

兰博和霍尔（Lambert and Hall，2014）首次提出了能源 EROI 金字塔理论。在该理论中，必须满足层次结构中"较低"的能源需求，才能关注层次结构中"较高"的能源需求。自工业革命以来，社会必须首先满足提取和精炼燃料的需求，才能满足将该能量输送到其使用点的需要。如果不首先满足这前三个需求，食物的生长及粮食的运输的所需的能量就无法得到满足。而当满足了食物需求后，社会则需要满足维持每个家庭正常运转的基础能量（例如家庭的燃气需求、电力需求等）。社会的快速发展还需要人才储备的不断更新，这就需要满足教育事业的能源需求。为了保证社会的稳健发展，则需要满足所有人群医疗保障的能源需求。每一个渐进的能源需求都需要更高的 EROI，并且必须先满足前一个需求才能满足下一个需求。仅在满足以上所有能源需求后，才能随意使用能源，例如艺术文化的发展和其他社交设施的建设。对"艺术"的重视程度与个人或社会团体所拥有的社会经济地位呈正相关。

一个社会的能源需求金字塔的层次结构代表了一个社会各组成部分的相对重要性。兰伯特（Lambert，2014）指出所有人的需求无法同时都得到满足，而存在折衷和机会成本。因此满足某一层次的能源需求会影响其他阶层所需求的能源供应。

如能源 EROI 金字塔所显示的（见图 1），贫困的人群所能拥有的只是较低的 EROI 的能源需求，而较为富有的人群则可享受诸如艺术之类的

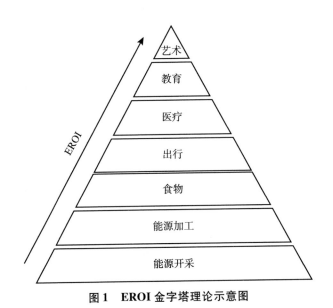

图 1　EROI 金字塔理论示意图

注：本图由 Lambert & Hall（2014）翻译改编而来。

较为高级的 EROI 需求。而对于能源系统而言，较低的能源系统 EROI 不能支撑起所有人群的能源需求，只有当整体能源系统的 EROI 上升到一定程度时，才能兼顾社会公平，才能切实解决相应的贫困问题。

（二）熵增原理

生物物理经济学的熵增原理对解释能源与贫困之间的关系也有着非常重要的应用。由于系统客观变化是第一性的，而 dS 则是系统变化状态的一种指征。系统不可逆是事物的本质，而 dS > 0 是系统不可逆的指征反映。因此检测系统是否熵增，仅需判断该系统是否可逆。同理，在经济系统中，经济熵的熵增情况则是由生产—消费经济系统是否为孤立的不可逆过程决定的。而在现实的经济系统中，其终端状态永远不可能回到始端状态。生产—消费的过程中每一个环节都存在着经济能的耗散，耗散掉的经济能则不可能再次收回。生产中根本不存在经济能的重复使用，消耗掉的物质和能量都发生了转化。因此，在社会经济活动中生产—消费经济系统从整体上讲是一个孤立的不可逆系统，因此经济熵存在恒增的现象。

从经济熵的角度对贫困进行分析：劳动力过剩和生产过剩会产生贫困，而劳动力过剩以及生产过剩正是经济熵危机的一种表现形式。在经济活动中，经济能转化为无效能有两种情况，其一为绝对无效能，其二为相对无效能。在绝对无效能中，经济能不能完全转化为有效能而被再利用而形成绝对经济熵；在相对无效能中，经济能暂时不能转化为有效能而处于闲置状态，闲置状态产生的经济熵为相对经济熵。绝对经济熵产生的绝对经济熵危机是以物质能匮乏为基础的危机，这对应着能源的危机，它体现出来的是一种自然性特征，主要包括生态危机、资源危机、能源危机等，这不但会造成大面积的失业以及地区的绝对贫困，还会对人类的历史命运造成严重的打击；而相对经济熵产生的相对经济熵危机是由于投入产出比不均衡而产生的，这种危机则是历史上经常发生的生产过剩经济危机，在投入产出比不均衡的情况下，会产生失业、科技成果无法转化、服务行业歇业，这将导致贫者愈贫。

在市场经济条件下，由于利益竞争的驱动，生产上的盲目性和计划的失算都会影响经济能的转化，从而加速经济熵危机的产生。当经济熵增长到一定程度，经济熵的危机则会使该企业或是该地区跌入净能源悬崖，届时产品滞纳以致销毁，设备闲置，工人失业，企业停歇以至于倒闭，而当资本主义社会造成经济危机时，首当其冲的则是中产阶级以及无产阶级，而此时的贫困程度则大幅度增加。由此可见，通过熵增原理则可构建净能源危机与贫困程度的桥梁。而二者是否如同上述原理推论一般有着较强的相关性，本文将在后续章节进行实证研究和自主体模型的构建，以观测二者之间的关系。

二、贫困与净能源关系的实证关系研究

（一）贫困与净能源等变量指标选取

1. 贫困的指标选取以及贫困现状分析

在贫困的指标选取方面上，本文参照《中国农村贫困监测报告》中对贫困状况的衡量指标，选取贫困人口规模来衡量我国贫困程度。全国贫困人口规模见图2。

2. 系统宏观净能源计算

本文参照冯等（Feng et al.，2018）通过投入产出表来计算中国能源系统 EROI，计算方法如下：

在投入产出表中，各个部门所创造的产值满足如下平衡关系：

$$x_{11} + x_{12} + \cdots + x_{1n} + y_1 = x_1$$
$$x_{21} + x_{22} + \cdots + x_{2n} + y_2 = x_2$$
$$\vdots$$
$$x_{n1} + x_{n2} + \cdots + x_{nn} + y_n = x_n \qquad (10.1)$$

图 2　1978～2017 年中国农村贫困人口规模

式（10.1）可以整理写为如下形式：

$$\sum_{j=1}^{n} x_{ij} + y_i = x_i (i = 1, 2, \cdots, n) \qquad (10.2)$$

若假设 A 为直接消耗系数矩阵（技术系数矩阵），其表达式如下：

$$A = \begin{bmatrix} a_{11} & \cdots & a_{1j} \\ \vdots & \ddots & \vdots \\ a_{i1} & \cdots & a_{ij} \end{bmatrix} \qquad (10.3)$$

其中，a_{ij} 是直接消耗系数，也称为技术系数，代表着部门 "j" 生产一单位的产品所必须消耗的部门 "i" 的产品的数量，其计算表达式如下：

$$a_{ij} = \frac{x_{ij}}{x_j} \qquad (10.4)$$

若假设 $X = [x_1, x_2, \cdots, x_n]^T$，$Y = [y_1, y_2, \cdots, y_n]^T$，则在基本的投入产出表模型中，$X$ 表示一个经济体的总产出，也可以表示为中间消费 AX 和最终消费 Y 之和：

$$AX + Y = X \qquad (10.5)$$

其中根据线性代数基本定理，假设 $|I - A| \neq 0$，则式（10.5）又可以变换为如下形式：

$$X = (I - A)^{-1}Y = BY = \begin{bmatrix} B_{11} & \cdots & B_{1n} \\ \vdots & \ddots & \vdots \\ B_{n1} & \cdots & B_{nn} \end{bmatrix} Y \tag{10.6}$$

其中矩阵 B 或 $(I - A)^{-1}$ 称为 Leontief 逆矩阵，表示 i 部门生产单位产品所直接和间接需要的 j 部门的产品。

假设 y_j 是能源部门的最终需求向量。因此，能源部门所需要的隐含能源 E 用矩阵元素可以表示为：

$$E_{embodied} = \sum_{j=1}^{n} \left(\sum_{i=1}^{n} e_i \cdot B_{ij} \right) \cdot y_j \tag{10.7}$$

其中，$E_{embodied}$ 表示能源部门消耗的总的隐含能（万吨标准煤）；式（10.7）中 $\sum_{i=1}^{n} e_i \cdot B_{ij}$ 为完全能耗系数，即 j 部门单位产品所直接和间接消耗的能源总量，表示如下：

$$e = \sum_{i=1}^{n} e_i \cdot B_{ij} \tag{10.8}$$

e_i 表示 i 部门的直接能耗系数（即单位产值直接能耗，万吨标准煤/万元人民币），矩阵形式为：

$$e = e_1, e_2, \cdots, e_n = i \text{ 部门能源消费量} / x_i \tag{10.9}$$

根据 EROI 和净能源的计算公式，在宏观层面能源部门消耗的总的隐含能就是能源生产过程中的能源直接投入和能源间接投入。因此系统计算中 EROI 的计算公式变换为：

$$EROI = \frac{\text{能源产出}}{\text{能源投入}} = \frac{\sum_{i=1}^{n} E_i^o}{\sum_{i=1}^{n} E_i^i} = \frac{\sum_{i=1}^{n} E_i^o}{\sum_{j=1}^{n} \left(\sum_{i=1}^{n} e_i \cdot B_{ij} \right) \cdot y_j} \tag{10.10}$$

其中，$\sum_{i=1}^{n} E_i^o$ 和 $\sum_{i=1}^{n} E_i^i$ 分别为第 i 种能源产出和能源投入的热当量值；

$\sum\limits_{j=1}^{n}(\sum\limits_{i=1}^{n}e_i \cdot B_{ij}) \cdot y_j$ 表示能源生产部门直接投入和间接投入的能源量总和，即投入的总的隐含能。能源部门净能源产出的计算公式如下：

$$净能源产出 = \sum_{i=1}^{n}E_i^o - \sum_{i=1}^{n}E_i^i = \sum_{i=1}^{n}E_i^o - \sum_{j=1}^{n}(\sum_{i=1}^{n}e_i \cdot B_{ij}) \cdot y_j \quad (10.11)$$

其中，$\sum\limits_{i=1}^{n}E_i^o$、$\sum\limits_{i=1}^{n}E_i^i$ 和 $\sum\limits_{i=1}^{n}(\sum\limits_{i=1}^{n}e_i \cdot B_{ij}) \cdot y_j$ 所表示的内涵即意义与式相同。

上述就是利用投入产出表建立的隐含能模型来计算宏观层面的 EROI 和净能源产出的方法。

3. RAS 法计算非编制年投入产出表

为计算各年份的净能源情况，本文需将各年份的投入产出表计算出来。截至 2020 年，国家统计局分别在 1987 年、1992 年、1997 年、2002 年、2007 年、2012 年、2017 年编制了全国投入产出表，在 1990 年、1995 年、2000 年、2005 年、2010 年、2015 年编制了投入产出表延长表。但在其他年份，由于统计过程的成本较大，并不是每一年均有统计出来的投入产出表，为此，本文运用 RAS 法对各年份的投入产出表进行估计。

RAS 法的中心思想为：假设基年和目标年的投入结构完全相同，运用目标年的中间使用合计和中间投入合计作为行项和列项的控制量，通过无限次的迭代使中间投入矩阵能同时满足行项和列项的限制。

由于在前文净能源的计算中，主要考虑的是全国能源部门的产出与全国能源部门的投入之比，因此本文主要关注的是全国能源部门对其他部门的影响。由此，我们将我国的投入产出表合并为六部门，即第一部门：农林牧渔水利业；第二部门：煤炭采选行业；第三部门：石油和天然气开采产业；第四部门：电力、热力的生产和供应部门；第五部门：金属采矿业等其他 24 个工业部门合并而成的其他工业部门；第六部门：交通运输等其他 13 个服务业部门合并而成的第三产业部门。其中，第一部门为第一产业构成的部门，第六部门为第三产业构成的部门。由于重点考察净能源投入产出情况，第二产业部门在本文中划分为第二至第五部门。

以根据 2015 年的投入产出表估计 2016 年的投入产出表为例，本文主要参考陈锡康的做法。首先，取得 2016 年的六部门的总产出、中间投入合计、中间使用合计。在计算六部门的总产出中：第一产业部门的总产出，可以在统计年鉴的"农、林、牧、渔业总产值及指数"一表中寻得；第二产业部门的总产出，对于能源产业，可以在"能源生产总量及构成"一表中得到当年的原煤、原油、天然气、一次电力等其他能源的生产量，假设目标年和基年的能源价格变化并不大，将产量与前年的产量相比得系数后与基年的产出相乘而得；第二产业部门中的其他工业总产出，可从"规模以上工业企业主要指标"中获取规模以上的工业总产值（主要考虑工业的主营业务收入），计算基年和目标年的主营业务收入比例，乘以基年的总产出得到目标年的总产出；对于第三产业部门而言，本文根据基年的第三产业部门的增长值（可从"分行业增加值"一表中得到）与总产出的比例反推出总产出。其次，计算 2016 年的各部门中间投入合计，由上一步计算得出的总产出与增加值相减可得。最后，计算 2016 年的各部门中间使用合计，此处则需要最终消费、固定资产形成、总出口、总进口等数据，并假设产业结构变化并不大，根据基年的产业结构算出目标年的中间使用合计。

当得出目标年的中间使用合计和中间投入合计，便可运用 RAS 技术进行更新。RAS 法的计算方法陈锡康教授书中已经有详尽描述，本文不做赘述，主要阐述其核心思想：RAS 法主要是通过基年的直接消耗系数不断地行列交替乘以调整系数，最终使调整出的中间使用合计与中间投入合计无限趋近于目标年的中间使用合计与中间投入合计，其更新系数矩阵与基年系数矩阵的关系可表示为：

$$A^1 = \hat{R} A^0 \hat{X}^1 \hat{S} (\hat{X}^1)^{-1} \qquad (10.12)$$

其中，R 与 S 是经过 n 次行列调整，调整系数收敛至 1 时结束调整，因此式（10.12）的 $\hat{R} = \hat{R}^1 \hat{R}^2 \cdots \hat{R}^n$，$\hat{S} = \hat{S}^1 \hat{S}^2 \cdots \hat{S}^n$。最终可求得目标年的直接消耗系数，并从直接消耗系数反推出该年的投入产出表。

4. 1987～2017 年中国系统宏观净能源计算

由于统计口径的变化，《中国统计年鉴》中仅含 1999～2019 年的统计数据，因此本文用 RAS 法更新 1999～2019 年非编制年份的投入产出表，结合（1）部分求得各年度的 EROI。而对于 1987～1999 年若干年份 EROI 值的处理，本文选择运用曲线拟合的方法对个别值进行插值估计。1987～1999 年的我国 EROI 情况如图 3 所示：

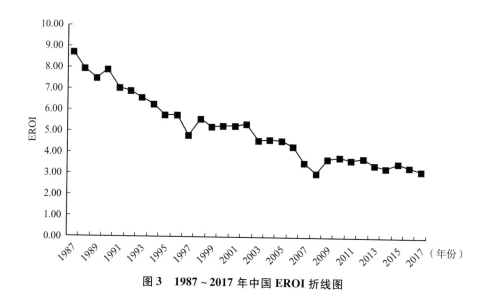

图 3　1987～2017 年中国 EROI 折线图

5. 其他控制变量的选取

本文考虑的影响贫困程度的主要因素为：经济增长情况与收入分配情况、产业结构情况、医疗和教育情况。

贫困减缓最主要的表现还是贫困人口收入的提升，因此在再分配固定的情况下持续的经济增长会给贫困人口的收入带来很大的提升：在持续快速的经济增长的情况下，所有的收入群体都将得到经济增长的扩散效益，正如涓滴效应所描述的一样，在经济发展的过程中，即使不刻意关注贫困人口的收入情况，优先扶植某些收益较高的企业，随着经济的发展，贫困人群自然会受益。在库兹涅茨倒"U"型曲线中，也有相应的表述，经济的增长将会造成收入不平等程度先升高而后下降的影响。因此，在探讨贫困减缓的问题时，经济增长情况则必当要得以相应的讨论。故而本文将经济增长情况作为控制变量，并且选取 GDP 作为经济增长的衡量指标。

此外，贫困程度与收入分配结构有着极大的关联，收入分配结构影响着贫困人口的相对收入增加的速度和幅度。初次收入分配和再分配涉及劳动力市场、产品市场、要素市场等，收入分配差距的加大是收入较低的贫困群体难以分到经济增长成果一杯羹的主要体现，这将导致收入较低的贫困群体很难得到发展的机会，从而引起贫困的恶性循环。故而本文在讨论收入分配对贫困程度的影响时选取基尼系数（数据来源于 World Inequality Database）作为收入分配的衡量指标。

经济增长固然可以影响贫困人口的减少，但与此同时，经济增长的方式也对减贫产生举足轻重的影响。对于农村贫困而言，农村的经济增长形式主要依赖第一产业，同时一些小微服务业、旅游业等第三产业也成为近年来拉动农村经济增长的主要产业。经济增长的方式与贫困程度的传导机制主要是通过各部门收入差距：若经济增长集中于贫困群体较难涉足的领域，那么相应的经济增长不但没有为贫困人口带来红利，相反还会产生收入分配差距从而加大贫困程度。因此，本文选取第一产业和第三产业产值占国民生产总值的占比（数据来源于《中国统计年鉴》）作为衡量产业结构的指标。

教育和医疗对减贫的影响在班纳吉的《贫困的本质》一书中有着详尽的表述。由内生增长理论也可以看出人力资本是为长期经济增长的动力源泉，而教育则是产生人力资本的重要手段。而在医疗这一方面，合格的医疗卫生条件是对人权的基本尊重同时也是保障劳动力的正常工作的必要条件。因此，本文选取中学入学率作为衡量教育的指标，同时选取每千人口医生数目作为衡量医疗卫生的指标（数据均来源于《中国统计年鉴》）。

（二）基于时间序列的贫困与净能源关系分析

1. 贫困程度各影响因素单位根检验

本文考虑要进行 Johansen 协整检验，各个序列都应为一阶单整，对此，本文首先检验其平稳性。为确保检验更准确，本文单位根检验同时采用 ADF 检验方法，分别检验贫困人数和 EROI、GDP、基尼系数、中学入学率、第一产业占比、第三产业占比和每千人口医生人数的时间序列数据的零阶、一阶和二阶差分形式。检验结果见表1，贫困人数和各个因素的时间序列数据均为二阶单整。

表1　　　　　　　　　　各变量 ADF 检验结果

变量	T 检验	结论	一阶差分 T 检验	一阶差分结论	二阶差分 T 检验	二阶差分结论
EROI	-0.15	不稳定	-1.08	不稳定	-5.16	稳定***
基尼系数	-1.96	不稳定	-4.18	稳定***	-9.28	稳定***
GDP	-0.29	不稳定	-2.46	不稳定	-4.94	稳定***
每千人口医生数	1.92	不稳定	-3.78	稳定***	-5.71	稳定***
贫困人数	4.20	不稳定	-2.84	稳定***	-7.57	稳定***
第一产业占比	-1.71	不稳定	-4.58	稳定***	-6.10	稳定***
第三产业占比	0.19	不稳定	-3.67	稳定***	-7.49	稳定***
中学入学率	0.26	不稳定	-5.34	稳定***	-6.90	稳定***

注：*** 表示显著水平为1%。

2. 贫困程度与各影响因素的 Johansen 协整检验

先观测各变量与贫困人数是否具有协整关系，故而检验协整方程是否存在，协整检验的特征根轨迹检验结果见表2：

表2　　　贫困人数与其他变量的 Johansen 协整检验的特征根轨迹检验结果

假设的协整方程数	特征根轨迹统计值	95%可信度临界值	结论
最多0个协整方程	537.40	159.53	存在至少0个以上的协整方程***
最多1个协整方程	255.37	125.62	存在至少1个以上的协整方程***
最多2个协整方程	179.05	95.75	存在至少2个以上的协整方程***

续表

假设的协整方程数	特征根轨迹统计值	95%可信度临界值	结论
最多3个协整方程	119.85	69.82	存在至少3个以上的协整方程***
最多4个协整方程	77.58	47.86	存在至少4个以上的协整方程***
最多5个协整方程	44.48	29.80	存在至少5个以上的协整方程***
最多6个协整方程	13.25	15.49	存在至少6个以上的协整方程*
最多7个协整方程	0.01	3.84	存在至少7个以上的协整方程

注：*表示在10%显著性水平下拒绝原假设，***表示显著水平为1%。

对其中一个归一化的协整方程进行分析，检验结果表明：在5%的显著水平下，各决定变量对期货价格的影响是稳定的，并且影响作用将会越来越大。由协整方程可知，当lnGDP每增长89.65%，贫困人数的对数则下降100%；当lnEROI每增长622.29%，贫困人数的对数则下降100%；当中小学入学人数每增长35.17%，贫困人数的对数则下降100%；当第三产业的占比每增长188.09%，贫困人数取对数则下降100%；当基尼系数每增长157.72%，贫困人数取对数则增加100%。

3. 贫困程度与各影响因素的格兰杰因果检验

根据前文所述，所有变量均为二阶单整，因此对所有变量取二阶之后对这些变量进行格兰杰因果检验，检验结果见表3：

表3　　　　　　　　贫困人数与各影响因素的格兰杰因果检验结果

原假设	F-统计量	结论
EROI不是贫困程度的格兰杰原因	3.16	拒绝***
贫困程度不是EROI的格兰杰原因	36.36	拒绝***
GDP不是贫困程度的格兰杰原因	2.39	拒绝*
贫困程度不是GDP的格兰杰原因	1.36	接受
基尼系数不是贫困程度的格兰杰原因	2.94	拒绝**

续表

原假设	F - 统计量	结论
贫困程度不是基尼系数的格兰杰原因	0.74	接受
医生人数不是贫困人数的格兰杰原因	0.27	接受
贫困程度不是医生人数的格兰杰原因	3.12	拒绝 **
中学生入学率不是贫困人数的格兰杰原因	1.57	接受
贫困程度不是中学生入学率的格兰杰原因	0.10	接受
第一产业占比不是贫困人数的格兰杰原因	1.79	接受
贫困程度不是第一产业占比的格兰杰原因	0.04	接受
第三产业占比不是贫困程度的格兰杰原因	3.41	拒绝 ***
贫困程度不是第三产业占比的格兰杰原因	2.55	拒绝 *
EROI 不是 GDP 的格兰杰原因	69.32	拒绝 ***
GDP 不是 EROI 的格兰杰原因	9.46	拒绝 ***

注：* 表示在 10% 显著性水平下拒绝原假设，** 表示显著水平为 5%，*** 表示显著水平为 1%。

由格兰杰检验结果可知，GDP、基尼系数、EROI 以及第三产业占比显著为贫困程度的格兰杰原因，同时贫困程度是 EROI、医生人数以及第三产业占比的格兰杰原因，其中贫困程度与 EROI 之间的显著性较其他影响因素的显著性都要优越，由此可见贫困程度与净能源之间确实互为统计意义上的格兰杰因果原因。

4. 贫困程度的 VAR 模型及脉冲响应分析

由于前文的格兰杰因果检验的结果，本文将变量选取缩小至贫困程度、GDP、基尼系数、EROI 以及第三产业占比。因此式（$Y = [y_1, y_2, \cdots, y_n]^T$）的一般方程的具体意义如下：$Y_t = ($ lnpoor，GDP，Gene，EROI，TertiaryIndustry），而 A（L）则是滞后算子 P 阶多项式矩阵，μ_t 为简化式的残差向量。对这 5 个变量的二阶滞后变量进行向量自回归。可得到如下结果（见表 4）：

表4 贫困人数与各影响因素的向量自回归方程系数

变量	LNPOOR	LNGDP	LNEROI	GENE	TertiaryIndustry
LNPOOR(− 1)	0.5416	0.0924	0.0001	0.0072	− 0.0016
LNPOOR(− 2)	− 0.1832	− 0.0159	0.0012	0.0169	0.0181
LNGDP(− 1)	− 0.1767	1.4479	0.0012	0.1413	− 0.1094
LNGDP(− 2)	1.1902	− 0.6621	0.0073	− 0.1363	0.1341
LNEROI(− 1)	5.5337	− 0.2186	1.0633	− 0.0123	− 0.1772
LNEROI(− 2)	− 0.7070	− 0.5466	− 0.0003	0.0819	0.1386
GENE(− 1)	1.9150	0.3206	0.0063	0.0536	− 0.2204
GENE(− 2)	− 2.8472	0.2595	0.0121	0.4952	− 0.0459
TertiaryIndustry(− 1)	1.2926	0.0592	0.0218	0.8499	0.8654
TertiaryIndustry(− 2)	1.5009	− 0.5398	− 0.0086	0.0908	− 0.0046
C	− 12.316	2.6367	− 0.2551	− 0.5814	− 0.1694
R^2	0.9963	0.9998	1.0000	0.9786	0.9838
调整后的 R^2	0.9940	0.9996	1.0000	0.9652	0.9737

为观测短期内各变量对贫困人口数的影响如何，分别对贫困程度、GDP、基尼系数、EROI 一个正的冲击，并观测贫困程度的短期变化情况，脉冲响应图见图4。

由图4可以看出，一个百分点的 EROI 正向冲击（即提高了中国系统的 EROI）将会导致贫困人数立刻出现下降趋势，一年之后下降了0.008%个单位，之后略微有所提升，四年以后趋向平稳。对于基尼系数而言，一个百分点的基尼系数正向冲击（即我国的收入分配不均程度提高）将会导致贫困人数立刻出现上升趋势，一年之后上升0.039%个单位，之后上升趋势减缓，由于涓滴效应的产生，贫困人数在两年后有所下降，两年之后下降至0.042%个单位，但由于社会总体的收入分配不均程度仍然是处于下降状态的，贫困程度在三年后仍会有所回升，最终趋于稳定。对于 GDP 而言，一个百分点的 GDP 正向冲击（即提高了中国整体经济实力）

将会导致贫困人数立刻出现下降趋势，一年之后下降 0.044% 个单位，但经济实力的增长并不意味着贫困的完全消失，伴随着经济的增长，收入分配不均也随之出现，因此两年之后贫困人口数目也有所回升，回升至 0.0013% 个单位，在第四年以后趋于平稳。从置信区间可以看出 EROI、GDP 以及基尼系数对我国的贫困程度具有一定的显著性，EROI 的增长在短期内确实会对贫困人口数的减少有着积极的作用，但是 EROI 对贫困人口数的冲击程度相对 GDP 而言相对较小，因此我国近年来 GDP 的增长掩盖了我国 EROI 的减少对贫困的影响。但这并不意味着我国 EROI 的减小对贫困人口数反弹毫无影响。在前文中的格兰杰因果检验的结果可以看出，EROI 与 GDP 的互为格兰杰因果关系，在 EROI 减小的过程中，EROI 的过低则会阻碍 GDP 的增长，从而对贫困程度产生严重的影响。

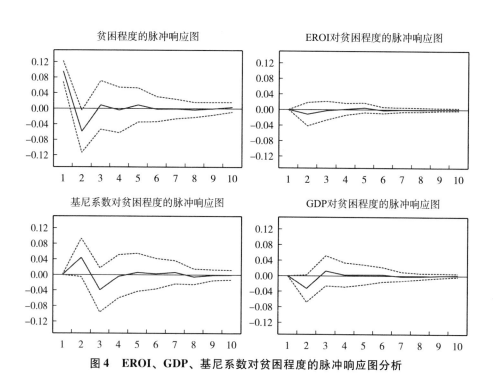

图 4　EROI、GDP、基尼系数对贫困程度的脉冲响应图分析

三、基于 ABM 模型的贫困与净能源关系

（一）生物进化过程中净能源和贫困的关系模拟

1. 生物进化过程中的模型构建

对于财富的持有者而言，除了财富本身以外的其他因素制约着财富的分配，例如生物的遗传特征、生物的进化过程以及生物与生物之间的竞争关系，而这些过程难以在实证中展现出来，本部分将用 ABM 模型展现生物物理视角下的财富分配情况。正如人类在追求财富而谋生一样，动物们在追逐着能量而生存。而这正是可以将净能源与财富连接的桥梁。因此本部分将模拟生物进化过程中净能源的变化情况。

（1）自主体的构建。

在迈克尔·帕兰特（Michael Palmiter）的文章中提到两个观点：第一，在无一切约束条件的空间中，自主体的行为是完全随机的，并且他们获取能量的渠道也是完全随机的，因此，自主体的运动过程呈现出来的概率分布是正态分布函数；第二，自主体的生命周期中均要经历出生、能量的消费、繁衍、死亡等过程。基于上述两种观点，设置控制自主体的两个最基本的基因，称为"移动基因"和"生命周期基因"。在"移动基因"中，按方位分别设置了 8 个碱基，这 8 种碱基在自主体中均可能存在，但在每一时刻中表现出来的能力不同。

令 B_i 为这在一个大系统中 8 种碱基的总数，G_i 为这 8 种碱基最终使自主体呈现出的选择方位的总数，S_i 为 8 种碱基所呈现出来的力量，其计算公式为：$S_i = B_i^{G_i}$，令 P_i 为选择 8 种碱基的概率，其计算公式为：$P_i = 100 \times \left(\dfrac{S_i}{\sum\limits_{i=1}^{8} S_i} \right)$。在自然选择的过程中，$P_i$ 会随着环境的变化而发生细微突变，适者生存，并将优秀的基因传给下一代，使该基因在下一代的传承

中出现的概率更大。当自主体完全按照某个方向进行移动时，其搜寻路径如图 5 所示：

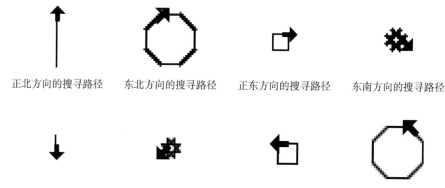

| 正北方向的搜寻路径 | 东北方向的搜寻路径 | 正东方向的搜寻路径 | 东南方向的搜寻路径 |

| 正南方向的搜寻路径 | 西南方向的搜寻路径 | 正西方向的搜寻路径 | 西北方向的搜寻路径 |

图 5　8 种碱基对应的搜寻路径

在"生命周期基因"中，设置了六大碱基：根据热力学第四定律，设置决定死亡年龄的碱基，在本模型中设置为超过 1600 秒时，自主体自然死亡；根据热力学第一定律和第二定律，设置决定死亡时最低能量的碱基，在本模型中设置为自主体低于 4 单位能量时，摄入能量不足而亡；根据生命体的基本情况，设置决定繁衍年龄的碱基，本模型中设定为在 1000 秒后，自主体才具有繁衍的能力；同理设置决定繁衍时所需要的最低能量的碱基，本模型设定为自主体自身能量高于 1000 单位时，将可以繁衍；根据热力学第一定律和第二定律，设置决定每移动一单位所消耗能量的碱基，本模型设定为每移动一单位，消耗 4 单位的能量；根据热力学第一定律和第四定律决定每一自主体所能持有的最大能量的碱基，本模型设定一个自主体中不得超过 1600 单位能量。

（2）自主体生存环境的构建。

基于上述的单一自主体的构建，将多个自主体放入生态系统中并进行仿真模拟，初始情况下，环境中同时存在多个自主体和有能量的食物，自主体为了生存和繁衍去寻找食物，先寻得食物的自主体获得该食物的能量，与此同时该食物消失。

在每一瞬间中，设定在系统的随机位置输入共 40 单位的食物，并且自主体都是向着离自己最近的食物进行移动，每移动一单位消耗 4 单位的能量，设这一部分的能量为"能源投入"（energy investment）自主体捕获到食物，则可以获取 40 单位的能量，设这一部分的能量为"能量回报"（energy return）。并且在这一瞬间中，如果自主体满足了一定的年龄和一定的能量，该自主体将会进行分裂，分裂的过程中母体将会死亡，分化出两个子体；正如前文所述，每一瞬间自主体都可能会因为没有获取到足够的能量而死亡或是由于年老而死亡。由此可以定义四种 EROI。

自主体的瞬时能源投资回报率：

$$R_{Seeker}^{Inst} = \frac{\sum_{last200ticks}(ER)}{\sum_{last200ticks}(EI)}$$

自主体生命周期的能源投资回报率：

$$R_{Seeker}^{Inst} = \frac{\sum_{entirelife}(ER)}{\sum_{entirelife}(EI)}$$

系统整体的能源投资回报率：

$$R_{System}^{Inst} = \frac{\sum_{AllSeekers}(ER_{thistick})}{\sum_{AllSeekers}(EI_{thistick})}$$

系统的平均能源投资回报率：

$$R_{MEAN}^{Inst} = MEAN(R_{Seeker}^{Inst})$$

2. 生物进化过程中个体净能源情况与贫困情况结果分析

在初始设定时，给予系统远小于自主体数量的食物，在较长的运行时间后，可以观测到随着时间的推移，自主体的数量总体而言是在下降的，但是自主体的数量不会低于环境承载力。在自主体数量下降的过程中，环境得到了休养，从而环境承载力得到了提高，因此自主体在下一阶段又会微小增加，增加的后果又将使环境承载力有所下降，因此环境承载力在模型中处于上下波动的状态。

当系统运行达稳定状态时，计算自主体的瞬时能源投资回报率，可得到图 6 所示的正偏态函数分布。能源投资回报率小于 1 时，可认为产出的能源尚难以维持投入的能源，即可认为投资回报率小于 1 的自主体是无效的，它们将会面临饿死而淘汰的风险，而从图 6 中可以看出，大约 1/3 的自主体是属于无效率的，而经过生态系统的淘汰，留下来的这一部分是有效的自主体，但是在这些自主体中，可以看出只有极少数的自主体是极大的成功者，而大部分的自主体仅能维持生计。

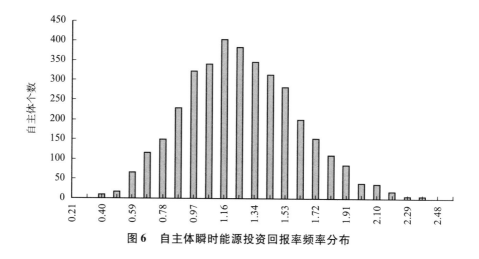

图 6　自主体瞬时能源投资回报率频率分布

在观测自主体的瞬时能源投资回报率的基础上，对系统中的生命周期 EROI 进行观测，生命周期 EROI 值小于 0.89 的自主体大多都因寻找不到食物饥饿而亡，而生命周期 EROI 在 0.89～1.12 的自主体大多处于自然死亡，生命周期 EROI 大于 1.12 的自主体大多都可以有足够的能量繁衍分裂。同瞬时能源投资回报率一样，在繁衍分裂的这一批自主体中，生命周期 EROI 高的自主体并不多，而大多数自主体是处在可以繁衍分裂和自然死亡的边缘（见图 7）。

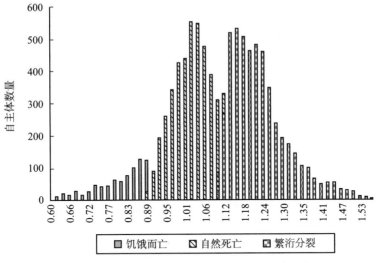

图 7   自主体生命周期能源投资回报率频率分布

正如前文理论分析所述，在 EROI 金字塔中，贫困群体所能拥有的只有如能源开采等最初级的能源需求，而当贫困人群连最基础的获取食物或是得到相应的供暖等能源需求都不能达到时，其只能由于饥寒交迫而消失在人们视野之中。而对于一般的人群而言，他们的能源需求相对而言会有所提高，他们还会对医疗教育等更高等的现代经济系统有所希冀，这些人可通过现代设施寿终正寝。而对于更富有的人群而言，他们不但有着自身的属性，他们还可以通过自己的企业或家业而延续生命。而这一模型相对较好地展示出贫困人群与其所需的最低 EROI 之间的关系。在自主体的模拟过程中，对于较低收入人口而言，其自身的 EROI 如低于 0.89，他们将会转为贫困群体，甚至会由于食物等能源的摄取不足而死亡。

（二）不同社会情境下贫困与净能源之间的关系

1. 引入信仰系统的四种社会情境构建

在目的论中，想法对行为决策尤为重要。因此每个自主体都受到某种文化的影响，在决策的过程中权衡利弊最终选择出一种最优方案。因此，本文将这种信仰系统纳入自主体的基因中，构建出一种"偏好基因"。

定义"信仰值"是一个0~7之间的数字，表示该自主体对特定方位基因的偏好。因此，赋予信仰值的偏好基因可以被认为是自主体在方位选择中的重要基因。偏好基因在自主体繁殖的过程中进行传递，因此除了下面所提出的"信仰联盟"以外，所有自主体在出生时都通过母系连接保持初始设置值。此外，自主体还存在与任何其他自主体进行信息共享：如果有食物可以被捕食，并自主体可以通过社交进行分享，那么信念系统就会被影响，可能是正向影响，也可能是负向影响。

将模拟以下四种不同场景所带来的能量利用情况：

情景0：无信仰系统的社会。在这个虚拟社会中，将所有自主体信仰关系设置为0，从而使该社会不存在信仰系统。因此，所有自主体都属于同一个信仰联盟，在这种情境下任何信仰和认知偏好在任何决策中都不起作用，所有行为都纯粹是本能的，没有任何自由意志可以驱使他们向除"移动基因"以外的方向进发。

情景1：具有不可变化的信仰系统的社会。在这个虚拟社会中，每个自主体都有一个信仰系统，在第一代的自主体中随机分配信仰值并将该信仰值植入其"偏好基因"中，而此后的子代除了继承其母亲的信仰值以外，其偏好基因中的信仰值不得改变。因此，由自主体的繁衍可分裂出8种不同信仰的信仰联盟。

情景2：智慧共享社会。在这虚拟社会中，大体与情景1设置的社会一致，只不过存储在偏好基因中的信仰值可以通过交互信息来进行改变。每当自主体进入新的区域时，在遇到年长的自主体时，年长的自主体将会把他的信仰值传递到年幼的自主体的偏好基因中。

情景3：部落社会。在模型运行初期，设置10个不同的部落，并将部落值标记为0~9，每个部落中存在着8个自主体，无论这部落中的自主体如何繁衍，其子代自主体永远与其母代自主体的部落保持一致，当一个自主体进入一个新的区域时，它会有以下三种行动：（1）如果区域中有食物，它会吃掉食物；（2）如果区域中有一个较老的自主体，那么就像在场景 2 中那样寻求最年长的自主体的信仰值；（3）如果有来自同一部落所属的较年长的自主体，它将寻求最年长的自主体的信仰值。若是同时遇到本部落的年长者和其他部落的年长者，优先接收本部落年长者的信仰值。

2. 不同社会情境下系统净能源情况与贫困情况之间的关系分析

对于四种情境，总体的净能源变化趋势有着很大的相似之处，在3600 秒之前，由于整个系统的能源情况都是良好的，所有的自主体的数目相加也并没有超过总体的环境承载力，因此所有的自主体都能在其达到繁殖年龄的时候进行繁殖，从而整个系统的净能源在繁殖年龄翻一番。然而一旦达到环境承载力，所有自主体的数目则会大幅度下降，此时的净能源也随之大幅度下降。而伴随着净能源的下降，8 种方位信仰就开始竞争博弈，而由于搜寻方式的区别（对于北方向来说，在封闭空间中自主体的移动受到限制，因此会在设定系统环境的边缘进行徘徊，如在开放空间中，北方向相对来说是个优势方向。对于西北方向和东北方向来说，它们的搜寻模式为正八边形，搜寻围成的面积最大，无论是在什么环境中都可以寻找到相对较多的能量。相对于西北和东北方向，西方向和东方向的搜寻模式为正方形，搜寻的面积远不如前者，但尚可以存活。而西南和东南方向基因的搜寻模式为八角星形，这种搜寻模式更像是围绕着一个点在运动，其搜寻的效率更为低下。对于南方向来说，其搜寻模式最无效率，反复在一个极短的线段上来回运动）。西北方向的信仰和东北方向的信仰则更具有传染力，而这一优势和劣势的分化，则会导致相应的总体净能源的分化，优势方向的信仰将会得到更多的信徒，从而净能源水平也相应提升；反之，劣势方向的信仰则会失去更多的信徒，从而净能源的水平也相应下降。

在纵向的对比下，4 种情况在时间维度的变化相似，但是在横向的对比下，四种社会情境还是存在些许差别的（见图 8～图 11）。在智慧共享的情境下，信仰的传播速度远比其他 3 种情况的传递来得快，因此信仰的同化速度也相较其他三者来得快。在部落社会下，由于有着该部落权威的

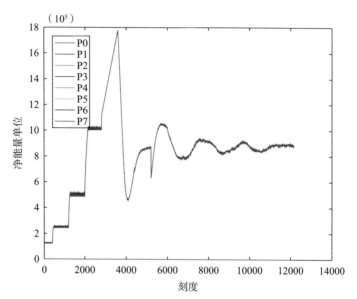

图8　无信仰系统的能量变化情况

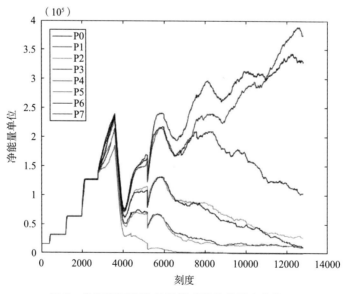

图9　具有不可变化的信仰系统的能量变化情况

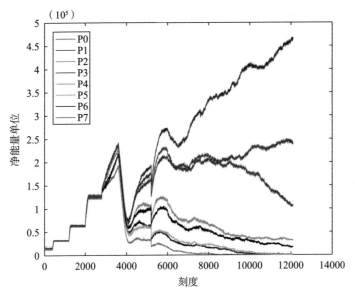

图10 智慧共享社会的能量变化情况

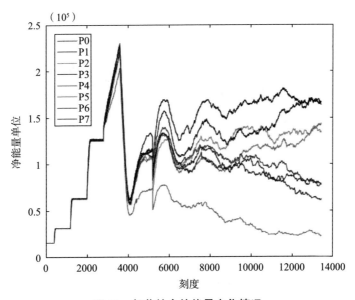

图11 部落社会的能量变化情况

信仰在，信仰的同化速度相较智慧共享的情景慢。但是部落社会是一种相对畸形的社会，在此情境中，其母系的信仰和其在外所受到的信仰相充斥。在这4种情况下，系统中每一个自主体的平均能量分别为616、616.1、602.3、599.2，信仰的交互加大了能量的差距，使能量高的群体能量更高，能量低的群体能量更低，但是能量高的群体并没有拉高整体的能量，反而在有信仰交互的系统中，其平均能量更低。由此可见，对于信仰可以自由传递的社会，系统平均的能量会比没有信仰交互的社会低。

EROI可以很好地反映出自主体能源利用效率的程度，从纵向上对比四者的能源投资回报率变化趋势，可以发现四者的能源投资回报率变化趋势呈高度一致。从横向上可以发现随着系统的发展、自主体的进化，能源投资回报率表现出来的贫富差距呈现波动性增长。但不论是何种情景，由于整个系统呈现出来的状态较为稳定并可以继续运转，因此平均能源投资回报率在大部分情况下大于1（见图12～图15）。在3600秒的时候，人口、能量迎来了前所未有的下滑，信仰也在此时分裂为"好信仰"和"不好的信仰"，系统的平均EROI也是跌落到1以下，整个系统面临崩溃。

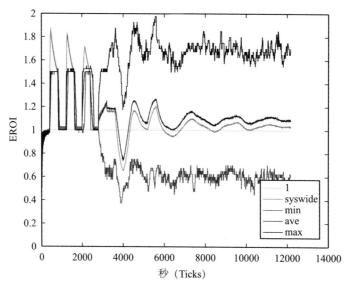

图12 无信仰系统的能源投资回报率情况

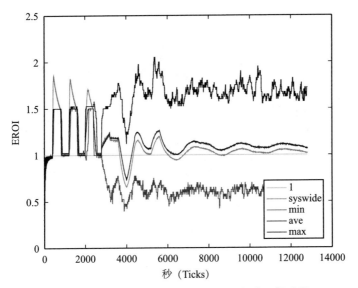

图13 具有不可变化的信仰系统的能源投资回报率情况

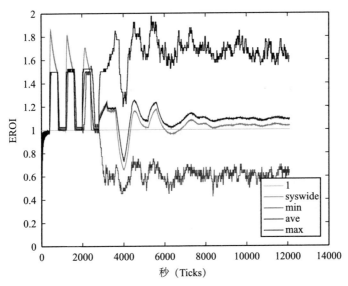

图14 智慧共享社会能源投资回报率情况

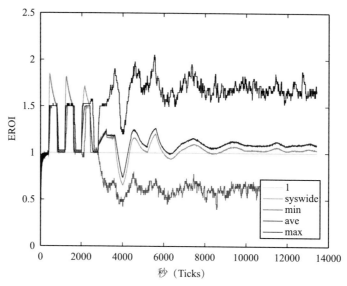

图15 部落社会的能源投资回报率情况

由此可以看出，当系统中的自主体未超过环境承载力时，各个方向的自主体都可以存活下来，此时也不存在目的论裁剪，自主体之间的 EROI 相差并不大，系统也不会出现贫富差距分化，整个社会欣欣向荣。但好景不长，一旦自主体因此而过度繁殖，超过了环境承载力，所有的自主体就会为争夺能源而激烈竞争，自然选择驱逐了劣势自主体，目的论修剪消灭了"不好的信仰"。

将前文中计算出的 EROI < 0.89 的群体设置为容易受到饥饿威胁的贫困群体，从而观察贫困群体与系统净能源之间的关系。通过 4 种情境的模拟，可以发现在这些社会中存在着这样的共性：当自主体数目并没有超过环境承载力上限时，所有的自主体都可以得到丰富的能量从而进行繁殖，此时并没有任何自主体处于贫困状态。然而伴随着自主体的发展，其自主体的数目也不断上升，危险也逐渐降临。一旦自主体的数目超过了环境承载力，则将面临的就是净能源悬崖，系统的净能源一溃千里，而整体的生态系统也发生了大崩溃，此时便出现了大面积的贫困群体饥饿而亡。同时在自主体的信仰中也发生了大洗牌，这一大洗牌也导致了贫困群体在之后

的日益增加。伴随着信仰系统的分化，系统的贫富差距日益悬殊，同时系统的 EROI 也呈波动性下降，而贫困人群也随之不断增加。

四、贫困与净能源关系的研究结论

（一）净能源对贫困的影响程度

在实证研究中，本文以减贫大国中国为例，测算了中国能源系统净能源情况，进而对我国的贫困程度与净能源进行了时间序列分析，分析可得，贫困与净能源之前确实互为格兰杰因果并存在定量关系，在短期内，净能源每提升 1%，则贫困程度将会立即下降 0.008%；在长期内，净能源每增加 1%，则贫困程度则会减少 0.16%。

（二）净能源对贫困影响的机理

在贫困和净能源的广义分析过程中，对于个体而言，单个个体在其生命周期中，若其生命周期 EROI 小于 0.89，则该个体则陷入贫困状态，最终会伴随着饥饿而死；对于整个系统而言，在合理的经济发展空间下，正常情况下的净能源的波动减少并不会大幅度地造成贫困，然而当经济发展情况一旦超过临界点，那么产生的净能源危机将会同时对贫困造成短期和长期的威胁：在短期内，造成大面积的贫困同时引起贫困人群的灾难性死亡；在长期内，造成不可愈合的贫富差距，同时净能源的降低会增加贫困人口数量。

参考文献：

［1］Malthus T. R. *An Essay on the Principle of Population as It Affects the Future Improvement of Society，with Remarks on the Speculations of Mr Godwin M. Condorcet，and Other Writers* ［M］. London：J. Johnson，1798.

［2］马克思恩格斯全集（第23卷）［M］．北京：人民出版社，1973．

［3］马克思．1884年经济学哲学手稿［M］．北京：人民出版社，2000．

［4］Nurkse R. *Problems of Capital Formation in Underveloped Countries* ［M］．New York：Oxford University Press，1953．

［5］Nelson R. R. A Theory of the Low-level Equilibrium Trap in Underdeveloped Economies ［J］．*The American Economic Review*，1956，46（5）：894 – 908．

［6］Myrdal G. ，Sitohang P. Economic theory and under-developed regions ［J］．1957．

［7］Lewis O. Five families：Mexican case studies in the culture of poverty ［J］．1959．

［8］Kaplinsky R. *Globalization，Poverty and Inequality：Between a Rock and a Hard Place* ［M］．New York：John Wiley & Sons，2013．

［9］Wade，Robert Hunter. The Causes of Increasing World Poverty and Inequality；or，Why the Matthew Effect Prevails ［J］．*International Journal of Health Services*，2005，35（4）：631 – 53．

［10］Okwi，Paul O. ，Godfrey Ndeng'e，Patti Kristjanson，Mike Arunga，An Notenbaert，Abisalom Omolo，Norbert Henninger，Todd Benson，Patrick Kariuki，and John Owuor. Spatial determinants of poverty in rural kenya ［J］．*Proceedings of the National Academy of Sciences of the United States of America*，2007，104（43）：16769 – 16774．

［11］Worku，Eshetu B. ，and Selamawit A. Woldesenbet. Poverty and inequality – But of what – As social determinants of health in Africa？［J］．*African Health Sciences*，2015，15（4）：1330 – 38．

［12］Garchitorena，Andrés，Calistus N. Ngonghala，Jean Francois Guegan，Gaëtan Texier，Martine Bellanger，Matthew Bonds，and Benjamin Roche. Economic inequality caused by feedbacks between poverty and the dynamics of a

Rare Tropical Disease：The Case of Buruli Ulcer in Sub – Saharan Africa ［J］. *Proceedings of the Royal Society B：Biological Sciences*, 2015, 282 (1818).

［13］ Jakimowicz A. , A. A. Baklarz. Determinants of mass poverty in the contemporary global economy ［J］. *Acta Physica Polonica A*, 2018, 133 (6)：1388 – 1393.

［14］ 关信平. 现阶段中国城市的贫困问题及反贫困政策 ［J］. 江苏社会科学, 2003 (2)：108 – 115.

［15］ 朱庆芳. 城镇贫困群体的特点及原因 ［J］. 中国党政干部论坛, 2002 (4)：17 – 19.

［16］ 唐建, 刘志文. 西部地区农村贫困现状、原因及对策探析 ［J］. 中国人口·资源与环境, 2004 (4)：52 – 57.

［17］ 杜毅, 孙晓锦. 我国农村贫困致因研究综述 ［J］. 洛阳理工学院学报 (社会科学版), 2016, 31 (4)：52 – 56.

［18］ 廖发达. 中国外贸贫困化增长原因初探 ［J］. 世界经济研究, 1996 (6)：20 – 23.

［19］ 陈全功, 李忠斌. 少数民族地区农户持续性贫困探究 ［J］. 中国农村观察, 2009 (5)：39 – 48, 55, 96.

［20］ Kraft J. , Kraft A. On the relationship between energy and GNP ［J］. *J. Energy Dev*, 1978, 3：401 – 403.

［21］ Masih A. M. M. , Masih R. Energy consumption, real income and temporal causality：Results from multi-country study based on cointegration and error-correction modeling techniques ［J］. *Energy Economics*, 1996, 18：165 – 183.

［22］ Sheng – Tung Chen, Hsiao – I Kuo, Chi – Chung Chen. The relationship between GDP and electricity consumption in 10 Asian countries ［J］. *Energy Policy*, 2007, 35 (4)：2611 – 2621.

［23］ 林伯强. 电力消费与中国经济增长：基于生产函数的研究 ［J］. 管理世界, 2003 (11)：18 – 27.

［24］ Shiu A. , Lam P. Electricity consumption and economic growth in China ［J］. *Energy Policy*, 2004, 32: 47 – 54.

［25］ Jiahai Yuan, Changhong Zhao, Shunkun Yu, Zhaoguang Hu. Electricity consumption and economic growth in China: Cointegration and co-feature analysis ［J］. *Energy Economics*, 2007, 29 (6): 1179 – 1191

［26］ Narayan P. K. , Prasad A. Electricity consumption-real GDP causality nexus: Evidence from a bootsrapped causality test for 30 OECD countries ［J］. *Energy Policy*, 2008, 36: 910 – 918.

［27］ Odhiambo N. M. . Electricity consumption and economic growth in South Africa: Atrivariate causality test ［J］. *Energy Economics*, 2009, 31: 635 – 640.

［28］ Squalli J. Electricity consumption and economic growth: boundsand causality analyses of OPEC countries ［J］. *Energy Economics*, 2007, 29: 1192 – 1205.

［29］江泽民. 对中国能源问题的思考 ［J］. 上海交通大学学报, 2008 (3): 345 – 359.

［30］ Tainter J. *The Collapse of Complex Societies* ［M］. Cambridge: Cambridge university press, 1988.

［31］ Feng J. , Feng L. , Wang J. , et al. Modeling the point of use EROI and its implications for economic growth in China ［J］. *Energy*, 2018, 144: 232 – 242.

［32］ Lambert J. G. , Hall C. A. S. , Balogh S. , et al. Energy, EROI and quality of life ［J］. *Energy Policy*, 2014, 64: 153 – 167.

［33］ Fizaine F. , Court V. Energy expenditure, economic growth, and the minimum EROI of society ［J］. *Energy Policy*, 2016, 95: 172 – 186.

［34］ Hall C. A. S. , Lambert J. G, Balogh S. B. EROI of different fuels and the implications for society ［J］. *Energy policy*, 2014, 64: 141 – 152.

［35］ Crentsil A. O. , Asuman D. , Fenny A. P. Assessing the determinants and drivers of multidimensional energy poverty in Ghana [J]. *Energy Policy*, 2019, 133: 110884.

[36] Phoumin H., Kimura F. Cambodia's energy poverty and its effects on social wellbeing: Empirical evidence and policy implications [J]. *Energy Policy*, 2019, 132: 283 – 289.

[37] Darwin C. *The Origin of Species and the Descent of Man* [M]. New York: Modern library, 1859.

[38] Bashmakov I. Three laws of energy transitions [J]. *Energy Policy*, 2007, 38: 3583 – 3594.

（执笔人：曹高航，中央党校（国家行政学院）硕士生）

农村贫困与气候风险关系的新探索

导读： 2020 年我国脱贫攻坚战完美收官消除了我国绝对贫困，但相对贫困还会长期存在。农业发展对减贫工作有着特殊的贡献，而气候变化是农业发展的主要风险来源之一，气候变化风险与农村贫困程度的相互关系越来越密切。全球气候正在发生变化，随着平均气温上升，诸如热浪和洪灾等严重急性自然灾害在频率和严重性方面均有升级，而诸如干旱和海平面上升等慢性灾害也在加剧。气候变化是农业生产的主要风险来源之一，特别是在干旱地区，气候变化的风险体现得更为突出。越来越多的研究将气候变化造成的风险与受灾地区的农村贫困程度和贫困持久性联系在一起。气候变化所带来的随机冲击导致生产性资产的损失，对农民生产造成长期影响。由此产生的不确定性阻碍农民、农业金融服务机构、价值链机构和政府对农业投资的发展，从而阻碍了减贫进程。过去十年的相关数据研究证明通过管理风险的一系列农业生产技术和机构干预措施可以稳定生产和收入，减少资产损失，增强技术的改进和实践的采用，进而改善农民福利，同时在易发生风险的农业系统中促进减贫。适应气候变化威胁的作物种植，保护性农业和多样化的生产系统等生产技术和实践稳定了农业生产和收入，在某些情况下减少了与气候有关的不利影响。农业指数保险和机构干预在农民自主风险管理、技术改进及风险保障、资产保值等方面起着重要作用。

一、构建减贫机制的影响路径分析

（一）构建减贫机制的影响因素分析

在不同发展阶段、不同地区，贫困的治理措施各不相同，具体而言，各项措施具有各自的应用情景，而随着时间的推移，决定治理措施应用是否有效的因素也会随之变化。本节根据已有研究和现状主要提出了4种影响减贫机制发挥的因素：经济结构、农业分化、城镇化水平和气候变化。最后研究了其他一些因素和新出现的不确定性因素。

随着经济的增长，经济结构也在不断发生变化，其中农业在整个经济中所占比重将直接影响减贫机制的建立。衡量农业比重有两个最基本的指标：农业收入在国内生产总值中所占份额和农业劳动力在总劳动力中所占份额，已有数据表明随着GDP的增加，这两个指标都有着下降趋势。我国农业在GDP所占份额下降速度比劳动力所占份额下降速度快，两个指标下降幅度之间的差额被称为"农业生产率差距"。造成这种差异的原因有可能是农业生产力低，也有可能是农业行业的高失业率，或两者兼而有之，最后都会造成农业工作机会的短缺，进而导致大规模贫困。减贫机制的有效性取决于经济结构以及经济结构中的不同部门的劳动力差异。

随着城镇化率的不断提高和人口的不断迁移，农业分化主要体现在两个方面：农村的分化和农户的分化。农村分化主要有三种类型：已经逐步实现工业化的农村、以传统农业生产为主的农村、以乡村旅游等新业态为主的农村，并且随着时间的推移，这些地区的差异会越来越大。另外农户分化主要存在三种差异：一是全家转移到城市的农户，二是中青壮年劳动力进入城市，老年人留守农村，三是全家都留在农村的农户。

此外还出现了更多的兼职农民，特别是在小农户中，他们的农业收入在家庭收入中所占比例不大，并且正在减少；对于青年和老年农民，地理位置优越的农村地区与偏远的农村地区之间的差距会越来越大。因此要想建立长期有效的减贫机制，必须要结合现实情况，加深对农业分化的理解。

目前我国正处于城镇化进程中，根据《中华人民共和国 2020 年国民经济和社会发展统计公报》，2020 年末我国常住人口城镇化率超过 60%，其中包括 2 亿多名进城务工经商的农民工。《中国农村发展报告 2020》预计，到 2025 年中国城镇化率将达 65.5%；新增农村转移人口 8000 万人以上；农业就业人员比重将下降到 20% 左右；乡村 60 岁以上人口比例将达到 25.3%，约为 1.24 亿人。城市扩张一方面将会使农田面积流失，进而导致农作物产量的下降。另一方面，城镇化还会带来其他两方面的改变：一是饮食模式的转变，二是与粮食和农业有关的非农业经济活动的转变。饮食模式转变的一个重要驱动因素是淀粉类主粮的减少以及伴随家庭收入和食品支出的乳制品增加，牲畜和海鲜产品、食用油以及水果和蔬菜的消费增加，这就是贝内特定律。除此之外，城市化会促进与粮食和农业有关的非农业经济活动的转变，例如使食物消费转向更方便的来源，包括超市购物和外出就餐，并且往往倾向于加工食品。因此城市化最终会加快运输行业、加工制造业、批发零售业、农业旅游等行业的发展。因此要想构建完善的减贫机制，既要关注农业层面的生产，也要关注农业生产之后的价值链和与农业有关非农经济。

自 20 世纪 90 年代以来，越来越多的证据表明，20 世纪中期以来全球生态系统发生了巨大且快速的变化，特别是气候变暖现象。而气候变暖将会带来更严重、更极端的天气事件。在极端气候下，尤其在半干旱地区，农村人口无法获得充分饮用水和灌溉用水，从而导致生产力下降。尽管气候变化的最大影响可能是在农业生产阶段，并且大多数研究都集中在对作物产量的影响上，但气候不稳定也威胁着食品体系的其他方面，包括食品安全和关键食品系统基础设施的破坏，例如道路、桥梁、港口、存储和加工设施或电网的损坏。极端气候将会导致粮食系统崩溃，这对贫困人口的影响尤为明显。因此，建立一个能够抵御气候风险变化的机制对于减贫有着重大意义。

除上述 4 个影响因素以外，人口、政治、文化以及技术也应在建立减贫机制时予以考虑。人口老龄化，特别是农村地区的人口老龄化对于农业经济和农业劳动力本身具有重要的意义。贸易政策是农业粮食系统最重要的社会政治驱动力之一，尤其是 19 世纪中期以来一直提倡的自由贸易，尽管第二次世界大战之后在减少贸易壁垒方面取得了重大进展，但历史表明这种进展很容易倒退。此外，伴随着全球变化的入侵性有害生物和新型疾病日益严重的问题也可能给贸易体制带来压力，这些都阻碍了食品自由贸易的发展，进而影响我国农业粮食系统的发展。新兴的文化转变对农业系统也会产生影响，其中包括素食主义者动物权利运动等国际影响。当代技术变革速度快，其中包括私人投资作为农业研发的领导者来取代公共部门的作用、生物技术等，这些技术可能使食品工程学快速发展，但也可能破坏原有的食品商业模式。这些因素均会对农业系统产生影响，因而影响减贫机制发挥的作用。

（二）构建减贫机制的路径分析

在构建减贫机制时，既考虑了增加农业收入的直接方式，也考虑了促进减贫的间接方式，即通过扩大非农业劳动力市场（农村和城市）就业的影响，以及体制和政策上的补充创新。除了在短期内可以增加贫困人口的收入，资产投资（包括自然资本和人力资本）为长期减贫奠定了基础。此外，对贫困的影响通常取决于农业内部和外部的各种活动和投资。因此，本文从多个维度入手，基于前文提出的减贫影响因素的视角，探索促进减贫的机制并对其具体影响路径进行分析。

第一，农业生产机制。农业生产一直以来都是农业发展的基础。一是通过培育新品种的农作物、家禽、鱼类并结合改进的耕作方式来提高农业生产率。研究显示农业生产率与贫困群体的收入有着密切的关系。二是农业多元化，从单一的淀粉类主食（谷物，块根和块茎）到牲畜、家禽和鱼类、豆类和油料种子、蔬菜和水果、牲畜饲料和饲料、生物燃料和其他产品（通常来自农林业和林木）等作物多样化，并从商品扩展到生态旅游等服务，可以增加贫困人民的收入。目前已有部分产物多样化产生盈利，如畜、禽、鱼、食用油、水果和蔬菜的多样化会带来更多的盈利已得到验证。在贝内特定律所预测的需求模式下，当一个国家达到"中等收入"地位时，转向具有正收入弹性的商品和服务的生产，对包括小规模农户在内的农民来说都是有利可图的。

第二，风险管理机制。农业生产和活动面临众多挑战和风险，包括气候多变性和极端天气（干旱和洪水）、病虫害等，这些都将带来农业收入的损失。一是改善农业生产技术，农业生产技术除了对农业生产本身有着重要作用外，还会提高农业系统抵御风险的能力，使生产风险达到最小化。例如选育有弹性或抗性的品种、采用弹性或抗性的耕作方式，以降低农民以及生产风险的不确定性，增加抵御风险的能力。二是采取机构干预措施，通过建立一定机制抵御生产风险，可通过农业指数保险和社会保障计划来降低风险带来的损失。

此外，从整个食品供应链来看，风险会沿着整个食品供应链进行传播，所有参与者都会面临损失的不确定性，可通过农业投资的多样化来减轻这种冲击。

就业促进机制：目前，我国农村人口基数大，人口流动频繁，必须要做到稳就业才能有效减贫并防止返贫。通过价值链横向延长可增加农民就业机会，主要是农业生产之后的价值链活动和与农业有关的非农经济活动，从投入到生产再到销售和加工，最终到消费和食品废物管理，这一系列步骤中每一个都存在劳动密集型岗位，刺激了贫困人口的劳动力需求，从而提高了他们的收入。

第三，人文发展机制。贫困的根本原因并非传统标准的"收入低下"，而是因为这些人缺乏获得收入以购买基本食物需求的"能力"，贫困形成的根本原因在于"能力"被剥夺或"权利失败"。在减贫工作中，贫困群众是减少相对贫困的微观主体，必须探索构建减贫的人文发展机制，以改善贫困地区人文环境贫瘠现状，有效缓解相对贫困问题。

一是保障贫困群体的各项权利，为贫困户增加收入从而减少农村和贫困农民的贫困程度。改善财富分配，更加公平地分配土地和其他资源，保护和改善贫困户对资源的获取，加强地方政府开发和管理的权利，从而赋予贫困户人口权力、改善他们的生活。

二是保障贫困群体的健康。一方面加强医疗卫生体系的完善。加大贫困地区的公共医疗资金投入，提高医疗服务能力和保障水平，逐步减少并最终消除因病致贫、返贫的状况。另一方面改善饮食质量，从而改善贫困群体的身体素质，已有研究证明达到营养目标对儿童早期生长和发育有着积极作用，从而大大改善了健康、教育和生理状况。此外，食品安全对人类健康也有着重要影响，不安全的食物是导致疾病和死亡的重要原因。加强食物生产、存储、加工和分配的安全性，创造有利的政策和体制环境，以减少食源性病原体的污染。最后加大对生态环境的治理，可持续的自然资源管理使贫困户的生存、生活、生产条件更加稳定。

三是加大教育和农业技能的投资，这是减少贫困并且防止返贫的重中之重。一方面通过教育和技能培训等方式提高贫困人后的技能和基础素质，提高劳动生产率，培养贫困人口的企业家精神以增加收入。另一方面，要转变贫困群体的思想观念，从被动脱贫转变为积极主动减贫，激励其向着美好生活的目标奋进。

政策支持机制：构建长期有效的减贫机制离不开政策的保障和支持，要充分发挥政治优势和制度优势，按照中央统筹、省负总责、市县抓落实的工作机制发挥最大效用。一是强化兜底保障体系，巩固脱贫攻坚的成果，从源头上建立起发生绝对贫困的"截流闸"。二是加大农业研发投入，增强相关部门和研究机构的研究能力，研发的投入除了对主粮进行研究，还应投入到奶制品、蔬菜、水果、豆类等研究中；研发范围不仅仅限制于传统种养殖，还包括基于最新科学技术的现代农业，通过农业研发提高农业生产率。三是完善农业政策体系，提高对政策问题和挑战的认识，加强对农业政策分析能力，并建立政策分析机构，以提高政策效力，促进减贫。

二、气候变化风险与农村贫困的关系

联合国政府间气候变化专门委员会（Intergovernmental Panel on Climate Change）的第六次评估报告最新研究结果显示人类活动以及温室气体的排放使得全球变暖趋势日趋显著，2001～2020 年的 20 年间，全球地表温度与工业革命时期相比已经上升了 0.99 摄氏度。当全球平均温度较工业化前水平上升达 4 摄氏度或更高，全球气候变化风险为高至非常高水平，气候变化将对全球自然系统、生态系统以及人类管理系统产生重大影响。气候变化在给各类资源、行业、城市带来风险的同时，由气候变化带来的极端天气将会越来越频繁地出现。

与较富裕的人口相比，贫困人口更多暴露在气候变化的影响下，在遭遇冲击时也更缺乏恢复能力。洪水能在一瞬间冲走庄稼、房屋和其他来之不易的财产；干旱可致农作物颗粒无收，粮价飞涨；气温上升 2～3 摄氏度，就有可能导致疟疾发病率上升 5%，发病人数增加 1.5 亿人以上。气候变化的冲击还对人类的潜能造成持久性影响，导致贫困在代际之间延续。

气候变化对农业的影响，是贫困增加的主要原因。模拟研究显示，气候变化造成的全球作物产量损失至 2030 年可能达到 5%，2080 年可达到约 30%。基于贫困人口面对自然灾害的脆弱性，世界银行最新发布的报告估计，到 2030 年，可能会有超过 1 亿人口被推到贫困线以下，其中多数人居住在南亚和撒哈拉以南非洲地区。更为糟糕的是，贫困国家缺少应对这种挑战以及恢复所需要的支持体系。在低收入国家，贫困人口缺少医疗保险，医疗费中的自付部分超过 50%。社会安全网的人口覆盖率不足10%。农作物水旱灾害是影响我国农业的主要气象灾害。除了水旱灾害以外，其他类型的气象灾害也需要被重视：一方面，旱灾、水灾、冷冻灾及风雹的成灾率均在 50% 左右，各种形式的气象灾害都会给农业生产带来不利的影响；另一方面，比较 1996～2005 年、2006～2015 年各气象灾害指标的平均值，冻灾成灾面积或者风雹灾受灾面积均有所上升。

我国是世界上自然灾害较严重的国家之一。气象灾害及其衍生的灾害损失占自然灾害损失的 70% 以上，平均每年造成直接经济损失约占自然灾害经济损失的 75%；导致死亡人口约占自然灾害导致死亡人口的 80%。2018 年，我国气象灾害造成农作物受灾面积 2081 万公顷，死亡失踪 635人，直接经济损失 2645 亿元。我国因极端天气引起的平均每年死亡人数及经济损失分别位居全球第 4 位和第 2 位，每年极端天气事件造成的平均死亡人数达 1200 多人。我国 70% 以上的气象灾害发生在西部农村地区，[①]各类气候灾害频繁发生，进一步加剧了农村返贫问题，凸显贫困人口在气候灾害面前的脆弱性，人民群众生命财产安全受到了严重威胁。

面临气候变化带来的风险，不同的贫穷国家或贫困地区所采取的措施也有所不同，根据措施与气候风险发生的时间顺序，可以将这些措施分为事前预防策略和事后应对策略。事前预防策略包括选择风险较小但利润较低的农作物品种、将家庭劳动力转移到非农活动中、避免借贷和投资于生产性资产（包括土壤肥力）和改进生产技术。其缺点是事前规避行为已从农民扩展到机构，这阻碍了农村地区的投资和农业价值链的发展。气候变化造成的损失可能会超过保险公司或贷方的偿付能力，导致贫困地区的金融市场失灵。此外，事前预防性策略没有有针对性地进行优化管理，这会导致农业生产技术的投资和应用不足。

---

① 刘长松. 我国气候贫困问题的现状、成因与对策 [J]. 环境经济研究，2019，4（4）：148－162.

贫困家庭采取的事后应对策略来主要包括：清算生产性资产、拖欠贷款、退学、在农场工作或抚养牲畜、减少营养摄入、过度开发自然资源。尽管这些策略能在短期内应对危机，但它们通常会通过侵蚀生产性资产使未来的生产能力和人力资本下降。研究表明。粮食种植户的适应性行为普遍存在。在所有适应性措施中，补苗、更换种子品种、调整农时、调整灌溉是粮食种植户选择相对较多的行为。而且粮食种植户通常会采用2~4种适应性措施。

已有文献主要总结了气候风险管理对于减贫的各种干预措施，关于气候变化对贫困影响机制的研究很少。本文首先阐述了气候风险加剧农村贫困的三种方式，其次提出气候风险管理的两大措施：农业生产技术管理和机构干预措施。最后总结气候风险管理措施对减贫的促进作用：气候风险管理干预措施可以有效地稳定农业生产和收入，减轻极端气候对农业家庭及其资产的影响，并通过相应的技术管理手段和机构干预来保护和发展生产力，从而改善农民的生活水平、加快减贫进程，为现有研究做出贡献。

三、气候变化风险对贫困的影响机制

了解气候变化风险对贫困程度的影响机制，可为评估这些风险管理干预措施提供理论基础，从而有针对性地制定干预措施，帮助处于气候变化高风险的农村地区摆脱贫困。

气候变化风险可通过三种方式加剧农村贫困。首先，事前风险管理策略降低了现有资产的生产率和盈利能力，并阻碍了生产性资产的积累。生产性资本是农民维持生计的基本生产生活资料，包括住房、牲畜、农作器械、农田基本设施等。

其次，对严重的气候变化冲击的事后应对措施可能迫使非贫困但脆弱的家庭陷入生产资产困境，有可能使其跌入贫困陷阱。气候灾害直接减少农户的物质资本存量，如洪涝灾害导致农田淹没、房屋垮塌、土地利用方式变化，干旱灾害影响农牧业基础设施，导致土地草地功能退化，许多受灾地区农村家庭普遍因灾返贫。

最后，随着资源禀赋的减少，风险承受能力呈现出下降的趋势，导致相对贫困的人面临气候风险的机会成本更高，主要包括物质、货币、人力、自然资源。物质资本主要是生产性资本，农村贫困群体拥有的生产性资本较少，使得他们在受灾时更加脆弱，而且他们的生计资本积累相对匮乏，缺乏适应气候变化的手段，灾害承受能力和恢复能力都很弱。面对气候灾害，农村贫困群体因物质资本不足会陷入"贫困—高脆弱性—更大损失—贫困加剧"的恶性循环。货币资本指农民自主支配与筹集到的资金，不仅包括现金和储蓄，也包括融资渠道等。储蓄有助于缓解灾害风险对农村家庭的冲击，维持基本消费并保持生计的稳定性，货币资本减少会影响农村贫困群体建构物质资本的能力。气候变化通过影响农户自然资本、物质资本和人力资本而间接作用于货币资本，主要表现为农牧业生产成本提高和收入减少等方面。

农村贫困群体仅仅依靠农牧业收入，难以满足基本生存与发展性支出，从而削弱了生产资本和人力资本的投入能力。同时，农民在应对气候变化时缺乏承受和转移风险的融资渠道与金融工具。因此，气候变化的致贫效应要充分考虑不同群体的收入结构、消费结构和地域差异等因素。人力资本指使农民形成相应生计的知识、能力、技能和健康状况。气候变化对人力资本的影响途径主要包括健康、智能和技能三个方面。气候变化直接或间接地影响农村贫困群体的身体健康，导致人员伤亡或引发疾病，对缺少基础设施和公共服务的农村贫困群体构成冲击，降低了其劳动生产率。气候变化影响了农业增收，导致农村贫困群体减少对人力资本的投入，限制了农村贫困群体成长过程中获得学习培训的机会，导致贫困的代际传递。

气候变化加剧农村脆弱性，使传统农业生产技能面临失灵的风险，并且增加了学习非农业技能的难度。因此，气候变化导致的人力资本匮乏是农村贫困群体陷入贫困的重要原因。自然资本是农民用以维持生计的土地、水、生物资源等自然资源存量与生态服务功能。农民生计对自然资本的依赖性很强，一个地区的自然资本状况决定了农民发展面临的风险和不确定性，很多破坏农村贫困群体生计的冲击就源于自然资本和生态服务遭受破坏。气候变化通过气温、降水变化以及极端天气事件对生态系统结构与功能产生重要影响，使自然资本和生态服务功能发生改变，从而削弱了农户的生计基础。气候变化削弱了生态敏感区的生态服务功能，贫困群体多居住在生态脆弱地区，极端贫困会驱使人们过度利用生态系统，这会对生态环境造成不可逆的损害，最终导致生计长期恶化。此外，由于机构或政府的运作规模较大，气候风险会限制经济发展机会，从而加剧家庭贫困。

以上几种方式从不同程度影响生产能力和风险抵御能力，其影响程度取决于农民的社会经济状况即贫困程度。因此，为有效地减少贫困，需对贫困进行分类讨论，主要分为暂时性贫困与长期贫困：如果人们的资产低于贫困线但随后又恢复了，那么他们的贫困状况将是暂时的；相反，当人们在较长时期内（一生或两代人）经历贫困时，贫困就是长期的。对于生活在长期贫困中的人们，气候变化风险对农民的生产决策影响较大，进而使其陷入贫困状态。当家庭资产低于临界值时，就会出现贫困陷阱，仅通过资源积累将无法摆脱贫困。但无论贫困是暂时的还是长期的，气候变化都会影响他们农业生产的能力。气候风险管理的干预会促使农民改善农业生产技术并提高农业生产水平。因此采取适当的针对性措施对于农业减贫有着重要意义。

通过结合气候变化风险与风险地区贫困程度的研究发现，气候风险管理干预措施是减贫主要途径之一。这些干预措施的最直接影响是使生产、收入或消费在整个气候变化范围内趋于平稳，或是在面对极端气候事件，保护生产性资产（包括家庭成员的健康）也会趋于平稳。这两种影响都可以减轻气候变化带来的风险，从而可以采用改进的农业生产技术和实践，以及获得金融发展和市场机会。稳定的生产、收入和消费，在冲击期间保护人力资本和生产性资产，以及采用改良的农业技术和实践都可以有助于改善家庭粮食安全和提升财富水平。随着时间的流逝，家庭福利的改善以及对更多的农业和非农业创收活动的累积财富投资都可能使家庭摆脱贫困。已有研究证明减轻风险的生产技术和机构干预措施可以通过以下方式为减少贫困做出贡献：（1）稳定生产，收入或消费；（2）在遭受冲击时保护生产性资产；（3）促进采用信贷和改进技术；（4）改善家庭福利措施（收入、粮食安全、财富）。

尽管过去的研究总结了气候风险管理的种种干预措施，但本文试图基于已有研究的减贫影响途径的视角，探索农业技术和机构性气候风险管理干预措施之间的互补性，并通过采用一些方法，为现有研究做出一些贡献。

四、促进农村减贫的气候风险管理对策

为了应对气候变化所带来的风险，结合已有研究，本文提出气候风险管理的两大措施：农业生产技术管理和机构干预措施。这些措施旨在通过建立相关机制来减轻风险带来的损失并增强抵御能力，对农业生产起到重要作用。

（一）农业生产技术的管理

农业生产技术对于农业生产本身有着重要作用，同时改善农业生产技术将提高农业系统抵御风险的能力，进而降低气候变化所带来的损失。本文提出的农业生产技术管理方法主要有三种：选育适应气候变化的作物、完善保护性耕作体系和多样化的耕作制度。

第一，选育适应气候变化的作物。已有研究表明农作物育种的研究既促进了生产力的发展，同时在减贫方面取得重大进展。撒哈拉以南非洲的耐旱玉米、跨地区耐旱、抗洪和耐盐碱的水稻均可在气候变化的威胁下保持良好的收成。一些研究表明耐胁迫作物的出现对生产者和消费者均有着较高的潜在经济利益。

在我国以小麦品种为例，在气候变化下，我国小麦品种的产量由于空

间产生的差异较大：在北方，气候变化对小麦有积极作用，在南方，气候变化对小麦有消极作用。分别从气温、降水、辐射等不同气候事件的角度研究对小麦产量的影响研究发现：气温升高对北方地区的小麦生长较为有利，对南方小麦则有消极影响。小麦生育期内降水变化不明显，对小麦影响较小。辐射与小麦产量呈正相关，生育期内辐射减弱对小麦生长不利。农作物拥有自己的适宜生长条件，当气温（降水）超过或低于作物适宜生长温度（降水）时，都会对作物生长产生不利影响，例如，高温、弱降水和强辐射对干旱区和半干旱区的小麦产量影响较大。通过研究发现水稻和小麦品种更新对产量影响显著，产量提升贡献率达 14.4% ~ 27.2%，品种更替对玉米产量贡献率较大，华北平原近几十年来品种更新对玉米产量的贡献率为 23.9% ~ 40.3%，东北地区则在 46% ~ 79%，耐高温和延长生长期是应对温度升高的品种更替方向。张（Zhang，2012）等通过 APSIM 模型研究发现，气温升高会减弱华北平原冬小麦的春化作用，不利于冬小麦生长，种植对春化作用要求低的半冬性和弱冬性品种可以有效抵消气温升高对冬小麦的不利影响。

第二，完善保护性耕作体系。保护性耕作是一项能够实现作物稳产高产与生态环境保护双赢的可持续发展农业技术，通过少耕、免耕、地表微地形改造技术及地表覆盖、合理种植等综合配套措施，从而减少农田土壤侵蚀，保护农田生态环境，并获得生态效益、经济效益及社会效益协调发展的可持续农业技术。其核心技术包括少耕、免耕、缓坡地等高耕作、沟垄耕作、残茬覆盖耕作、秸秆覆盖等农田土壤表面耕作技术及其配套的专用机具等，配套技术包括绿色覆盖种植、作物轮作、带状种植、多作种植、合理密植、沙化草地恢复以及农田防护林建设等，并且通过间作或轮作来实现作物多样化，进而实现农业的可持续和稳定生产。中科院东北地理所监测，连续实施保护性耕作 5 年后，表层 20 厘米土壤有机质含量增加 10%，10 年后增加 21%，15 年后增加 52%，有机质含量从 28.28 克/千克提升至 43.02 克/千克。东北地区监测显示，保护性耕作可减少农田扬尘 35% 以上，减少地表径流 40% ~ 80%，每亩可节省作业成本 50 元以上。

崔钊达等在《保护性耕作技术采用有助于提高粮食生产技术效率吗？——以玉米为例》中基于黑龙江、河南、山东和山西四省814份玉米种植户问卷调查数据进行分析，研究结果表明采用保护性耕作技术会显著提高农户玉米生产技术效率，在调研中发现，大部分农户实施保护性耕作技术后，普遍认为其增产效果较好，而且在节省劳动力投入、减少化肥施用等方面发挥明显的优势。例如秸秆还田增加了土壤有机质含量，对化肥产生替代作用，一定程度上减少化肥的施用，在减少面源污染的同时，节约了农户的生产成本。

保护性农业所带来的益处通常会随着时间的推移而增加，但可能在短期中无法实现。一些研究表明，保护性农业在易干旱的环境中风险管理和生产力收益具有更大的优势。保护性耕作体系（垄作＋半量秸秆覆盖（覆盖3750千克/公顷蚕豆秸秆））在西南旱地能产生显著的增碳固氮效应，且具有一定增产效应，有利于保护农田生态环境、提高农业生态效益。

在我国，区域发展不均衡、农业技术水平不高等问题，影响着保护性耕作体系的发展，因此应根据实际情况，通过加强保护性耕作效果检测、操作规范化、加强技术培训等措施促进该项技术持续、快速发展，为减贫工作做出重要贡献。

第三，多样化的耕作制度。多样化耕作制度包括品种、作物、农业系统的多样化，这是一种广泛认可的风险管理策略。每种收入活动所贡献的平均比例以及各个活动所带来的收入方差—协方差矩阵决定了农业收入的潜力；不同活动之间的协方差越小，通过多元化降低总体风险的范围就越大。可以通过作物多样化、农作物与畜牧业或林业的融合来实现农业的多样化。

如果农作物对气候变化的反应相似，那么增加农作物的种类几乎无法降低气候风险，但不同功能类型或物候不同的农作物的多样化可能会大大降低其风险。

生态农业系统高度多样化。从生物学角度来看，生态农业系统能以多种方式优化物种和遗传资源的多样性。例如，农林复合系统将位于不同层面、不同高度与形状的作物、灌木、家畜和树木进行整合，提高垂直多样性。间种将互补品种联合种植，提高空间多样性。通常纳入豆类作物的轮作将提高时间多样性。农牧系统依靠的是已适应特定环境的本地品种的多样性。在水产养殖方面，无论是传统鱼类混合养殖、综合多营养水产养殖，还是作物鱼类轮换系统，都遵循相同的原则以最大程度地实现多样化。

提高生物多样性可以带来一系列生产力、社会经济、营养和环境方面的惠益。通过规划和管理多样性，生态农业方法能够改善如授粉和土壤健康等生态系统服务的供应，而这些服务是农业生产所必需的。多样化通过优化使用生物质和集水来提高生产力和资源利用效率。

生态农业多样化还通过创造新的市场机遇等方式提高生态和社会经济的抵御能力。例如，作物和家畜多样性可降低气候变化带来的风险。反刍动物混牧可降低寄生现象带来的健康风险，而多样化的本地品种在恶劣环境下生存、生产和维持繁育水平的能力更强。反过来，包括多样化产品、本地食品加工和观光农业等在内的差异性和新开发市场增加了收入来源，有助于稳定家庭收入。

系统之间的协同交互通常可以提高生产力或降低气候变化风险。例如，作物品种混合可以减少疾病发生率。作物多样化同时也是保护性农业的支柱之一，两项研究表明在保护性农业的背景下谷物多样化可以稳定谷物产量。

农业系统多样化可以通过农作物、畜牧、林业的混合来应对气候变化所带来的风险。例如，改变数目的种类或数目的空间排列可以实现多样化生产、改善土壤质量、减少侵蚀。有研究表明，面对气候变化，农业与林业混合经营可以稳定谷物的产量，混合的农业系统与粮食安全存在正相关关系。通过将树木整合到生产系统中，农林业进一步实现了农作物、牲畜和农作物或畜牧混合系统的多样化。通过改变树木的种类（例如化肥树、果树、饲料灌木、本地树种）和树木的空间排列（例如行和胡同、防护林、自然更新），已开发了数百种农林业排列以实现多种结果（例如多样化的生产、改善土壤健康、减少侵蚀）。农作物林业的收益因各地的生物物理和社会经济因素而异，例如农民的土地所有权，系统的管理方式和经济可持续管理公共资源的激励措施。

（二）机构干预措施

尽管人们越来越意识到贫困与风险之间的联系，但研究重点大多都集中在技术解决方案上。而已有研究表明农业生产技术管理仍存在局限性，需要采取进一步措施，才能使农业生产技术管理方法得到有效利用，同时降低其无法控制的风险。机构干预措施通过建立一定机制抵御气候风险，从而减轻气候风险所带的损失，对于农业生产技术管理起到补充作用。本文讨论的机构干预措施主要通过农业指数保险和社会保障计划来减少气候风险所带的损失。

第一，设置农业指数保险。农业指数保险是一种较为新颖的农业保险产品，是对农业生产经营者因市场价格大幅波动、农产品价格低于目标价格或价格指数造成的损失给予经济赔偿的一种制度安排。指数保险在很大程度上克服了道德风险、逆向选择、高交易成本和支付延误等障碍，这些问题是传统的农业损失保险无法解决的。但同时它也带来了新的挑战，这是由于农民收入损失与引发支出的指数之间并不完全相关导致的基准风险。指数保险是指一类以数值来确定保险触发条件的保险产品，比如降水、风速、温度、价格等。指数保险在农业领域的重要应用是天气指数保险。农业天气指数保险是以气象数据为依据计算赔偿金额的一种新型农业保险产品，其基本方法是把一个或几个气候条件（如气温、降水、风速等）对农作物的损害程度（产量）指数化，使每个指数都有对应的农作物产量损益。这需要历史产量数据，定量遥感也可能对建立有效模型有益。保险合同以这种指数为基础，当指数达到一定水平时，即向投保人给予相应标准的赔付。农业指数保险促进了发展中国家的农业保险的兴起，特别是在适应气候变化的背景下，并为若干可持续发展目标做出了贡献。

2009 年，在农业部、国际农业发展基金、联合国粮食计划署支持下，安徽国元农业保险率先在安徽省长丰县试点推出了"水稻种植天气指数保险产品"。此后，指数保险又分别在蔬菜、烟叶、水产、生猪养殖等方面开始试点。2014 年国务院在《国务院关于加快发展现代保险服务业的若干意见》中明确提出"开展农产品目标价格保险试点，探索天气指数保险等新兴产品和服务，丰富农业保险风险管理工具"。在 2016 年中央一号文件《中共中央、国务院关于落实发展新理念加快农业现代化实现全面小康目标的若干意见》中，更是明确提出："积极开发适应新型农业经营主体需求的保险品种。探索开展重要农产品目标价格保险，以及收入保险、天气指数保险试点。"

以桐乡市为例：桐乡市杭白菊采摘期气象指数保险经过 2017～2020 年的试点，取得了一定的成绩；从 2017 年最开始的对杭白菊种植重点村进行试点，逐步扩大承保范围，直至 2019 年在桐乡市全市开展承保；试点四年为桐乡市杭白菊产业提供了共计 5600 多万元的风险保障，提升了农户的抗风险能力，体现出了农业气象指数保险产品的独特优势。同时也存在着一些问题，针对试点期间出现的新问题和新情况，政府的保险补贴政策、保险公司的保险条款、承保条件和保险起赔条件等没有相应地进行调整和优化，使得保险试点规模扩大的结果不理想。2019 年杭白菊采摘期气象指数保险的赔付率仅为 5%，极大地降低了农户的投保积极性，2020 年甚至出现了承保面积、保费和承保率的三下降的情况；2020 年桐乡市全市承保率仅为 11%，后续的承保开展面临着极大的挑战。

通过指数计划的实施，首先在一定程度上保留了生产性资产并加快恢复生产，从而保护生产力。某些研究表明，对于陷入贫困陷阱的家庭来说，保险通过分配食物数量来保护了下一代保险支出之后的人力资本，甚至保护了在保险支出之前的人力资本。其次有利于获得信贷和农业技术的提升，以促进生产力的发展。一部分研究表明保险对采用改进的技术和实践具有积极影响，也发现了对作物生产、财富积累和粮食安全具有积极的作用。

保险对采用改进的技术和实践具有积极影响，也发现了对作物生产、财富积累和家庭粮食安全具有积极的作用。在干旱和非干旱年份，持有保险合同都会增加下一季养牛规模保持在贫困陷阱门槛以上的可能性，① 并大大降低了儿童在干旱年份严重营养不良的可能性。另外，在许多指数保险计划和随机试验中也体现出农户对需求疲弱的担忧。近年来，农户规模迅速扩大，农民对农业指数保险的需求受以下因素影响，例如基础风险程度和农民对保险的理解和信任水平，要想发展农业指数保险，就要克服这些挑战和提高提供有效服务的能力。同样，提高商业保险公司的服务能力以大规模满足农民的保险需求还需要依赖公共支持，包括：创造有利的监管环境，投资气象和农业数据系统，向农民宣传保险的价值以及促进国际再保险。

近些年，部分再保险公司和保险公司向政府和大型农场积极推广农业指数保险，旨在填补政策性农业保险的巨大赔付缺口，破解灾害引发的农业巨灾损失难题，即一次农业气象灾害事件可能造成大范围农作物的集体性损失，并且引发农业生产上下游产业的关联损失。因此，旱灾、涝灾、冻害等主要灾害的指数保险成为大型农场对冲因灾经营损失的选项。一些地方政府也积极探索将农业气象指数保险作为放大有限财政救灾预算资金的工具。然而，由于指数保险的专业性强，交易双方在信息、技术、市场等诸多方面存在绝对的不对称，被保险人往往在受灾时，才发现保险实际赔付与保险方案及实际损失相差甚远。

为了促进农业指数保险市场的发展，可从以下四个方面进行改善：首先，随着农户规模的迅速扩大，农民对指数保险的需求受风险损失程度和农民风险意识影响；其次，保险机构解决问题和提供服务的能力也决定了农业指数保险的发展前景；再次，提高农业指数保险方案的多样性；最后，为了满足日益壮大的农民对保险的需求，提高保险公司能力，还依赖更多的政府支持，包括创造有利的监管环境、投资气象和农业数据系统、向农民宣传保险的价值，这可能需要政府适当地提供补贴来解决保险市场

---

① Hansen J., Hellin J., Rosenstock T., et al. Climate risk management and rural poverty reduction [J]. *Agricultural Systems*, 2019, 172: 28 – 46.

最初的市场失灵问题。

第二，建立社会保障计划。社会保障计划旨在通过社会援助（现金或实物转移支付）、社会保险来保护长期贫困的家庭。越来越多的研究表明，通过减轻信贷、储蓄和流动性限制，这种转移可以通过对技术和生产性资产（农场、牲畜、非农场）的投资以及增加劳动力来刺激农业生产。完善的社会保障计划可以通过减轻气候冲击的影响，使农民能够应对农业和价格冲击，从而减少了采取风险规避所带来的高成本。在面临气候变化时，社会保障除了保护生产还强调促进生计，在面对风险冲击时提高每个受益者的收益以及扩大受益者的规模。由红十字会和世界粮食计划署联合发起的粮食安全气候应对能力系统（food security climate resilience facility）倡议制定和试行的基于预测的财务计划，旨在利用气候预测和预警系统为可面临风险的国家和社区预留更多的资金准备时间。

着重考虑各地的气候变化脆弱性，统筹整合适应气候变化资金渠道，提升财政资金应对气候贫困问题的使用效能。统筹退耕还林资金、国家扶贫资金、国家支农资金等不同资金来源，加大对提升贫困地区的气候恢复力的资金和项目支持。加大产业扶贫力度，支持气候贫困地区开发绿色低碳农产品投资项目，并对吸纳一定比例贫困人口就业的企业给予资金、金融、税收等方面的优惠和支持。拓宽融资渠道，积极开发适应新型农业经营主体需求的保险品种，探索开展农产品收入保险、天气指数保险试点等。选择农业主产区或典型农村地区，深入推动农业适应示范建设试点，设立生计基金和信贷服务，为贫困人群建立社会安全网络。

不断完善气候贫困的社会网络治理体系。加强合作，构建协同高效的社会治理网络是提升气候贫困群体社会资本的有效途径，有利于充分调动各方参与气候扶贫的积极性。通过气候风险的集体分担和社会资本的提升，有利于最大限度地降低气候风险对脆弱人群的负面冲击，相应地，政策措施也易于得到社会公众的理解和支持。面对气候变化引发的灾害风险管理和救援工作，通过加强政府、非政府组织和脆弱地区之间的沟通和联系，有助于使气候脆弱人群获得及时有效的救助。非政府组织在我国开展了应对气候贫困的实践活动。如气候组织启动了"百万森林"计划，社会公众通过网络认捐的方式筹集资金，通过植树造林援助甘肃通渭贫困地区。我国政府应积极发挥非政府组织在解决气候贫困问题上的作用，拓宽参与渠道，营造良好的参与环境。由于气候贫困问题的特殊性以及全球范围内的争议性，应将其纳入现有的扶贫政策体系，充分发挥公民社会的力量进行协作式治理，以提升贫困群体的社会资本。

重构应对气候贫困的社区合作机制。通过构建应对气候贫困的社区合作机制，有利于形成完善的气候灾害风险分担机制。在气候变化背景下，应当重新审视传统农牧业耕作方式的生态价值，充分发挥地方积极性、主动性和创造性，根据自身特征选择适合的农牧业生产管理与组织方式，如部分地区的草场承包责任制度不利于牧民应对气候灾害，通过社区合作来恢复传统上集体使用草场的传统，一方面有利于牧民根据草场情况调整放牧范围并灵活安排生产，另一方面牧民们一起承担气候灾害损失，实现了风险的分散化，有利于提升个体应对气候风险的能力，并避免气候灾害对部分牧民生计带来的颠覆性破坏。建立农村社会安全网和亲友互助小组，有利于减少物质资本损失，是提高贫困群体应对气候风险的有效手段。

参考文献：

[1] 郑时彦，王志章. 我国社会保障减缓主观贫困的实证研究——基于倾向得分匹配方法的检验 [J]. 西南大学学报（社会科学版），2021，47（3）：112 – 126，221.

[2] 丁一汇，任国玉，石广玉，宫鹏，郑循华，翟盘茂，张德二，赵宗慈，王绍武，王会军，罗勇，陈德亮，高学杰，戴晓苏. 气候变化国家评估报告（Ⅰ）：中国气候变化的历史和未来趋势 [J]. 气候变化研究进展，2006（1）：3 – 8，50.

[3] Michael R. Carter，Christopher B. Barrett. The economics of poverty traps and persistent poverty：An asset-based approach [J]. *The Journal of Development Studies*，2006，42（2）：178 – 199.

［4］Morris Michael, Kelly Valerie A., Kopicki Ron J., Byerlee Derek. *Fertilizer Use in African Agriculture: Lessons Learned and Good Practice Guidelines* ［M］. World Bank Publications, 2007.

［5］Colin Poulton, Jonathan Kydd, Andrew Dorward. Overcoming market constraints on pro-poor agricultural growth in Sub – Saharan Africa ［J］. *Development Policy Review*, 2006, 24 (3).

［6］赵彦茜, 肖登攀, 唐建昭, 柏会子. 气候变化对我国主要粮食作物产量的影响及适应措施 ［J］. 水土保持研究, 2019, 26 (6): 317 – 326.

［7］Wei Taoyuan, Cherry Todd L., Glomrød Solveig, Zhang Tianyi. Climate change impacts on crop yield: Evidence from China ［J］. *The Science of the Total Environment*, 2014, (9): 133 – 140.

［8］Fulu Tao, Zhao Zhang, Shuai Zhang, Reimund P. Rötter. Variability in crop yields associated with climate anomalies in China over the past three decades ［J］. *Regional Environmental Change*, 2016, 16 (6): 1715 – 1723.

［9］吕硕, 杨晓光, 赵锦, 刘志娟, 李克南, 慕臣英, 陈晓超, 陈范骏, 米国华. 气候变化和品种更替对东北地区春玉米产量潜力的影响 ［J］. 农业工程学报, 2013, 29 (18): 179 – 190.

［10］Y. Zhang, L. P. Feng, J. Wang, E. L. Wang, Y. L. Xu. Using AP-SIM to explore wheat yield response to climate change in the North China Plain: The predicted adaptation of wheat cultivar types to vernalization ［J］. *The Journal of Agricultural Science*, 2013, 151 (6): 836 – 848.

［11］Lydiah Gatere, Johannes Lehmann, Stephen DeGloria, Peter Hobbs, Robert Delve, Alexander Travis. One size does not fit all: Conservation farming success in Africa more dependent on management than on location ［J］. *Agriculture, Ecosystems and Environment*, 2013, 179: 200 – 207.

［12］戴伊莎, 贾会娟, 熊瑛, 刘帮艳, 成欣, 王龙昌. 保护性耕作措施对西南旱地玉米田土壤有机碳、氮组分及玉米产量的影响 ［J］. 干旱

地区农业研究，2021，39（3）：82 – 90.

［13］王晓平．我国北方保护性耕作发展现状及存在的问题［J］．农业机械，2021（3）：63 – 65，67.

［14］Nalley L. L. , Barkley A. P. Using portfolio theory to enhance wheat yield stability in low-income nations：An application in the Yaqui Valley of Northwestern Mexico ［J］. *Journal of Agricultural and Resource Economics*，2010：334 – 347.

［15］E. Coughlan de Perez，B. van den Hurk，M. K. van Aalst，B. Jongman，T. Klose，P. Suarez. Forecast – based financing：an approach for catalyzing humanitarian action based on extreme weather and climate forecasts ［J］. *Natural Hazards and Earth System Science*，2015，15（4）：895 – 904.

［16］刘长松．我国气候贫困问题的现状、成因与对策［J］．环境经济研究，2019，4（4）：148 – 162.

［17］高雪．粮食种植户对气候变化的适应性行为及其效应研究［D］．华中农业大学，2019.

（执笔人：刘艳梅，中央党校（国家行政学院）教授）

我国农村减贫的独创性经验分析

导读： 中国减贫事业取得了举世瞩目的成就，这些成就展现了中国减贫的独创性经验，主要概括为"四种保障"：制度保障、政策保障、社会保障和发展保障，即中国共产党强大的治理能力是中国减贫独创的制度保障；与时俱进的党政扶贫政策是中国减贫独创的政策保障；全社会帮扶发展的扶贫战略是中国减贫独创的社会保障；马克思主义的生产力发展是中国减贫独创的发展保障。中国减贫的独创性经验丰富了马克思主义减贫理论，同时也为世界减贫事业提供了中国智慧。

中国减贫是 20 世纪至 21 世纪初全球发展的重大成就。一场长达七十年余的脱贫攻坚战，从"筚路蓝缕，以启山林"，到"家给人足，斯民小康"；一场跨越东西的脱贫攻坚战，从"让一部分人，一部分地区先富起来"到"小康路上一个都不能掉队"。自新中国成立以来，生产力发生了翻天覆地的变化，但共产党人的初心未变，以人民为中心的立场未变。社会主义制度的优越性与生产力的快速发展造就了中国减贫的累累硕果，从一而终的党的扶贫政策和上下齐心、东西协作的扶贫方式开创了中国减贫的独特道路。

一、党的治理能力是减贫独创的制度保障

中国减贫取得的历史性成就，是在中国共产党的坚强领导下，广大干部与人民群众扎扎实实干出来的。坚持以人民为中心的发展思想贯彻于扶贫工作的始终，永远站在人民的立场上、全心全意为人民服务的精神是扶贫工作的动力源泉，让人民共享我国经济社会发展的成果是贯彻"以人民为中心的发展思想"的重要形式。邓小平同志曾指出："我们坚持社会主义，要建设对资本主义具有优越性的社会主义，首先必须摆脱贫穷。"①以人民为中心的社会主义制度是新时代中国特色社会主义的表现形式，中

---

① 中共中央文献研究室. 毛泽东　邓小平　江泽民论科学发展［M］. 北京：中央文献出版社，2009：57.

国减贫实践证明了中国共产党的领导是脱离贫苦的关键之本，社会主义制度扶贫是摆脱资本主义贫困的根本方法，以人民为中心的发展思想为我国减贫创造了制度保障。

（一）牢记初心与使命，党的领导是核心

中国共产党的领导是中国特色社会主义最本质的特征，只有在中国共产党的坚强领导下，社会主义的优势才能彰显得淋漓尽致；只有在中国共产党强有力的社会治理能力下，中国减贫事业才能不断向前推进，人民生活水平才能得到切实提高。中国共产党在脱贫攻坚战中卓越的贫困治理能力主要体现在组织领导能力、改革创新能力以及社会动员能力等方面。

党对脱贫攻坚的组织领导能力，是打赢脱贫攻坚战的根本性保障。脱贫攻坚中党的组织领导能力集中体现在党的领导核心高度重视和亲自指挥，党中央建立并完善脱贫攻坚的责任体系，层层压实脱贫责任，不断完善"中央统筹、省负总责、市县抓落实"的扶贫开发管理体制，不断完善五级书记一起抓扶贫的领导责任体制，并且建立起新时代全党全社会广泛参与的帮扶责任体制。党的组织领导能力为赢得脱贫攻坚战的胜利奠定了政治基础和组织基础。

党在脱贫攻坚的改革创新能力，是打赢脱贫攻坚战的持久性动力。党中央为消除贫困，确保全面建成小康社会做出了一系列重大决策部署，改革创新则体现在决策部署的全过程。在扶贫理论上，以习近平新时代中国特色社会主义思想为指导，党中央提出了一系列原创性扶贫经验；在扶贫方略上，精准扶贫成为脱贫攻坚的基本方略；在精准扶贫工作机制上，贫困户建档立卡、"回头看"、打通精准扶贫最后一公里等工作机制相继推出。党的改革创新能力不断为脱贫攻坚战提供活力，不断发现脱贫攻坚中的重难点问题，极大地提高了扶贫的效率。

党在脱贫攻坚的社会动员能力，是打赢脱贫攻坚战群众路线的体现。党中央为广泛动员社会力量参与脱贫攻坚，大力宣传脱贫攻坚典型案例、典型经验、典型人物，凝聚了最广泛的人心和力量，营造了全社会关心扶

贫、关心国家发展的良好氛围。党在脱贫攻坚战中的社会动员能力集中体现在不断强化社会动员和宣传体系建设，凝聚了全社会参与的新社会扶贫格局。

党政主导型中国减贫模式的形成具有主观原因和客观原因。作为马克思主义政党，中国共产党始终将"共同富裕"价值理想和"人的自由全面发展"目标贯穿于中国社会主义革命建设改革实践中。贫穷不是社会主义。在中国，消除贫困一直是非常重要的政治议题。从新中国成立前以土地制度改革为核心的反贫困实践到社会主义制度建立后工业化和农业合作化的反贫困构想，到改革开放后"社会主义要消灭贫穷"思想，到社会主义建设过程中党和国家领导人对扶贫思想的丰富，到党的十八大以来习近平总书记把扶贫开发摆在治国理政的突出地位和确定精准扶贫思想，中国共产党一脉相承地高度重视解决贫困问题，这是党政主导型中国减贫模式形成的主观原因。经济发展不能自动解决贫困问题，经济发展是贫困治理的必要条件而非充分条件。因地域条件差异、群体能力不同，在经济发展中必然会产生贫富悬殊。如果政府不加干预，在市场经济环境下，贫困程度会不断加深，贫富悬殊将进一步扩大。这是中国政府积极主导减贫的客观原因。

（二）社会主义公有制，制度扶贫为根本

贫困产生的根源是以私有制和雇佣劳动制为基础的资本主义制度，资本主义制度"在产生财富的那些关系中也产生贫困；在发展生产力的那些关系中也发展一种产生压迫的力量"。在社会财富衰减时，贫困劳动者所受的痛苦最大。在社会财富增进时，贫困劳动者的福利也仍未得到提高。

在资本主义制度下，资本家的竞争引起了劳动者的过度劳动，资本家通过剥削劳动产品促进资本的积累，资本的积累扩大分工，而分工推进了人的异化，机械化分工使贫苦劳动者越来越依赖市场价格的一切波动，越来越依赖资本的运用。由此可见，在资本主义社会，贫困不会随着工业的发展而得到改善，贫困可能比人口和财富增长得还要快。

在马克思和恩格斯的观点中，无产阶级的贫困来源于资本主义的"制度性贫困"，若要消除这种贫困与剥削，就应该在"资本主义时代的成就的基础上"，重新建立个人所有制。中国特色社会主义理论体系继承和发扬了马克思、恩格斯关于废除私有制、建立社会主义公有制消除贫困的思想，正如邓小平同志所指出的"坚持社会主义，要建设对资本主义具有优越性的社会主义，首先必须摆脱贫穷"。①

从邓小平同志提出的"三个有利于"改革标准，到习近平坚持以人民为中心的发展思想，从根本上保证了发展为了人民、发展依靠人民、发展成果由人民共享。以人民为中心的社会主义制度诠释了人民生活水平的提高是政府和社会的主动作为而非市场的涓流效应。

（三）以人为本靠群众，授之以渔永脱贫

以人民为中心的发展思想是马克思主义唯物史观的重要表现。在精准扶贫的道路上中，人民群众是推动扶贫攻坚的主力军。"扶贫先扶志，治穷要先治愚"，人民群众的自我发展是脱贫的最重要的力量，同时，人民群众的创造力是无穷的，通过开展参与式扶贫开发，可以充分发挥人民群众的主动性和首创性精神。

以人民为中心的发展思想是对马克思主义中素质教育减贫的思想的继承与发展。贫困与异化劳动密不可分，正如马克思所说，"劳动者生产得越多，他能够消费的就越少；他越是创造价值，他自己越是贬低价值、失去价值"，② 在异化劳动的过程中，劳动者仅是作为劳动工具而存在，他们的劳动不是自愿的，而是一种被迫的强制劳动。因此，只有当劳动者接受了智力、精神等教育，才能彻底摆脱异化劳动的恶性循环。

中国减贫实践证明了依靠人民是减贫的根本动力，提升人们整体素质是减贫的核心。"要改进工作方式方法，多采用生产奖补、劳务补助、以

---

① 马克思 . 1844 年经济学哲学手稿 ［M］. 北京：人民出版社，2014：65.
② 中共中央文献研究室 . 毛泽东 邓小平 江泽民论科学发展 ［M］. 北京：中央文献出版社，2009：57.

工代赈等机制，教育和引导贫困群众通过自己的辛勤劳动脱贫致富。"因此，我国各省份在脱贫攻坚的过程中均关注到人民群众的内生动力，只有让人民群众意识到自己有什么、自己没有什么、自己需要学些什么、自己能做些什么，才能切实摆脱依赖救济政策的"软骨头病"。

在"以人民为中心"的发展思想的指导下，各省份创新性减贫实践取得了丰硕成果：江西省对贫困县和贫困户实施动态管理，摘帽一样享受帮扶政策，贫困县和贫困户主动争取摘帽；湖南十八洞村采取"五星道德模范户"评选制度，切实解决了某些贫困户的"等靠要"思想；通过发展特色产业项目带动村民生产生活积极性，例如河南省"产业协会＋贫困户"等模式、陕西省铜川市"园区＋贫困户""旅游＋贫困户"等模式，在吸纳贫困劳动力就业的同时，也极大地鼓舞了贫困户脱贫的信心。

二、党政扶贫政策是减贫独创的政策保障

从新中国成立初期国内生产能力低下、人民群众没有摆脱贫困，到全面建成小康社会一个也不能落下，党在农村推行的一系列扶贫部署和举措起着至关重要的作用。自新中国成立以来，从一而终地推进扶贫政策落地是我国减贫事业取得成功的宝贵经验。秉持实事求是的思想路线，根据不同阶段的经济发展情况不断调整扶贫工作的重点，我国在扶贫攻坚过程中取得了无数阶段性胜利，实现了从计划经济到市场经济的转型，由政府主导式扶贫开发转向全社会共同参与的扶贫开发模式，形成了政府、市场和社会相结合的大扶贫格局。中国减贫道路证明了从一而终的党的领导是解决社会贫困的根本力量。

（一）废旧立新削分化，计划经济保生存（1949～1977年）

1949年新中国成立时，国民经济处于崩溃的边缘。中国政府根据当时国际和国内的政治经济环境，选择了通过行政管理手段对社会资源进行

配置的计划经济体制和优先发展重工业的战略。以集体为单位的社会网络，在低水平上保证了农民的基本生存需要，集体生产组织内部的调剂功能部分地承担了减灾救灾的保障作用，国家仅在低水平上保障了最低的生存，使大多数人口免于饥馑，全国根本性的贫困问题得到了较大程度的缓解。

（二）解放思想抓扶贫，体制改革为关键（1978～1985年）

在体制改革阶段初期，由于前期农业经营体制不适应生产力发展的需要，农村居民的生活水平普遍低下。这一时期缓解贫困的主要途径是制度改革，主要通过农村土地制度彻底改革、农副产品流通市场相对放开、农业人口就业制度相对放松等体制改革手段，发展生产、扩大就业和增加收入。

党中央和国务院在这一时期实施了一系列帮助贫困地区和贫困人口的政策措施，扶贫政策由以生存救助为主的无偿救济开始转向生产帮助为主、兼有部分有偿救济，决定开始在部分地区实行"以县为单位"的扶贫开发瞄准机制，以扶贫开发工作重点县为基本单元，调动大量资源在区位偏远、自然环境较差、交通通信落后地区开展帮扶落后地区工作，如1980年设立"支援经济不发达地区发展资金"。1983年，中央政府开始组织实施以"三西"地区农业建设为主要内容的区域性扶贫开发计划。

（三）大规模开发扶贫，集中式发展援助（1986～1993年）

家庭联产承包责任制的推行和农村经济体制改革，调动了农民生产积极性，使得农业基础设施得到改善，农村经济得到较快增长，农民生活水平不断提高。但农村少数地区部分低收入人口中有相当一大部分人的经济收入不能维持其生存的基本需要。

党中央和国务院在这一时期继续实施有利于农村和贫困地区经济、社会发展政策措施。同时，将扶贫开发工作纳入了国民经济和社会发展的整体布局。从1986年起，政府设立了专门对口负责扶贫业务的贫困地区经济开发领导小组，重新明确实行开发式扶贫方针和以县为单位的扶贫开发瞄准单元，利用国家财政专项扶贫资金、以工代赈资金和扶贫贴息贷款对瞄准区域和农户进行优先投入，为贫困地区制定大量的优惠政策。

（四）扶贫攻坚克万难，巩固温饱强保障（1994～2012 年）

进入新世纪，我国的贫困状况有了一些新的特点：贫困人口数量大幅减少带来的是贫困人口分布"大分散、小集中"，这一时期扶贫开发措施主要是整村推进开发扶贫、农业产业化开发扶贫、"雨露计划"为代表的贫困地区劳动力转移培训等。除关注收入性的单维贫困外，扶贫政策更多转向注重贫困人口健康、教育和社会福利等方面需求，试图降低贫困人口支出成本，尝试解决多维贫困。

党中央和政府在这一时期开始更加注重以宏观政策的视角审视贫困问题，并在改进和创新的基础上保持扶贫政策的连续性、一贯性。国家扶贫战略从国家发展战略中剥离、单列出来，扶贫政策转向开发式扶贫与多项惠农政策并举，形成比较完备的反贫困政策体系，涵盖救灾救济、"五保"和"低保"等救济性扶贫，教育、卫生、科技、文化和生态等预防性扶贫，以及开发式扶贫等内容。

（五）精准扶贫惠民生，全面脱贫奔小康（2012～2020 年）

进入新时期以来，新阶段的减贫工作任务面临更复杂的环境和更严峻的挑战，精准扶贫、精准脱贫成为新阶段的扶贫战略。这一时期，贫困问题已经由原来普遍的经济落后造成的贫困演化成了以相对的资产和福利剥夺为主要特点的贫困，由原来的长期性贫困为主向暂时性贫困为主转变，由原来的资源型贫困向能力型贫困转变，由外部性因素致贫为主向内生性致贫因素转变。

党中央和政府在这一时期的贫困治理不仅具有经济功能，更有社会功能和政治功能。在精准扶贫的背景下，从扶贫对象和目标瞄准、扶贫资源的动员和分配、贫困监测和评估等各个层面，贫困治理结构不断得到完善。此外，扶贫政策目标由以往的单纯"保生存"向"保生态、促发展、惠民生"转变，更加关注区域与贫困人口生计可持续发展，新增脱贫攻坚资金、脱贫攻坚项目、脱贫攻坚举措主要集中于深度贫困地区，集中力量解决深度贫困地区的贫困问题。

精准扶贫是 2013 年 11 月习近平总书记首次提出的。这是基于中国反贫困事业现状对贫困问题的深刻认知，是中国减贫成功的制胜法宝。扶贫计划一开始就不能回避"谁是穷人"的问题。中国的减贫对象确定经历了 20 世纪 80 年代区域性瞄准、21 世纪初十年农村扶贫战略下的村级瞄准（确定了 14.8 万个贫困村）、精准扶贫战略下的建档立卡家户瞄准（确定了 2700 多万贫困户和 8700 多万贫困人口）三个阶段。建档立卡是直接针对贫困人口的瞄准机制，是中国农村扶贫历史上第一次真正将减贫措施瞄准到人的创新机制。精准扶贫思想聚焦六个精准，即扶持对象精准、项目安排精准、资金使用精准、措施到户精准、因村派人精准、脱贫成效精准。

减贫实际就是解决四个问题：扶持谁、谁来扶、怎么扶、如何退。精准扶贫战略创新地给出了解决答案。第一，通过精准瞄准和识别，解决"扶持谁"的问题。中国的脱贫标准可以概括为"一二三"标准。一指收入，以 2010 年的不变价为基础，国家收入标准是农民人均年收入 2300 元；二指"两不愁"，即不愁吃、不愁穿；三指"三保障"，即义务教育、基本医疗和住房安全有保障。在贫困瞄准和识别实践中，采取自上而下、分级负责和自下而上、民主评议相结合机制和"回头看"机制，将中国独特的行政优势与村级民主治理体制相结合，精准识别贫困户。第二，通过组织开展驻村帮扶，解决"谁来扶"的问题。党和政府根据贫困村实际需求，从国有企事业单位、县级及以上党政机关单位中选派驻村干部和第一书记，因村派人精准，加强一线的脱贫攻坚力量。第三，按照"五个一批"的帮扶思路，解决"怎么扶"的问题。五个一批指发展生产脱贫一批、易地搬迁脱贫一批、生态补偿脱贫一批、发展教育脱贫一批、社会保障兜底一批。因村因人因户精准帮扶，靶向治疗，有针对性地实现资金使用精准、项目安排精准、措施到户精准。第四，严把退出关，解决"如何退"的问题。中央对贫困县、村及贫困人口的退出标准和程序做了明确规定，确保脱贫成效精准。通过第三方对拟退出的贫困县进行全面考察和评估，建立退出制度约束；保持相关扶贫政策的稳定性和可持续性，做到摘帽不摘政策。

精准扶贫战略的成功实践，使得中国1亿左右贫困人口脱贫，为如期全面建成小康社会、实现第一个百年奋斗目标发挥了重要作用。通过中国特色的减贫实践，精准扶贫战略解决了贫困衡量标准、贫困对象瞄准等学术难题，形成了中国式的独创经验。

三、全社会的帮扶是减贫独创的社会保障

我国地域辽阔，东西部发展不均衡，中央与地方的信息不对等，造成了我国减贫过程中出现了工作量大、任务艰巨等问题。但七十多年来，我国通过中央与地方的联动、东部与西部的扶贫协作、产业间的协同发展等方式开创了有效减贫的中国道路，跨区域、跨行业的融合发展创新了扶贫模式，打造了跨区联动、连片扶贫的扶贫空间大格局。中国减贫实践证明了区域协同发展是解决社会贫困的有效途径。

（一）跨层级扶贫协作，自上而下真落实

国家自上而下、有组织有层次地实施反贫困战略，并将反贫困纳入国家发展规划，使反贫困制度化。大国贫困人口多、减贫任务重，因此，仅仅依靠地方政府力量是不够的。从我国改革开放以来的减贫历程可以看出，我国在每一个阶段都制定了阶段性的国家扶贫规划政策和具体实施行动。除中央层面的政策外，各省、市结合省情、市情，出台了更为具体和针对性的政策。我国扶贫开发工作形成了以中央政府为主导、地方各级政府实施反贫困举措的自上而下模式，在政府主导下有组织、有计划、有步

骤地推进扶贫开发工作。

就扶贫机制而言，"自上而下"机制是一种政府主导型模式———政府不仅负责政策制定、项目选择，还主导扶贫资源的筹集和分配，这可充分发挥政府作用。但科层制体系自上而下的推动，也需要各级政府的政策配套和资源匹配，更需要一个能够承担国家减贫的实践主体。因此，自上而下的扶贫机制还需与自下而上的机制相结合，"自下而上"机制则以基层贫困社区自主开发规划为载体，可充分发挥贫困人口在扶贫项目的选择、设计和实施中的积极性和主体作用，有利于提高扶贫项目的精准度和运行效率。

第一书记扶贫制度是中央政府在贫困地区"自上而下"治理和"自下而上"治理相融合的一大创新。党中央通过第一书记的制度供给，加强农村基层党组织建设，第一书记作为上下联动的关键点，有效地衔接国家与地方的各项扶贫制度安排。第一书记的合法性和在地方的认同感汇聚于村级组织，实现了相互交织，并共同作用于贫困领域，促进农村快速发展。

（二）跨区域扶贫协作，自东向西全覆盖

跨区域开展扶贫攻坚是我国减贫实践探索中不可或缺的重要组成部分。恩格斯曾指出，"只有按照一个统一的大的计划协调地配置自己的生产力的社会，才能使工业在全国分布最适合于它自身的发展和其他生产要素的保持或发展"。[①] 因此，生产力只有协调发展，才能切实消除城乡差距。鉴于我国区域经济和收入发展不平衡的实际情况，我国先后实施了东西部扶贫协作、西部大开发、振兴东北老工业基地和中部崛起等区域性发展战略，并取得了显著性成效。

从 1985 年开始的区域非均衡战略即东部沿海率先改革发展，让一部分区域和一部分人先富起来，最终走共同富裕的区域非均衡战略在我国获

---

① 马克思恩格斯选集（第三卷）[M]. 北京：人民出版社，1995：646.

得成功。从 1980 年开始的广东、深圳、福建等地改革，使东部地区迅速摆脱贫困走向小康和富裕之路，后来浦东开发带动长三角经济圈的全面振兴发展，东部贫困县全部取消后贫困县转给西部地区，非均衡区域发展战略的减贫作用持续显现。

1996 年 5 月，党中央为加快西部贫困地区扶贫开发、缩小东西差距，确定了东部 9 个省市与西部 10 个省区开展了扶贫协作。二十多年来，东西部有关省市党委和政府坚持推动扶贫协作工作，开展了多层次、多形式、宽领域、全方位的扶贫协作，涌现出了闽宁模式、浙川协作、粤桂合作等各具特色的东西帮扶模式，为我国扶贫开发作出了贡献。

1999 年国家提出西部大开发战略设想，我国区域发展战略自此开始进入均衡发展的减贫战略新阶段，继而在 2006 年通过了《西部大开发"十一五"规划》和 2012 年《西部大开发"十二五"规划》，西部大开发战略的影响效应和作用尤其是在减贫中的效应得到了充分体现。

2005 年和 2006 年国家分别提出了振兴东北老工业基地和中部崛起的区域战略，中部崛起战略为平衡区域发展起到关键作用，中部省份无论是建设粮食生产基地、能源原材料基地、综合交通运输枢纽，还是建设沿江城市带、大力推进农业现代化、推进新型工业化和新型城镇化，或是城市集群建设，都成为减贫效应提升的助推器。

（三）跨行业扶贫协作，自内向外共发展

马克思认为产业多样化是一种由生产性劳动部门向生产性劳动部门在流通领域的延续，以及在非生产性劳动部门扩展的过程。跨行业扶贫是马克思产业多样化理论在中国的应用，随着生产力的发展和新技术的应用，我国涌现了一大批跨行业扶贫的经典模式，例如生态扶贫、旅游扶贫、电商扶贫等扶贫模式。

生态扶贫结合生态综合治理项目，在生态建设的同时，为贫困农牧民劳动力提供生态就业机会，提高农牧民收入水平。对于农牧业生产条件较好的贫困地区，原地生态扶贫切实解决了当地贫困问题，例如贵州黔西晴

隆县以草地生态畜牧业产业化的扶贫模式，发挥了当地的自然资源和生态环境优势，鼓励了当地龙头企业运行和发展，取得了良好的经济效益、社会效益和生态效益。

旅游扶贫是以旅游业为主的扶贫开发模式，旅游业利用贫困地区当地独特的区域资源优势，带动当地能体现旅游自然、文化特色的民俗产品的生产。此外，旅游业还可以通过果蔬采摘等方式，带动当地农产品的生产。例如湘鄂渝黔边的许多贫困地区，利用当地特有的历史文化、建筑文化以及民俗文化，带动了当地的民族手工工艺品、民族服饰等产业的发展，并且还利用当地丰富的野果、野菜等生物资源的开发，为贫困农民脱贫致富增加渠道。

互联网扶贫是近十年来新的扶贫模式，以电商扶贫为代表的信息扶贫，为涉农产业带来了极大便利。近年来，诸多地区运用电子商务平台脱离贫困，浙江省遂昌县依靠电子商务综合服务商的推动，实现了线上线下相结合，切实推动了地区产业的发展；福建省的世纪之村依靠本地龙头企业带动电子商务平台发展，推动了地区的经济增长。互联网扶贫模式打破了局部地域市场的限制，充分挖掘了地区产业发展的潜力，促进了减贫事业的发展。

四、生产力的发展是减贫独创的发展保障

从马克思主义唯物史观的角度上看，物质资料生产的发展是决定社会发展的最终原因，物质生产力能够表明人类获得适合自己需要的物质资料的能力。邓小平同志指出："社会生产力发展缓慢，人民的物质和文化生活条件得不到理想的改善，国家也无法摆脱贫穷落后的状态。"[①] 因此，

---

① 中共中央宣传部. 邓小平同志建设有中国特色社会主义理论学习纲要［M］. 北京：学习出版社，1995：28.

只有保持经济平稳较快发展，大力发展生产力，才能为消除社会主义贫困创造物质条件。中国减贫道路证明了实事求是、与时俱进、因地制宜地发展生产力是解决社会贫困的一般方法。

（一）实事求是促生产

马克思指出，生产力是人类征服、利用、控制与改造现实世界的一种能力体现。生产力贫困是造成贫困的主要原因，同时是我国贫困产生的主要特征。由于生产力不发达导致的劳动密集无法得到更多的人力资本回报、低附加值生产导致的无法得到超额利润、资源过度开发现象导致的经济的不可持续发展。此外生产力的不发达还可能导致结构性贫困，使贫困地区陷入贫困的恶性循环。

毛泽东同志在新中国成立初期就指出，我国六亿人口的显著特点是一穷二白。新中国成立以来，我国政府一直致力于大力发展生产力，逐步解决人民群众的温饱问题。尤其是在改革开放之后，我国历届领导人更是认识到我国生产力发展水平不高，人民群众的贫困问题还没有很好地解决。邓小平同志指出："社会主义是共产主义的第一阶段。落后国家建设社会主义，在开始的一段很长时间内，生产力水平不如发达的资本主义国家，不可能完全消灭贫穷。所以，社会主义必须大力发展生产力，逐步消灭贫穷，不断提高人民的生活水平。"① 江泽民同志也曾明确指出："社会主义初级阶段，是逐步摆脱不发达状态，基本实现社会主义现代化的历史阶段……是由贫困人口占很大比重、人民生活水平比较低，逐步转变为全体人民比较富裕的历史阶段。"②

只有在认识到我国生产力水平不高的基础上，我国政府才能实事求是地抓生产力发展。中共十二届三中全会就指出：我国经济体制改革的基本任务是"建立起具有中国特色的、充满生机和活力的社会主义经济体制，

① 邓小平文选（第三卷）［M］. 北京：人民出版社，1993：10.
② 中国共产党第十五次全国代表大会文件汇编［M］. 北京：人民出版社，1997：16.

促进社会生产力的发展"。40多年来，我国的社会生产力获得了极大的发展，综合国力业得到了极大的提高。进入新时代以后，我国的主要矛盾转变为人民日益增长的美好生活需要和不平衡不充分发展之间的矛盾。因此，党的十九大以来，我国在解放和发展生产力的同时，也着力于不平衡不充分发展的矛盾解决，切实保证区域轮动带动起各地区经济的平衡发展。

（二）与时俱进谋发展

改革开放带来的思维模式的转变，从根本上打破了制约我国贫困问题的制度性瓶颈，极大促进了我国生产力发展，极大改善了人民生活水平，为解决中国贫困问题注入了鲜活动力，也为之后的扶贫模式创新打下了坚实的物质基础。

在20世纪90年代，我国的生产力发展水平低下，这一阶段的扶贫模式以开发式扶贫为主。开发式扶贫不但可以保证产业发展的可持续性、贫困人口收入的可持续性，还可以通过改善区域环境和消除致病因素彻底解决贫困的环境问题。因此，开发式扶贫通过利用贫困地区的自然资源，使农户得以自力更生解决温饱，脱离贫困。

进入新世纪以后，我国的生产力发展水平快速上升，我国的贫困人口分布转向了"大分散、小集中"，我国的扶贫模式也转向了扶贫开发与社会保障相结合。正如马克思所指出的，社会保障在维持社会再生产和劳动力再生产方面发挥着重要的作用。扶贫开发与社会保障"两条腿走路"，既能保障反贫困的兜底作用，也能为改善投资环境、促进益贫事业的发展做出巨大贡献。因此，在扶贫进程中，社会保障能通过实现社会收入的再分配、社会风险的分摊等方式，防止贫困劳动力返贫。

进入新时代以来，我国的生产力发展转向高质量发展，精准扶贫是新时代我国减贫治理体系的核心经验之一。由于地理位置、环境因素、教育水平、资源占有量的限制，过去粗放式的输血扶贫方式很难起到应有的效果，尤其是扶贫对象定位不精准、脱贫又返贫的问题严重。因此这一阶段的扶贫方式的转变，做到精准定位、精准识别、精准帮扶，成为更加精准集约型的造血式扶贫，真正体现了"对症下药"，在一定程度上降低和减少了"返贫"现象。精准扶贫不但是一种内源推动机制，也是一种外源拉动机制，通过内外联动，减贫治理方针政策更具针对性，同时形成良好的互动反馈机制。

（三） 因地制宜创特色

《共产党宣言》中提到，"这些原理的实际运用，随时随地都要以当时的历史条件为转移"，我国的减贫道路上始终把握"因地制宜"的原则，尤其是进入新时代以来的精准扶贫，精准扶贫的前提便是因地制宜，各个地区依照该地区的特色产业、特色文化，发展的阶段、发展的水平，建立起一套既能响应国家政策，又能切实推动地区减贫发展的扶贫方式。

我国的东西部发展水平大不相同，因此，不同地方解决扶贫问题的方式也各具特色。东部沿海地区的信息化程度较强，因此，近年来依托于互联网以及电商平台进行精准扶贫。具体做法为由政府扶持建立"互联网+"新型服务平台，把农业龙头企业、合作社与贫困农户、贫困边缘户用政策整合在一起，以提高农村劳动生产率，进而提高贫困农户的农产品商品化程度，从而带动贫困农户增加收入。例如浙江省的景宁畲族自治县，目前已经发展成型了"畲森山"及"山山商城"等平台。

西部地区的生产力水平较为低下，但国家的扶贫力度不断加大，生态扶贫以及旅游扶贫、产业扶贫等多种手段多管齐下。在生态扶贫方面，西部地区逐渐实现人口、经济、生态的良性循环；在旅游扶贫方面，西部地区整合了优良的自然和人文旅游资源促进了相关产业的发展。在特色产业扶贫方面，西部地区形成了"公司+农户""市场+中介+农户""公司+基地+农户"等多种组织形式，持续带动贫困农民快速致富。

参考文献：

[1] 黄承伟. 脱贫攻坚彰显中国共产党治理能力 [J]. 中国领导科

学，2020（3）：23 - 27.

[2] 尚雪英. 精准扶贫的精神实质：以人民为中心 [J]. 兰州学刊，2018（4）：202 - 208.

[3] 谢撼澜，谢卓芝. 习近平减贫思想研究 [J]. 探索，2016（2）：11 - 16.

[4] 蔡昉. 穷人的经济学——中国扶贫理念、实践及其全球贡献 [J]. 世界经济与政治，2018（10）：4 - 20，156.

[5] 张琦，冯丹萌. 我国减贫实践探索及其理论创新：1978～2016 年 [J]. 改革，2016（4）：27 - 42.

[6] 贾俊雪，秦聪，刘勇政.“自上而下”与“自下而上”融合的政策设计——基于农村发展扶贫项目的经验分析 [J]. 中国社会科学，2017（9）：68 - 89，206 - 207.

[7] 司慧颖. 马克思贫困理论及当代中国贫困治理 [J]. 重庆社会科学，2017（11）：40 - 45.

[8] 武英涛，刘艳苇. 习近平新时代区域经济协调发展思想研究 [J]. 上海经济研究，2019（6）：29 - 37.

[9] 贺雪峰. 精准治理的前提是因地制宜——精准扶贫中的四个案例 [J]. 云南行政学院学报，2020，22（3）：6 - 12.

[10] 李小云，徐进，于乐荣. 中国减贫的基本经验 [J]. 南京农业大学学报（社会科学版），2020，20（4）：11 - 21.

（执笔人：曹高航，中央党校（国家行政学院）硕士生）

民族地区合伙合同形式在农业
适度规模经营中的运用

导读：小农户家庭经营是当前我国农业生产的主要经营方式。发展多种形式适度规模经营是实现小农户经营向现代农业转变的必然选择。本文以民族地区小农户经营现状的调研为基础，结合当前农民合作社的发展现状，分析认为合伙合同农业经营形式以意愿自治和行为法治为有机结合体，在发展农业适度规模经营中具有很强的可操作性，为发展农业适度规模经营提供了新的方向和思路。

中共中央"十四五"规划在优先发展农业农村、全面推进乡村振兴中指出，要发展多种形式适度规模经营，实现小农户和现代农业有机衔接。小农户家庭经营仍将是我国农业的主要经营方式。如何创新农业生产的组织方式，如何推动适度规模化农业经营，关系到农业经营效率的提高和农业现代化的进程，是实施乡村振兴战略的主要关注点。

　　农民合作社是当前我国实现小农户和现代农业有机衔接的中坚力量。我国农民合作社蓬勃发展，2020 年 5 月底，依法登记的农民合作社共有222.5 万家，联合社超过 1 万多家。[①] 合作社带动能力显著提升，产业类型逐步拓展，服务功能持续增强。同时，农业合作社存在运行不规范、专业服务薄弱、利益分配不合理等发展难题，这些问题的存在弱化了农民合作社为农民社员提供服务的功能。

　　《中华人民共和国民法典》（以下简称《民法典》）在第三编合同、第二分编典型合同的第二十七章增设了"合伙合同"一章。《民法典》中合伙合同以未形成组织的合伙为预设对象，规范了未形成组织合伙的相关内容。这与《合伙企业法》对合伙企业的规定有本质区别。未形成组织的合伙可以理解为基于共同的事业目的而构成的共同体，这个共同体以共同的事业目的，共享利益、共担风险。合伙合同在规范上灵活性较强，适用于小农户分散、个性强、不易形成的合作。本文基于在内蒙古 L 村的调研

---

　　① 对十三届全国人大三次会议第5101 号建议的答复 ［EB/OL］. 农业农村部网站，https：// baijiahao. baidu. com/s？ id ＝ 1676774727181354881&wfr ＝ spider&for ＝ pc，2020 － 09 － 03.

结果，分析小农户生产经营现状，对农民合作社类型进行了简要分析，结合《民法典》合伙合同的相关规定，系统分析了合伙合同形式在发展农村适度规模经营中的可操作性，以期为发展农业适度规模经营提供新的方向和思路。

一、民族地区小农户的发展经营现状

F村位于内蒙古中部，属于中温带半干旱大陆性季风气候，地势平坦，适宜农业生产，主要农作物有玉米、绿豆、马铃薯、高粱等。该村无集体经济，村民以种地和零星外出务工为生。F村农业生产是典型的小农户生产，播种决策、春耕、夏灌、秋收到售卖农产品都是以家庭户为单位独立进行的。

通过走访调研，对小农户基本经营现状总结如下：

一是农民有从事农业生产的意愿。F村80%农业经营者的年龄在55～65岁之间。因年龄偏大、文化水平低，外出务工主要从事修理、建筑、农业生产（塑料大棚日工、秋收日工）等劳动密集型工作。外出务工机会不稳定，随机性强，工资波动性大。该村也有部分土地流转的情况，但大部分村民认为土地流转收益较低，没有持久的补充性收入来源，更愿意自己从事农业生产。因此F村农民以农业生产为主要生活来源，有从事农业生产的愿望。通过访谈，可以看出这一代农民是热爱农村、热爱土地的。他们大都只有初中文化水平，基本上从十几岁就开始干农活，可以说一辈子都在黄土地上日出而作、日落而息，是地地道道的农民。对于他们来讲，土地是生存的保障，是一辈子的生活伙伴，更是他们价值实现的载体，他们对农村和土地有着深厚的感情。他们是种地的行家里手，也依然是农村农业生产的生力军。

访谈内容如下："不适应城里的生活，还是住在村里好，一出门就是院子，每天干点活虽然累，但是自在""还是村里好，环境好，空气好，安静，市里太吵了""只要我能种得动地，肯定是要种地的""粮价不要波动太大，其实收成也不赖，村里生活成本低，还能给娃娃们攒点钱，他们还能吃上自己种的蔬菜，自己养的鸡、羊、猪，健康又放心""现在还有农业种植补贴，生病住院农村合作医疗还能报销，比以前好多了""年龄大了，打工的活，能干的，越来越少了，种地还是基本保障""一亩地的租金才600元，租10年，钱是一年一年给，我们是不愿意流转的，自己种地，能多挣点""要是我地周边的土地都流转了，那样我也没法种了，不得不流转；否则我是不愿意流转的，把土地流转出去，别的活干不了，挣不到钱啊，日常开销就靠流转那点钱远远不够，不强制收回，我就一直自己种啊""明年那块地得种豆子了，稍微换一换，地要歇一歇"。

二是小农生产方式面临着越来越突出的问题，严重制约了农业生产效率的提升。首先表现在农产品价格上。农产品价格波动剧烈，严重打击了农业生产者的信心。F村的农产品出售模式主要是小粮贩到村收购，农民以户为单位自行卖粮，各户自行决策。村里的粮食市场基本是买方市场，粮贩占据主导权。小农户没有关于粮食价格的市场信息，只是粮食价格的被动接受者，有时还会受到小粮贩的欺诈。不同家户因为卖粮时机不同、价格不同，收益差距有时巨大，使农业生产信心受挫。冬季卖粮价格是影响春季种植决策的主要因素。粮价的不稳定性导致了家户生产决策的波动性，体现出一定程度上的盲目性。

对应的访谈内容如下："前几天来收高粱，还是每斤1.9元，今天就变成1.6元，怎么这价格变得这么快，不卖，怕跌价，怕没人再来收购，卖了，比别人家少卖1000多元，哎，相当于白种一亩地""人家说要扣水分、扣杂质（玉米），就是这么个收法吧""去年这个时候玉米湿卖是0.7元，今年还没有收的，不知道是个什么情况""明年继续种高粱啊，高粱今年最贵的时候1.9元，能多挣点啊，比种别的划算得多""每年基本都种玉米，有冰雹也影响不大，收割比较方便""豆类种得多，处理起来比较方便，玉米还涉及秸秆处理、出售时干湿度杂质的问题，麻烦，算下来成本更高"。

其次表现在农业生产效率上。F村现行农业生产条件为玉米生产的部分机械化，其他农作物生产仍是传统的农业生产方式。在玉米种植的春耕、播种、秋收环节，旋耕机、玉米播种机、玉米收割机被广泛运用。F村玉米种植面积在10亩以上的家户基本都会使用机械化玉米种植方式，以缩短劳动时间、提高劳动效率、减轻劳动强度。F村现有玉米播种机6台，都是农户自行购买使用，在自家玉米播种完成后，会以25元/亩的价格为其他农户提供播种服务。6台玉米播种机基本可以满足全村播种需求。旋耕机和玉米收割机各有1台，是农业种植大户（耕地70~80亩）的私人物品。春耕、秋收都要求时效性，加之农业大户种植土地较多，机械少，旋耕机和玉米收割机不能满足F村农业生产需求。于是有来自河北的农业机械在农忙时间进入F村，赚取收益。旋耕机的服务费用是40元/亩，玉米收割机的服务费用是90元/亩（从田间到储存地）。机械化服务属于卖方市场，服务价格、服务时间都是服务提供方做主，农户只能被动接收要价、作业水平等，事后总不免有诟病，总体是不太满意。除机械化生产环节外，其余的生产工序都是劳动密集型的。当下农村邻里文化弱化，传统农耕文明下互帮互助的情景逐渐消失。物质利益冲击下邻里互助的机会成本越来越高，乡村热火朝天的集体劳动场面日渐消失。F村每个家户的农业劳动力大多为2人，一般都是一对夫妻，子女们大多接受过高等教育，在县城或城市生活，个别家户还有70多岁的长辈可以参与劳动。有外出务工机会时，男性会选择外出务工，日工资80~150元不等，女性一般都是在田间劳动。没有务工机会时，家庭成员都在田间劳动，因为耕地多劳动力少，基本每天都有农活，农业生产进度慢，生产周期长，农业生产效率较低。

对应的访谈内容如下："现在基本换不出工了，除非关系很好的，出去打工一天能挣100元，没人愿意帮忙了，这点活得干好几天""都是出去打工的，早出晚归，一天见不到人""好不容易有活，先把这几天打工钱挣了，地里的活慢慢弄吧""今年用这个人不会收割，机器也不行，漏了很多玉米，玉米粒打碎得太多，明年不用他了""看着天一天一天冷了，得赶紧收割，轮到晚上了，黑灯瞎火的，没办法"。

通过对小农户经营现状的分析，可以得出如下结论：这一代农民作为农村生活、生产的主体，有坚守农村、从事农业生产的意愿，这是农村长期稳定、农业生产兴旺的基石，是不能忽视的客观事实。正如习近平总书记2016年在安徽省凤阳县小岗村农村改革座谈会上提出，"要尊重农民意愿和维护农民权益，把选择权交给农民，由农民选择而不是代替农民选择，可以示范和引导，但不搞强迫命令、不刮风、不一刀切。不管怎么改，都不能把农村土地集体所有制改垮了，不能把耕地改少了，不能把粮食生产能力改弱了，不能把农民利益损害了"。① 因此，在小农户家庭经营模式的前提下，如何创新农业生产组织形式，提高农业生产效率，促进农民增产增收是本文研究的主要问题。

二、民族地区农民合作社的发展现状

农民专业合作社，是指在农村家庭承包经营基础上，农产品的生产经营者或者农业生产经营服务的提供者、利用者，自愿联合、民主管理的互助性经济组织。按照《中华人民共和国农民专业合作社法》规定，中国农民专业合作社可分为三大类别：一是使用合作社提供服务的农业生产经营者自我组成的合作社，二是使用合作社提供服务的农业生产经营者和提供合作社服务的非农业经营者共同组成的合作社，三是从事农业技术服务和流通服务活动的中介性、非实体性合作社。

第一类合作社的所有者成员基本都是合作社服务的利用者，是从事农业生产的主体，在实际中以专业大户领办或控股并联合小规模农户共同组成这种类型居多。该类合作社的发起人多为具有一定经济规模或资产的农

---

① 习近平在安徽凤阳小岗村农村改革座谈会发表重要讲话［EB/OL］. 央广网，http://china. cnr. cn/news/20160429/t20160429_522017410. shtml，2016 - 04 - 29.

户，他们的农业经营规模大，获取政策优惠、扩大人脉关系的愿望更强烈，会主动联合其他小农户组建合作社，以形成农业生产中农用物资或者农业服务的规模采购、农产品的规模销售，进而增加农业经营收益。通过参加合作社，小农户可以克服单户生产的不确定性和风险性，保障收益。这是一种大户带动、小户跟进的模式，合作社业务的开展主要依赖于领办者个人或者少数几个带头人，民主管理和盈余主要按照成员与农民专业合作社的交易量（额）比例返还等原则在实际运营中难以贯彻执行。股份量化是此类合作社未来的发展方向。

第二类合作社是由使用合作社提供服务的农业生产经营者和提供合作社服务的非农业经营者共同组成的合作社，以农产品营销加工企业牵头成立、联合生产经营农户组成的合作社为主要类型。这类合作社实质是农产品加工企业纵向一体化战略中的后向一体化战略，保证了稳定的原料供给、节约了交易成本。此类合作社给农户带来了相对稳定的收益，但农户实质上是在为公司打工，在农产品收购标准（等级）、收购价格上没有议价权，更不是合作社的所有者，因此民主管理原则无从谈起。此类合作社规范化运营的关键在于其社会职能的履行和合作社内部利益联结机制的建立。

第三类合作社实质是充当中介，为农业服务供给者和需求者搭建平台，这类合作社有助于提高农业生产效率，也是国家支持和鼓励的。

随着农牧业和农村牧区经济的战略性调整和农牧业市场化产业化进程的推进，内蒙古自治区农牧民合作社呈现出较快的发展势头。根据内蒙古自治区供销合作社统计数据，截至 2019 年底，全区农牧民专业合作社有7808 个。农牧民专业合作社从单纯的数量扩充进入高质量发展阶段，在推进农牧业产业化经营、增强农畜产品市场竞争力、增加农牧民收入等方面发挥了典型示范作用，取得了良好的经济效益和社会效益。

从地区分布看，内蒙古区内农牧民合作社分布不平衡。东部地区农牧民合作社较多，经济效益较好。中西部地区农牧民合作社偏少，现有的大部分合作社停留在挂名阶段，没有实质性合作经营。这主要是由区内各盟市的地理环境、资源禀赋、文化特色决定的，有收益有发展前景的合作社才能持久运营。内蒙古东部区有鲜明的地区特色，有独特的区位优势，通过充分利用、挖掘和整合，能够打造区域品牌，比如锡林郭勒盟有发展旅游品牌、肉制品、奶制品的独特优势。东部区合作社以优质畜产品、特色农产品经营为主，以通辽市扎鲁特旗芒哈吐肉羊养殖专业合作社为例，该社成立于 2012 年 5 月，是一家以"回归自然，绿色共享"为理念、生产经营"蒙赫赛恩"肉羊的重点种羊新型专业合作社。合作社形成了畜牧生产、防疫、原料采购、饲料加工、产品销售一体化发展新模式，2017年被中华全国供销总社评定为农民专业合作社示范社。

目前，合作社共有成员 45 户，带动农户 420 户，注册资金 412 万元，基础母羊存栏 1100 只，打草场 4000 多亩，总产值达到 400 万元。① 内蒙古中西部地区合作社偏少，本文调研的 F 村及 F 村所属 H 县都没有规范化运营的农民合作社。这个情况在区内其他一些地方也广泛存在。结合调研访谈情况，我们认为 F 村没有农民合作社的原因有以下两点：一是没有农业带头人发动领办。专业大户领办型合作社的成立和运营依赖农业带头人的发动。F 村农民群体受教育水平有限，对新事物新思想的接受程度不一。农户对合作社持有观望、怀疑等不同的态度，没有自发成立合作社的意愿。加之合作社有制度、章程、规范等组织管理规定和运行体制机制，农村缺乏这样的组织人才。二是农业收益不稳定，利润空间较小，缺乏优质的农产品营销加工企业下村投资。F 村没有特色农产品，生产的玉米、豆类、土豆、高粱与周边地区粮食的同质性较高，对投资资本没有吸引力。

可以看到，农民合作社的建立和成功运营离不开农民群体的内生动力、认同感、责任心和事业心，也离不开投资资本的青睐和辅助。无论是哪种类型的合作社，只有充分发挥服务农民、帮助农民、提高农民、富裕农民的功能，才能把合作社办得更加红火。总体来看，当前全国农民合作社发展基础仍然薄弱，还面临运行不够规范、与成员利益联结不够紧密、

---

① 通辽市扎鲁特旗芒哈吐肉羊养殖专业合作社：专注健康优质羊绿色经济促多赢 [EB/OL]. 内蒙古自治区政府网，http：//gxhzs. nmg. gov. cn/qsgk/nscs/hzzdc/fzgz/202007/ld _ 29000. html, 2020 – 07 – 30.

扶持政策精准性不强、指导服务体系有待健全等问题。未来要在增强农民合作社服务带动能力、提升农民合作社规范管理水平、因地制宜探索农民合作社多种发展模式、发挥政策对农民合作社发展引导作用这四方面发力。

就 F 村而言，在没有农民合作社的情况下，如何创新农业生产的组织方式，提高农业生产效率呢？本文认为《民法典》合伙合同形式是一种符合发展需要、满足农民需求的发展模式和路径，后文将结合 F 村农业生产展开具体分析。

三、合伙合同在农村适度规模经营中的可操作性

《民法典》合伙合同章以未形成组织的合伙为预设对象，对合伙合同进行了规定，包括合伙合同定义、合伙人如何履行出资义务、合伙财产、合伙事务执行、执行合伙事务报酬、合伙的利润分配与亏损分担、合伙人的连带责任及追偿权、合伙人转让其财产份额、合伙人权利代位、合伙期限、合伙合同终止、合伙剩余财产分配顺序十二个方面。合伙合同强调合伙的合同性而非组织性，强调合伙人之间更强的信任关系。合伙人基于信任和共同的事业目的，可以根据具体利益需求协商约定设计最佳的合同安排，订立共享利益、共担风险的协议。合伙合同章未对合伙出资的形式、评估期限，与组织相关的规则作出规定。清算规则简略，仅规定了合伙剩余财产的分配。未对合伙人的变更及入伙和退伙作出一般性规定。合伙合同更偏向民事性，规定合伙事务以合伙人共同执行为原则，除另有约定外，合伙人不得因执行合伙事务请求支付报酬。合伙人可以随时解除不定期合伙合同。合伙财产包括合伙人的出资、因合伙事务依法取得的收益和其他财产。合伙财产属于合伙人共同共有，合伙人对合伙财产整体和单个合伙财产在合伙合同终止前都不享有份额。合伙财产份额的转让，可以理解为类似于公司中的股份转让，实质是合伙人地位或者合伙份额的转让。合伙人对合伙债务承担连带责任。这些规定都体现了合伙合同是基于特别

信任关系和意思自治协商确定的，在操作上没有太多的条款限制，适用于现实社会生活中最简单的合伙关系。略复杂的合伙关系在这些任意性规范的基础上增加相关内容、作出相应调整即可。

下面以 F 村现有生产条件下的玉米生产全环节为例，对比分析小农户经营方式和自愿合伙经营方式在农业生产成本和效率方面的差异（见表 1）。为简化分析，以玉米种植面积均为 30 亩的 5 个家庭户组成合伙农业生产组织为例，因农村妇女多有照顾老人、看护孙辈等事务，故简化假设 1 个家庭户只有 1 个劳动力参与合伙生产。合伙农业生产方式是农机合伙购置、劳动互助，以单个家庭户为成本核算单位。

表 1   小农户经营方式和自愿合作经营方式比较

农业生产环节	小农户经营方式	自愿合伙经营方式
1. 春耕环节（4 月 25 日前后）		
灌溉	漫灌式	漫灌式→滴灌式
旋耕	购买旋耕服务成本为 40 元/亩；单户成本为 1200 元/次	作业幅度 1.5 米的旋耕机售价 7.5 万元/台，合伙成员按总耕地亩数均摊成本，每户出资 1.5 万元即可形成合伙财产，成员协商确定作业次数、作业时间；对外提供旋耕服务所获收益形成合伙财产
播种	购买播种服务成本为 25 元/亩，单户成本为 750 元	作业幅度 1 米、小四轮驱动的播种机售价 2500 元/台，合伙成员按总耕地亩数均摊成本，每户出资 500 元即可形成合伙财产，成员协商确定作业时间；对外提供播种服务所获收益形成合伙财产
2. 抠苗、补苗环节（5 月 15 日左右）		
出苗率≤85%	作业速度为 0.5 天/亩/人，15 天/户	5 个人按照协商顺序集体作业，按照 3 天/户，5 户总计需要 15 天；抢占农时，提升单户农业生产效率
3. 除草（6 月 10 日前后）		
人工喷洒农药	作业速度为 20 分钟/亩/人，10 小时/户	5 个人按照协商顺序集体作业，按照 2 小时/户，5 户总计需要 10 小时；抢占农时，提升单户农业生产效率

农业生产环节	小农户经营方式	自愿合伙经营方式
4. 灌溉	漫灌式	漫灌式→滴灌式
追肥	作业速度为 20 分钟/亩/人，10 小时/户	5 个人按照协商顺序集体作业，按照 2 小时/户，5 户总计需要 10 小时；提升单户农业生产效率；如果采用滴灌式，可以带肥，简化农业生产环节
5. 收割（10 月 10 日前后）	购买收割机服务成本为 90 元/亩；单户成本为 2700 元/次	作业幅度 1.5 米的玉米收割机售价 12 万元/台，合伙成员按总耕地亩数均摊成本，每户出资 2.4 万元即可形成合伙财产，成员协商确定作业时间；对外提供收割机服务所获收益形成合伙财产
6. 秸秆还田	秸秆打捆免费，购买犁地服务为 20 元	秸秆打捆免费，可用合伙财产旋耕土地，节约成本
7. 销售	湿卖：平均 0.7 元 干卖：平均 1.2 元	有利于形成粮食销售的卖方市场，提高农民议价能力

在灌溉方式上，F 村还是传统农业生产下的漫灌方式，严重浪费地下水资源，导致土地盐碱化。滴灌技术是一种有效的节水灌溉方式，其优点是节水、节肥、省工，能够控制土壤温度和湿度、保持土壤结构，实现增产增效。在 F 村所属市的其他村落，这项技术已经广泛运用。在自愿合伙经营方式下，合伙生产组织可以引入这项技术，通过集体投资使用比如手动控制的移动式或者连片种植区地面固定式滴灌方式，以节约生产成本、节水增产。合伙生产组织共有的农业机械，对农业生产有重大意义。以旋耕机为例，旋耕作业具有打破犁底层、恢复土壤耕层结构、提高土壤蓄水保墒能力、消灭部分杂草、减少病虫害、平整地表等功能，在玉米种植中秋季收割后和春季种植前各进行一次旋耕作业是最好的。现有条件下，农机使用成本较高，农民为了节省开支，往往就春季播种前旋耕一次，这样不利于土地恢复和粮食增产。而在合伙生产组织内部共有农机的情况下，家庭户可以协商确定旋耕次数，以一年旋耕 2 次为例，初始出资额 1.5 万相当于 6.25 年的旋耕服务成本，此后对旋耕机的使用相当于无偿使用，

类似于固定资产的作用，这还没有考虑对外提供旋耕服务的收益。玉米收割机也有类似的作用，后面不再赘述。共有播种机的优势显而易见，单个家庭户初始出资额500元就小于购买播种服务成本750元。抠苗是特殊气候和土壤条件下玉米生产的特定工序。F村的土壤多为碱性土壤，在玉米苗破土前后，如遇降雨，土地容易板结，导致玉米苗不能顺利破土。如果出苗率不足85%，农民就会进行抠苗，同时补苗。抠苗、补苗对时间的要求很高，一般是普遍出苗后5~6天，如果错过最佳的生长期间，抠出来也无济于事。因此需要抢抓农时。根据假设，在小农户经营方式下，单个家庭户完成抠苗需要15天的时间，农业生产效率低，无法抢抓农业生产时机。在合伙经营方式下，合伙人劳动互助，完成单个家庭户的抠苗作业仅需要3天，这极大地提高了农业生产效率，并且在播种作业排序的情况下，也不存在抠苗顺序前后对农业生产的不良影响，因此能被成员普遍接受。除草作业一般在玉米苗有3~5个叶子的时期进行，如提前作业农药对玉米幼苗造成损伤，如推迟作业农药的灭草效果不明显，因此也讲究时效性。玉米整个生长期需要"三水"，头水、二水需要追肥。合伙生产组织形式能提高追肥效率。现行政策下，玉米秋收后，政府部门统一组织玉米秸秆打捆工作，后续土地翻整成本为20元/亩，由农民自由选择。在合伙生产方式下，成员可以用共有旋耕机完成秋耕工作。在玉米销售环节，有湿卖和干卖两种方式。湿卖是指玉米脱粒后直接出售，买方要扣掉水分和杂质，售价一般较低，波动较大。干卖是指玉米经过脱粒、晾晒、风干后出售，单价较高。农民现在普遍采用湿卖方式，主要原因是玉米后续处理工作量较大，且没有合适的储存场所，还有跟风售卖的盲从心理影响。在合伙生产方式下，合伙集体可以协商确定售卖方式，有序组织秋收后生产环节，形成一定规模的议价能力。此外，合伙生产方式还能降低农业的投入成本。除农机使用成本和水利设施使用成本外，F村玉米生产其他投入（化肥、种子、地膜、农药）成本大约是240元/亩。以本例合伙生产组织估算，100亩地的农业投入成本约为2.4万元，合伙组织通过和农资零售商议价，可以统一采购，能进一步降低农业生产成本。

通过上述分析可以看到，合伙合同式农业生产组织方式基于共同的事业目的，在意愿自治、充分信任的基础上，可以推动农村的农业机械化进程，在无法使用农机的农业生产环节，通过计划性、组织性生产，能够抢占农时、提高农业生产效率，促进农民增产增收。有序的农业生产安排能够阶段性地释放一部分劳动力，可以补充县郊部分劳动密集型岗位的用工短缺，进一步促进农民增收。

在调研中，笔者询问了 F 村村民，在目前繁重的农业生产压力下，为何没有形成类似的互助组织的原因，"能这样互助当然好啦，能解决大问题，关键是大家相处不住啊，时间久了，就有各种问题和矛盾，乡里乡亲的，没法弄，进行不下去""设想挺好，关键一到实际，就不行了呀，总有各种各样的问题""过去的互助，是大家都穷，没办法，只能一起生产，现代社会人们的想法和意见多了，很难弄到一起""关系好的，其实也能这样的，就是怕时间长了，又有意见"，由此可见，制度的设计仍是关键问题。农民不是没有合作的意愿，是没有能使合作长期维持的方案和制度安排。这样的制度应该是简单的、意思自治的，便于操作和实施的制度。通过以上分析，合伙合同形式是最佳的制度选择。组织性最弱前提符合小农户生产经营现状，相互信任的内生合作意愿得以用合同的形式确定下来，合伙合同的法律规范性能够弥补简单互助形式下的无约束性，解决人情世故不能解决的问题，因此是意愿自治和行为法治的有机结合。在合伙事务方面，农户可以根据共同的目的来协商约定合伙的相关内容，灵活性强，便于操作。

四、合伙合同在发展农村适度规模经营中的思考

我国正处于由传统农业向现代农业的转型阶段，传统农业经营主体和现代农业经营主体在未来一段时期内将多元并存，农业经营模式和发展形态也将是混合多样的。凡是能增进农业生产效率、促进农民增收致富的发

展模式，都是值得尝试的。要鼓励农民进行各种类型的联合和合作，以不断创新农业生产经营制度、推动农业现代化发展。

合伙合同形式在创新农业生产的组织方式上具有深远的意义。第一，充分激发农民的内生动力，为农民自发组织集体生产开辟了道路。人民是历史的创造者，是人类社会发展的决定性力量。只有最广泛最充分地调动广大农民的积极性、主动性和创造性，把人民群众的现实需求、智慧转化为鲜活的实践，才能形成乡村全面振兴、农业现代化的巨大内生动力。这一组织形式是内生于农民群体的，由农民自己设计、亲自实践，能最大程度地激发农民敢想敢干、敢于创新的内在愿望和信心。第二，有利于培养农民的集体经济意识，为农村集体经济的发展奠定了基础。我国"统分结合，双层经营"的实践结果是"'分'的积极性充分体现了，但'统'怎么适应市场经济、规模经济，始终没有得到很好的解决"。当前，全国农村集体经济整体水平薄弱，尤其是经济不发达地区、贫困地区，农村集体经济空壳化现象严重，发展壮大集体经济面临的制约更多、难度更大。其中一个突出的问题就是农民群体缺乏集体意识。长期以来村级公共服务的缺失、农村市场化进程的推进、乡村社会结构的分化使农民与农民、农民与集体之间的关系逐渐松散化，农民的集体观念逐渐淡化。通过合伙合同这一简单组织形式，农民可以重新体会到集体生产的魅力，重塑集体合作的观念，进而为从"小集体合伙"到"大集体合作"奠定基础。正如习近平总书记指出：社会主义制度的优越性在农村经济上的体现，应该是集体优越性与个人积极性的完美结合。① 一方面，个人离不开集体，集体把每个劳动者的智慧和力量凝聚在一起，形成巨大的创造力。另一方面，集体是由若干个人组成的，不调动个人积极性，也就不会有集体的创造力。

参考文献：

[1] 中共中央关于制定国民经济和社会发展第十四个五年规划和

---

① 习近平. 摆脱贫困 [M]. 福州：福建人民出版社，1992：144.

二〇三五年远景目标的建议 ［EB/OL］. 中国政府网, http：//www. gov. cn/zhengce/2020－11/03/content_5556991. htm, 2020－11－03.

［2］农业农村部.2019 年农民合作社发展情况报告 ［J］. 农业机械, 2020（8）：66.

［3］胡彬彬. 乡村振兴战略下农民专业合作社发展的问题与对策 ［J］. 农业经济, 2020（11）：18－19.

［4］朱虎.《民法典》合伙合同规范的体系基点 ［J］. 法学, 2020（8）：19－36.

［5］习近平在安徽凤阳小岗村农村改革座谈会发表重要讲话 ［EB/OL］. 央广网, http：//china. cnr. cn/news/20160429/t20160429＿522017410. shtml, 2016－04－29.

［6］中华人民共和国农民专业合作社法 ［EB/OL］. 新华网, http：// www. xinhuanet. com/politics/2017－12/28/c_1122176566. htm, 2017－12－28.

［7］张晓山. 探索专业合作社发展的路子 ［J］. 中国农民合作社, 2020（10）：6－9.

［8］吴莅芳、魏娟. 关于内蒙古自治区农牧民专业合作社发展中存在的问题和对策 ［J］. 前沿, 2012（23）：116－117.

［9］通辽市扎鲁特旗芒哈吐肉羊养殖专业合作社：专注健康优质羊绿色经济促多赢 ［EB/OL］. 内蒙古自治区政府网, http：//gxhzs. nmg. gov. cn/qsgk/nscs/hzzdc/fzgz/202007/ld_29000. html, 2020－7－30.

［10］韩俊：把农民合作社办得更加红火 ［J］. 山东经济战略研究, 2020（9）：45－47.

［11］中华人民共和国民法典 ［M］. 北京：法律出版社, 2020.

［12］张杨, 程恩富. 壮大集体经济要处理好“统”“分”关系 ［N］. 北京日报, 2018－4－23（13）.

［13］许经勇. 习近平壮大农村集体经济思想研究 ［J］. 山西师大学报（社会科学版）, 2020（1）：1－6.

（执笔人：李娜, 中央党校（国家行政学院）博士生）

农户视角下的农业生产性服务业的路径创新

导读：构建新型农业生产性服务体系，实现农业生产性服务业稳定有序发展，是实施乡村振兴战略的重要目标。基于农户视角对农业生产性服务业发展现状进行考察发现，农户获取农业生产性服务渠道多元，农户对各项农业生产性服务需求程度存在差异，农户对各服务供给主体满意度评价不一，农业生产性服务业发展困境集中在服务供给主体能力不强、服务供给模式单一、服务供给内容更新速率低、服务效果反馈信息不易收集。因此应从"谁来供给""供给什么""怎么供给""效果如何"四个维度创新农业生产性服务业发展路径，并提出创新农业生产性服务业发展路径的保障措施。

一、乡村振兴背景下新型农业生产性服务的作用

构建新型农业生产性服务体系，实现农业生产性服务业稳定有序发展，是实施乡村振兴战略的重要目标。中国政府高度重视农业生产性服务的发展，出台多项政策条例鼓励发展农业生产性服务，2017年8月，《关于加快发展农业生产性服务业的指导意见》指出，要以服务农业、农民为发展的根本目标，着力发展多元化、多层次、多类型的农业生产性服务，让更多农民享受农业现代化建设取得的重大成果。2018年、2019年中央一号文件均强调，通过培育专业化、市场化的服务组织，力争推进农业生产全程社会化服务，重点关注农业生产薄弱环节和关键领域的服务水平，努力帮助各类农业生产者特别是小农户实现节本增效。2019年2月，在《关于促进小农户和现代农业发展有机衔接的意见》指出，通过大力发展农业生产性服务业，力争健全面向小农户生产的各项生产性服务，各类农业生产性服务要随时关注小农户需求的变化，重点发展小农户急需的农资服务、技术服务、废弃物资源化利用服务、农机服务、农产品初加工服务等，创新农业生产服务方式，加快推进农业生产托管服务。从政策视角来看，农业生产性服务业的发展对于提高农业组织化程度、整合延伸农业产业链、促进现代农业健康发展具有重要作用。

20世纪50年代初，生产性服务业开始备受关注，以生产性服务支撑

国民经济发展得到学术界的广泛认可，并产生了大量关于生产性服务业发展的研究，与此同时，针对农业生产性服务发展的研究也开始得到学术界的关注，以农业生产性服务业辅助现代农业发展是众多学者支持的观点。芦千文等（2016）对中国农业生产性服务业的发展历程进行详细阐述，指出在农业生产性服务业发展过程中，需求扩张是主要动力，规模经济是提升方向，因地制宜是客观要求，顺势而为是关键所在。姜长云（2016）指出发展农业生产性服务业可以为解决当前的农业问题提供新思路，为解决"谁来种地""如何种地"问题探索新路径，为加快农业发展方式转变培育新引擎。冀名峰（2018）认为农业生产性服务业是中国农业现代化历史上的第三次动能，农业生产性服务业能够同时解决小农户对接大市场和机械替代人力、畜力问题，加快农业生产性服务业发展需要着力解决制约因素，应从人才、技术、资本、耕地、行业管理等方面采取切实可行措施。张红宇（2019）认为与传统农业向现代农业转变相伴，农业生产性服务业由依附产业转向独立完整乃至成为战略性产业成为不可逆转的历史趋势，借鉴国际经验和国内成功实践，推动中国农业生产性服务业的发展需要政府强化从发展战略到政策举措的一系列行为导向。刘楠等（2014）通过研究发现，中国农业生产性服务业在农业金融发展、农业信息化建设、农业经营主体培训、农业综合技术服务业方面比较滞后，在一定程度上未能充分发挥对农业生产的推动作用，农业生产性服务业未来发展应从创新组织模式、加强科技体系建设、提升农业标准化水平等方面着手。另外，还有部分学者从实证角度探究农业生产性服务业对农业生产的影响。郝一帆等（2018）通过实证研究发现，农业生产性服务业主要通过推动技术进步来提升农业全要素生产率，其对农业技术效率则产生了不同程度的抑制效果，对农业全要素生产率的影响具有显著的空间异质性。孙顶强（2016）等从微观农户视角探究农业生产性服务对中国水稻生产技术效率的影响，发现农业生产性服务促进了水稻生产技术效率的提高，但是不同生产环节之间差异较大，整地和播种环节的生产性服务对水稻生产技术效率具有显著的正向影响，而病虫害防治环节的生产性服务则具有显著的负向影响。王洋等（2019）探究农技服务采纳对玉米生产技术效率的影响，发现采纳农技服务组的农户玉米生产技术效率显著高于未采纳组，以此提出推动农技服务精准化发展的政策建议。张荐华等（2019）结合实证研究发现，农业生产性服务业发展不仅有利于缩小本地区的城乡居民收入差距，还对周边地区存在显著的空间溢出效应，同时随着城镇化水平的不断提高，农业生产性服务业发展对城乡收入差距的作用由促进转变为抑制，且抑制作用逐渐增大。邱海兰等（2019）通过构建 ERM 模型探究农业生产性服务能否促进农民收入增长，发现施肥服务存在收入门槛，对高收入农户的增收效应较为明显，自购农机、整地和收割服务对农户收入也有显著影响。

通过对文献的梳理发现，农业生产性服务业在提升农业生产动能、改善农业发展方式、促进农民增产增收等方面发挥明显作用，结合笔者的多次调查和以往的研究经验同样发现，大力发展农业生产性服务业至关重要，但以下问题仍值得进一步探析：一是以往研究在涉及农业生产性服务业发展时多从农业生产性服务业本身谈及其存在的问题和发展对策，而忽略了农业生产性服务业的受众客体农户，农户表达出的客观需要与供给有效衔接才能保证农业生产性服务业支持现代农业发展；二是农业生产性服务业发展路径亟须基于农户视角的农业生产性服务业发展现状及存在的问题进行优化与创新，并提出创新农业生产性服务业发展的保障措施。因此，为弥补上述研究领域的空白，本文首先依据实地调查对农业生产性服务业发展困境进行分析，其次围绕"谁来供给""供给什么""怎么供给""效果如何"四个维度创新农业生产性服务业发展路径，最后提出创新农业生产性服务业发展路径的保障措施。

二、农户视角下的农业生产性服务业的发展困境

2019 年 7~8 月东北农业大学畜牧经济创新团队对黑龙江省 13 市 47

村展开实地调查，基于农户视角探究当前农业生产性服务业发展基本情况与现实困境。样本选取方法依据分层抽样与典型抽样相结合的方式，同时考虑到受教育程度的差异性，调研全部采取入户深度访谈的形式，充分保证每份问卷的有效性。经过样本核实与数据校正，在剔除信息不全面、数据不合乎逻辑的样本后，我们最终获得298个有效样本用于分析农业生产性服务业发展现状及存在问题。

（一）农业生产性服务业发展现状分析

结合对农户的深入访谈，我们将农业生产性服务供给主体划分为农业技术推广中心、高等院校（科研所）、村集体、农民专业合作社、个体经销商以及专业种植大户。实地调查问卷主要对农户获取农业生产性服务主要渠道进行了解（见表1），从统计结果可以看出，从个体经销商处获取过相应的农业生产性服务的样本数为225个，占样本总量的75.50%，表明个体经销商是当前农户获取农业生产性服务的主要渠道，但个体经销商多是以盈利为目的的服务供给主体，主要提供的是农资供应服务。197户农户从专业种植大户处获取过农业生产性服务，占样本总量的66.11%，专业种植户是新型农业经营主体的重要组成部分，其数量最多，与普通农户联系最为紧密，农户一般可从专业种植大户处获得农机作业服务，有时也可获取农资供应服务。此外，从农民专业合作社和村集体获取过相关服务的分别占样本总量的34.23%和26.17%。然而，从农业技术推广中心和高等院校获取过相应服务的农户分别仅占17.79%和8.72%，表明二者知识溢出效应并不明显，急需改进服务供给方式，提高服务供给比例。

表1　　　　　　　　农户获取农业生产性服务主要渠道

供给主体	农业技术推广中心	高等院校（科研所）	村集体	农民专业合作社	个体经销商	专业种植大户
样本数（个）	53	26	78	102	225	197
百分比（%）	17.79	8.72	26.17	34.23	75.50	66.11

　　为深入探究农户对农业生产性服务的需求情况，我们将农业信息服务和农业技术服务进行细分，农业信息服务主要包括农产品价格信息服务、销售信息服务、气象信息服务等服务内容，农业技术服务细分为新品种技术服务、测土配方施肥技术服务、病虫害统防统治技术服务和秸秆还田技术服务，农户对各项农业生产性服务需求情况见表2。通过对数据整理分析发现，目前农产品价格信息服务、测土配方施肥技术服务和农资供应服务是农户需求最为迫切的服务内容，需求占比分别为66.44%、56.04%和51.01%。通过对农户的深度访谈并了解其原因发现：第一，农产品价格是农户最为关切的信息，但是由于当前农村网络基础设施相对薄弱，信息传递及时性差、传递渠道不畅通，很多农户对农产品价格信息的获取难度较大，因此对农产品价格信息的需求最为迫切；第二，土地常年施用化肥、农药导致当前土壤效力大大减弱，部分农户认为只要继续增加化肥、农药的投入就能带来生产效益的提升，这种盲目行为不仅会导致环境的进一步恶化，同时对生产效益的提高作用并不明显，因此农户急需测土配方施肥技术服务；第三，农业生产资料的优良直接决定农业生产效益，选购优质高效的种子、化肥、农药等对农户来说至关重要，因此农户对农资供应服务的需求相对迫切。

表2　　　　　　　　农户对各项农业生产性服务需求情况

服务主体	样本数（个）		百分比（%）		需求排序
	需要	不需要	需要	不需要	
农资供应服务	152	146	51.01	48.99	3
农产品价格信息服务	198	100	66.44	33.56	1
农产品销售信息服务	97	201	32.55	67.45	6
农业气象信息服务	80	218	26.85	73.15	7
新品种技术服务	64	234	21.48	78.52	8
测土配方施肥技术服务	167	131	56.04	43.96	2
病虫害统防统治技术服务	118	180	39.60	60.40	5
秸秆还田技术服务	136	162	45.64	54.36	4
农机作业服务	50	248	16.78	83.22	9

农户对各服务供给主体满意度排序情况见表3。调查数据显示，有107户农户将专业种植大户列在第一位，占样本总量的35.91%，其次是农业技术推广中心、农民专业合作社，通过实地调查了解发现，农户之所以对专业种植大户较为满意主要是因为他们之间的联系较为密切，互动关系较为融洽；第二位上出现次数最多的是农民专业合作社，占样本总量的32.89%，其次是村集体、高等院校（科研所），虽然当前农村经济社会中空壳合作社较多，但实际运行的合作社能够较好地满足农户对各项服务的需求；第三位上出现次数最多的是农业技术推广中心，占样本总量的31.54%，其次是个体经销商、村集体，以推行农业公益性服务为主的农业技术推广中心也能够较好满足农户的实际生产需要。

表3　　　　　　　　　　农户对各服务供给主体满意度排序

服务主体	第一位		第二位		第三位	
	样本数（个）	百分比（%）	样本数（个）	百分比（%）	样本数（个）	百分比（%）
农业技术推广中心	78	26.17	17	5.70	94	31.54
高等院校（科研所）	13	4.36	58	19.46	38	12.75
村集体	33	11.07	76	25.50	55	18.46
农民专业合作社	56	18.79	98	32.89	27	9.06
个体经销商	11	3.69	17	5.70	67	22.48
专业种植大户	107	35.91	32	10.74	17	5.70

（二）农业生产性服务业发展存在的问题分析

虽然当前农业生产逐渐趋于规模化，但农业生产性服务供给主体总体上呈现出小、松、散问题，服务供给主体集约化、组织化程度普遍偏低，抵御自然风险和市场风险的能力较弱。实地调查发现，当前农业生产性服务供给主体主要是本地的农民专业合作社和专业种植大户，农业技术推广中心、高等院校（科研所）的技术溢出效应并不明显，村集体本身不具有营利性质，供给服务局限性较大，而专业服务公司少之又少，并且现存的专业服务公司提供服务对象主要针对大规模经营主体，一般中规模农户和小规模农户根本无法享受专业服务公司带来的资源优势，所以当前农业生产性服务的供给主要依托农民专业合作社和专业种植大户，但是，大部分地区的农民专业合作社普遍存在管理水平不高、管理机制松散、管理制度形同虚设、缺乏专业的管理人员的问题，同时在调研过程中我们发现农户与农民专业合作社时常发生交易纠纷，处理结果大多不能令农户满意，存在明显"大鱼吃小鱼"的现象。而专业种植大户与其他农户仅表现在规模上的差异，一般专业种植大户提供农机作业服务较多，但在供给其他生产性服务上能力较弱。因此，目前农业生产性服务供给主体能力还有待进一步提升。

在对农户深入访谈得知，当前农业生产日益面向市场化、专业化和信息化方向发展，农户对于传统单一服务的供给已不再满足，而是更加倾向于采用科技化、现代化的农业生产性服务。在农资供应服务方面，农户更希望获得优良的种子、化肥、农药等，同时更希望能够从产地直接购买。但是，目前农资供应服务更多是由个体经销商为农户提供，它们本质上属于专业服务公司，近年来假农资事件频发，农户对个体经销商不信任，同时对其提供服务的内容不满意。在农业信息服务方面，农户对信息化农业的关注日益提高，渴望通过快捷、高效的农业信息服务让自身获得更多有价值的农产品价格信息、农产品销售信息、农业气象信息等，但是目前外界可提供给农户的信息服务一是来自传统方式下的村集体广播、告示栏，二是农户通过互联网自行搜索信息，由于受教育水平相对偏低，接收信息和解读信息的能力有限，农户并不能较好地获取所需信息。在农业技术方面，现存的农业技术服务内容依旧是以组织农户参加技术培训讲座，缺少实际田间地头对农户的指导，农户更需要能够真正解决农业生产技术上的难题，例如测土配方施肥、病虫害统防统治等。在农机作业服务方面，虽然目前全国大部分地区已经实现农业机械化作业，但对于高端机械作业，如深耕深松服务并未实现全面覆盖，一方面是由于服务费用较高农户不愿购买，另一方面是因为原有提供农机作业服务的主体对于更新设备的意愿不强烈。因此，从现实发展来看，农业生产性服务内容依旧是传统样式，并未随着农业发展进程的快速推进而有所更新。

多元化服务供给模式不仅可以有效满足不同类型农户的需求，而且能够显著提高农业生产性服务的供给效率。但目前农业生产性服务的供给模式依旧是传统的单主体单一供给，如"政府＋农户""农民专业合作社＋农户""个体经销商＋农户"等，多主体联动的供给模式尚未形成。从实际生产来看，这种单一模式的供给存在很多不足，首先，以"政府＋农户"的服务供给模式存在明显的服务动力不足问题，由于政府主导的农业生产性服务供给具有追求公益性的特性，服务供给时经常会出现积极性不强、服务不到位的情况，而且有时会出现供需脱节现象，政府推行的服务并不是农户所需要的。其次，以"农民专业合作社＋农户"的服务供给模式存在明显的服务能力参差不齐的问题，农户领办的农民专业合作社能够获得政府或企业政策支持的能力不同，在自负盈亏的情况下，合作社的运行风险较大，服务能力大打折扣，而且目前"真合作社"数量过少，很多合作社都是"名存实亡"，并不能发挥较大的作用。最后，以"个体经销商＋农户"的服务供给模式更是存在严重的问题，由于个体经销商多以盈利为目的，有些个体为追求自身利益最大化而采取违背市场规律的方法，以低价格进货高价格售出，存在严重的欺骗农户的行为。农业生产性服务的单一供给模式导致服务效果不佳或伴有损失农户利益的现象发生，因此急需改进服务供给模式。

虽然目前信息传递速率较高，农户向市场表达服务需求的机会越来越多，但仍存在明显的服务需求表达不明确现象，调查过程中很多农户纷纷表示不愿意向外界表达自己的需求信息或即使表达也会隐藏一部分信息，这主要源于农户既是"理性人"又是"经济人"，由于年龄结构和受教育水平的局限性，年龄偏大、受教育水平偏低的农户总是自动屏蔽外界力量的干预，即使有服务需求意愿也会依靠自身力量解决，往往导致解决效果差或成本高。以农资供应服务为例，由于市场上的个体经销商多以盈利为目的，且各经销商之间存在明显的竞争关系，由于其在宣传与推广中多采用夸张手段，在推广过程中承诺太多内容，农户经常视其为欺骗行为，本应向市场传递自己所需的各种农资供应服务，但却一直处于观望状态，希望通过其他人的行为选择决定自己是否购买相应的种子、农药、化肥等生产物资。同时，由于农户之间存在规模差异，部分小农户认为自身种植规模较小，即使表达服务需求也未能获得关注，也就往往忽视了服务需求的表达。另外，出自规避"得罪人"的风险，农户并不愿将服务效果直接反馈给服务供给主体，也就导致服务供给主体并不能及时修正供给行为和供给效率。

三、农户视角下的农业生产性服务业的路径创新

前文基于农户视角探究了农业生产性服务业发展现状及存在的问题，从总体上来看，农业生产性服务业由于起步时间较晚，在供给端和需求端均存在一定问题，迫切需要对农业生产性服务发展路径进行创新，以保证农业生产性服务业更好服务于现代农业发展，为此本部分从"谁来供给""供给什么""怎么供给""效果如何"四个维度提出创新农业生产性服务业发展路径。

（一）"谁来供给"——服务供给主体遴选需遵循多样化原则

在 2017 年发布的《关于加快发展农业生产性服务业的指导意见中》指出，要培育多元化服务主体，支持农村集体经济组织、农民专业合作社、农业产业化龙头企业、专业服务公司等提供农业生产性服务，同时引导各类服务主体积极与高等学校、科研院所等机构开展合作，着力提升服务供给能力。政策指导文件已经充分明确服务供给主体，但这些服务主体并非能够承接所有类型的农业生产性服务，例如村集体只能承担部分农业技术推广、农业信息传送等易操作的生产性服务，但如病虫害统防统治、

测土配方施肥等高端农业技术服务并不能较好承接。因此，作为创新农业生产性服务业发展路径的首要环节，对服务供给主体的遴选至关重要，政府职能部门应起到"掌舵"的作用。按照遴选程序的划分，可分为准备阶段、遴选阶段和公示阶段三个阶段（见图1）。在准备阶段，首先，确定职能部门，以农业农村部为主要指导部门，省农村厅为重点监管部门，各市（区）农业农村局为统筹部门，在县级农业技术推广中心下设专属办公室，负责农业生产性服务发展各项事宜。其次，要做好充足的市场调研，既要了解当前农户希望由哪些主体提供服务，也要了解当前哪些主体愿意提供服务。最后，制定遴选方案，做到有章可循、有章可依。在遴选阶段，分别从组织基础、内部治理、财务运作、外部营运四个维度综合考察服务供给主体能力，既确保服务供给主体真正符合市场需求，同时也要确保服务供给主体在面对风险时能够通过自身调节化解危机，使其受市场波动的影响最低。在公示阶段，结合各项服务所需，确定服务供给主体数量，向外界进行公示，一般来说，服务供给主体依旧遵循国家政策文件的指导，以县级农业技术推广中心为主要政府职能部门，辅以高等院校（科研所）技术支撑，村集体承担承上启下的衔接功能，以农民专业合作社、专业服务公司、专业种植大户为主要服务供给主体，实现有效供给。

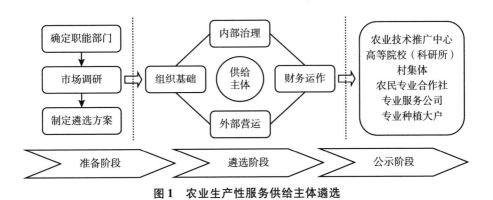

图1 农业生产性服务供给主体遴选

（二）"供给什么"——服务供给内容创新需遵循多层次原则

在供给主体确定后需要考虑的问题是"供给什么"，即服务内容做到不断创新，这也是由服务供给端向服务需求端推进的重要环节。在上一环节中已经明确服务供给主体具体包含哪些，但这些服务供给主体兼具不同性质，如果以供给服务是否收费的方式进行划分，可将供给主体划分为经营性服务组织、公益性服务组织和半经营性半公益性服务组织，其中经营性服务组织主要包括农民专业合作社、专业服务公司、专业种植大户，公益性服务组织主要是农业技术推广中心，半经营性半公益性服务组织主要包括高等院校（科研所）、村集体，在明晰各主体性质后对应地将服务内容划分为经营性服务、公益性服务和半经营性半公益性服务，同时在此将前文研究的四项与农业生产直接相关的农业生产性服务内容进一步细分，经营性服务主要包括农资供应服务、农机作业服务，公益性服务主要包括农产品价格信息服务、农产品销售服务、农业气象信息服务，半经营性半公益性服务主要包括新品种技术服务、测土配方施肥技术服务、病虫害统防统治技术服务以及秸秆还田技术服务。这些服务内容既要与农业生产息息相关，同时又要满足农户的迫切需求。农业生产性服务在发展过程中要满足不同类型的农户，本部分结合实地调查将农户类型划分为小规模农户、中规模农户和大规模农户，其中，小规模农户经营耕地面积一般在50亩以下，中规模农户经营耕地面积在50～200亩之间，一般将经营规模在200亩以上的农户称为大规模农户，不同规模农户对农业生产性服务的需求必然有所差异，服务供给内容也要随着生产过程的变化而做出适时调整，以保证农业生产性服务最大程度上发挥效用（见图2）。

（三）"怎么供给"——服务供给模式推广需遵循多类型原则

在农业生产性服务供给与需求相对接方面，采用何种供给模式能够确保服务的供需均衡是在明确服务供给内容的基础上需要进一步考虑的问题。农业生产性服务供给主体在提供服务期间存在合作机制、竞争机制和

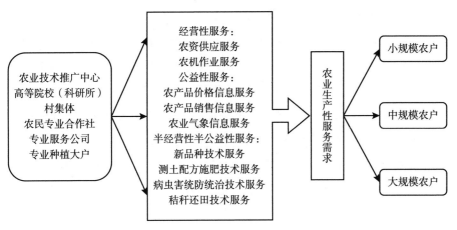

图2 农业生产性服务供给内容创新

制衡机制。合作机制是指在农业生产性服务供给的过程中各主体之间应保持紧密的合作关系，采取有效沟通的方式不断提升服务供给水平，合作机制应存在于所有主体的内部和之间，不需要区分是经营性服务组织还是公益性服务组织。竞争机制主要存在于经营性服务组织之间，这些服务供给主体在保证有效合作的前提基础上要勇于创新，在保证传统服务内容不变的同时采取多样化的供给策略满足农业生产的需要。制衡机制是一种权利的制约和平衡的制度，更加强调服务供给主体内部治理的协调和统一，有效的制衡机制能够确保组织的长久运行和效益最大化。在各种机制的制约下，相应地衍生出不同的服务供给模式，这些服务供给模式主要可以划分为三类，即政府主导、政府与市场结合、市场主导（见图3）。政府主导模式主要包括"农业技术推广中心＋农户""农业技术推广中心＋高等院校（科研所）＋农户""农业技术推广中心＋村集体＋农户"，在以政府为主导的模式下，更多强调政府"掌舵"的职能，以县级农业技术推广中心为依托，辅以高等院校（科研所）、村集体等半经营性半公益性服务组织，主要向农户推广公益性或半经营性半公益性的服务，例如各项农业信息服务、新品种技术服务、测土配方施肥技术服务等。政府与市场结合模式主要包括"农业技术推广中心＋农民专业合作社＋农户""农业技术推广中心＋专业服务公司＋农户"

"农业技术推广中心＋专业种植大户＋农户"，在这种模式下，虽然是政府与市场相结合，但更多情形下政府主要起到的是监督职能，真正发挥作用的是市场上的各类服务主体，但在这种模式下服务纠纷会大大降低，通常农资供应服务适合采取政府与市场结合的推广模式。市场主导模式主要包括"农民专业合作社＋农户""专业服务公司＋农户""专业种植大户＋农户"，目前以市场为依托的服务供给模式是最普遍的模式，这种模式的优点在于服务交易的便捷性较高，但缺点也非常明显，主要是缺少政府职能部门的监督导致服务纠纷时常发生，通常农机作业服务较适用于采取市场主导模式。

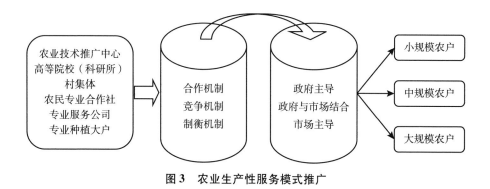

图3　农业生产性服务模式推广

（四）"效果如何"——服务采用效果反馈需遵循及时性原则

健全完善的农业生产性服务采用效果反馈机制是服务供给主体和农户之间畅通无阻的桥梁，也是创新农业生产性服务发展路径的最后环节、重要环节。农业生产性服务采用效果反馈路径包括反馈主体、反馈内容、反馈方式和反馈客体（见图4）。对于反馈主体，即农业生产性服务采用主体，包括小规模农户、中规模农户和大规模农户，由于农户是农业生产性服务的直接受用主体，他们能够最直观反映出农业生产性服务的采用效果，因此服务采用效果反馈对农户也提出了一系列考验。首先，农户必须具备良好的沟通意愿和表达能力；其次，农户愿意并能够清晰完整地提供反馈信息以助服务供给主体持续改进服务态度、服务质量、服务效率，这也就涉及了反馈机制中反馈内容的评价反馈，农业生产性服务评价的目的不是单纯地评判出供给主体提供服务的优劣程度的简单排名，最关键的问题是要采取必要手段鼓励和引导被评价对象根据评价内容合理确定未来发展目标和发展方向。另外，在反馈内容中还包括了需求反馈，即农户根据实际生产需要产生的对服务内容的新需求。在反馈机制中还需注意的是反馈方式，通常来讲，农业生产性服务的反馈方式可划分为三大类型：被动反馈与主动反馈、事前反馈与事后反馈、单一反馈与系统反馈，其中，被动反馈是指服务供给主体主动向农户进行调查，主动反馈是指农户主动通过各种途径向服务供给主体提供自身的需求信息以及采用后的体验与感受；事前反馈是指在实际提供服务之前进行的反馈，事后反馈是指农业生产性服务供给主体已经完成供给服务内容而对其做出的反馈；单一反馈是指针对农业生产性服务供给主体提供服务内容的某一方面进行的反馈，系统反馈则是指对全部服务活动进行的全方位、系统的反馈。反馈客体自然是服务的供给主体，即农业技术推广中心、高等院校（科研所）、村集体、农民专业合作社、专业服务公司、专业种植大户。农业生产性服务采用效果反馈需遵循及时性原则，从农户发出反馈信息到服务主体处理信息用时越短，越能提高农户满意度，同时也就越能保证农业生产性服务业的稳定发展。

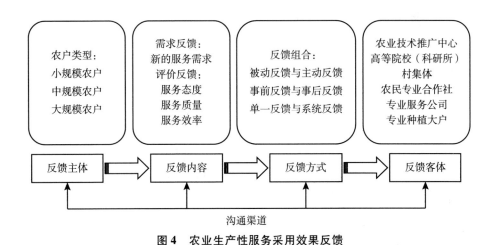

图4　农业生产性服务采用效果反馈

（五）农业生产性服务业发展的系统运行路径

为更加清晰直观地展示农业生产性服务业发展的系统运行情况，依据上述分析，本部分绘制出农业生产性服务业发展的系统运行路径的示意图（见图5）。从图5分析得到：第一，从"谁来供给"到"供给什么"是农业生产性服务供给主体对农业生产性服务内容的探索过程，在明确市场化运行过程中哪些主体适合提供农业生产性服务后，服务主体最需要明确的就是农户真正需要哪些服务内容，因此需要做好充足的市场调研。农业生产本身是一项复杂的产业链条，在这一链条中农户又是最重要的微观经济主体，农户本身的异质性决定了农业生产性服务需求的差异性，只有充分了解农户的需求才能回答好"供给什么"。第二，从"供给什么"到"怎么供给"是服务供给主体对服务内容创新的过程。以农业信息服务为例，传统农业信息服务的供给方式主要是由村集体来承担，以广播通知、发放宣传单等形式为主，这种形式的弊端在于信息传递的及时性较差，而此时的服务供给主体就要从解决实际问题的角度出发，尝试是否可以通过建立数字化信息服务平台，以互联网高端设备为载体，高效及时地将农业信息传递给每家每户，助力农业生产。第三，从"怎么供给"到"效果如何"是农业生产性服务业发展的关键环节，决定了农业生产性服务推广效果与农户采用效果。农业生产性服务供给主体能力再强、服务内容形式再多样，不能及时应用于农业生产、不能被广大农户采用都将是"纸上谈兵"，为此农业生产性服务供给主体在设计好服务供给模式后要根据农户偏好将服务有效推广，实现服务效用最大化，既能解决农业生产问题，又能为服务供给主体带来可观的经济效益。第四，从"效果如何"到"谁来供给"又使农业生产性服务业发展路径运行系统回到了最起始端，又在进一步决定由谁来供给的问题，在这一阶段最关键的主体是农户，农户在采用相关服务后要根据服务态度、服务质量、服务效率等作出有效评价，并及时向相关政府部门或供给服务主体反馈这些信息，以促进农业生产性服务发展路径运行系统形成良性循环。

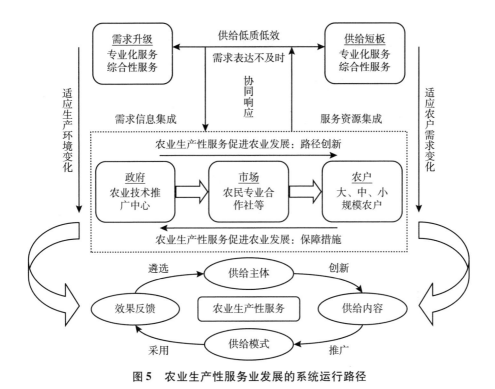

图 5　农业生产性服务业发展的系统运行路径

四、创新农业生产性服务业发展路径的保障措施

（一）提高农业生产性服务供给能力

落实政策资金保障制度，通过财政补贴、信贷支持、税收减免等方式，大力支持农业生产性服务供给主体发展；强化市场引导推进作用，建立有序的农业生产性服务交易平台，强化对服务供给主体的监管体制，对服务供给能力弱、服务供给态度差、服务供给质量不佳的供给主体实行清退处理；推动服务主体联合融合发展，鼓励以地方农业技术推广中心为核心的各类公益性、经营性和半公益半经营性服务供给主体加强联合合作。

（二）推动农业生产性服务精准化发展

加大对农资供应服务的供给力度，鼓励服务供给主体充分发挥资源优势，支持服务供给主体与高等院校（科研所）、种业企业、生物农业企业加强合作，在良种研发、展示示范、标准化供给等环节向农户提供全程服务；强化农业信息服务的支撑作用，紧紧围绕农户所需的一切生产信息为基础前提，健全农业生产信息的收集、分析、整理、发布等体系，通过有效的市场信息引导农户调整种植结构，优化农业生产布局；提高农户对农业技术服务的采纳意愿，加强对新品种技术服务、测土配方施肥技术服务、病虫害统防统治技术服务、秸秆还田技术服务等的宣传力度；全面提升农业机械化服务水平，加强对有能力或有潜力的农机服务公司、农机专业合作社等的培育力度，培育一批动力足、服务意愿高的农业机械服务供给主体。

（三）创新农业生产性服务供给模式

推进专项服务与综合服务协同发展，充分发挥各类服务组织发展优势，结合自身发展实际尽快研发专一化服务内容，确保服务内容精准到位，同时还要注重专项服务与综合服务相互协调发展；结合农户需求特征实行差异化供给，大规模、中规模农户与小规模农户一般更愿意采纳新技术服务和大型农机作业服务；提高农业生产托管服务的普及率，培育一批具有典型引领功能的农业生产托管服务组织，采取政策扶持、项目推动的手段，加大支持推进力度。

（四）构建农业生产性服务有效反馈机制

构建完整高效的服务需求反馈体系，科学合理地做好顶层设计，对于农业生产性服务发展布局要合理规划，制定出完整的发展方案，优化农业生产性服务资源配置，明晰政府、市场、农户的职能关系；采取合理激励措施以激发反馈机制活力，广泛宣传农户对服务供给主体评价的重要性，通过构建完善的评价指标体系，从服务态度、服务质量、服务效率等方面对服务供给主体进行评价，不断提高农户积极参与农业生产性服务反馈体系建设意愿；加强人才建设以提高反馈机制效能，建立专职专人负责制，使之在收集、分析、处理农户的反馈信息过程中，及时提出有效解决方案，极大程度上确保处理结果能让更多农户满意，有效提升农业生产性服务的供给效率。

参考文献：

［1］芦千文，姜长云．我国农业生产性服务业的发展历程与经验启示［J］．南京农业大学学报（社会科学版），2016，16（5）：104－115．

［2］姜长云．关于发展农业生产性服务业的思考［J］．农业经济问题，2016，37（5）：8－15．

［3］冀名峰．农业生产性服务业：我国农业现代化历史上的第三次动能［J］．农业经济问题，2018（3）：9－15．

［4］张红宇．农业生产性服务业的历史机遇［J］．农业经济问题，2019（6）：4－9．

［5］刘楠，张平．我国农业生产性服务业发展存在的问题及对策［J］．经济纵横，2014（18）：65－68．

［6］郝一帆，王征兵．生产性服务业能提升中国农业全要素生产率吗？［J］．学习与实践，2018（9）：39－50．

［7］孙顶强，卢宇桐，田旭．生产性服务对中国水稻生产技术效率的影响——基于吉、浙、湘、川4省微观调查数据的实证分析［J］．中国农村经济，2016（8）：70－81．

［8］王洋，许佳彬．农技服务采纳提高玉米生产技术效率了吗？——基于黑龙江省38个村279户农户的调查［J］．农林经济管理学报，2019，18（4）：481－491．

［9］张荐华，高军. 发展农业生产性服务业会缩小城乡居民收入差距吗？——基于空间溢出和门槛特征的实证检验［J］. 西部论坛，2019，29（1）：45－54.

［10］邱海兰，唐超. 农业生产性服务能否促进农民收入增长［J］. 广东财经大学学报，2019，34（5）：100－112.

（执笔人：许佳彬，东北农业大学博士生）

"双循环"格局下打造黑龙江省绿色食品产业的"硅谷"

导读："十四五"时期，黑龙江省要自觉全面融入以国内大循环为主体、国内国际双循环相互促进的新发展格局，以打造黑龙江省绿色食品产业"硅谷"为重要路径，为科教强省、农业强省建设做出积极贡献。本文在分析黑龙江省绿色食品产业发展现状及存在问题的基础上，提出打造黑龙江省绿色食品产业"硅谷"的重要意义和总体思路，指出打造黑龙江省绿色食品产业"硅谷"的路径要以构建技术体系为核心、以构建服务体为支撑和以构建组织体系为保障。结合发展实际，我们提出未来黑龙江绿色食品产业要走科技强基础的绿色食品产业硬核之路、走强劲融合促发展的绿色食品产业集聚之路、走发挥区域优势特色的绿色食品品牌建设之路，以及走强化经营主体、增强绿色食品产业发展韧性之路。

"十三五"时期，绿色食品产业为黑龙江经济发展做出巨大贡献，"十四五"时期，黑龙江省要推动创新驱动内生动力全面激活，加速科技、教育、产业、金融紧密融合的创新体系不断完善，通过绿色食品产业"硅谷"这一重大科技创新平台的加快建设，助力科技创新能力显著提升，绿色食品产业竞争新优势加速形成；助力黑龙江省从保障粮食安全的"压舱石"向提升国民营养健康的"大本营"转变；助力绿色粮仓、绿色菜园、绿色厨房，由"绿色"向高附加值的"金色"转型升级，形成技术创新驱动产业发展的可借鉴、可推广、可复制的绿色食品产业"硅谷"示范源，为科教强省、农业强省建设做出积极贡献。本部分研究首先分析了黑龙江省绿色食品产业发展现状及存在的问题，其次提出打造黑龙江省绿色食品产业"硅谷"的重要意义和总体思路，再次给出打造黑龙江省绿色食品产业"硅谷"的路径选择，最后结合发展实际提出打造黑龙江省绿色食品产业"硅谷"的对策建议。

一、黑龙江省绿色食品产业的发展现状与问题分析

（一）打造黑龙江省绿色食品产业"硅谷"的重要意义

要着力解决我国新时代"吃饭"问题，需要在切实保障"吃得饱"的基础上进一步实现"吃得好"，特别是：一要更好落实国家粮食安全战略部署，

全面夯实"吃得饱"的基础；二要更好落实国家食品安全战略部署，确保"吃得放心"；三要更好落实健康中国战略，确保"吃得健康"；四要更好满足人民日益增长的美好生活需要，确保"吃得美味"。

要着力解决促进绿色经济及绿色农业高质量发展问题。我国经济已进入高质量发展阶段，补齐农业高质量发展短板、加快农业农村现代化的需求尤为迫切。要构建"种—养—加—研—销—游—创"全产业链创新体系、打造一二三产业融合发展创新生态，提升产业价值链，实现创新链、产业链、价值链的三链融合发展，对于推进农业供给侧结构性改革、农业高质量发展、促进乡村振兴具有重要意义。

要着力解决绿色食品加工技术创新缺"根"少"芯"的问题。坚持超前部署，做产业技术创新的"领跑者"，抓住变革机遇，顺应全球新一轮科技革命和产业变革趋势，全面推进数字化智能化转型，深化组织创新、技术创新、标准创新、市场创新，提升产业链、供应链的现代化水平，加快核心关键技术攻关，输出"龙江标准""龙江模式"，在下一代产业技术变革中占据主动，为黑龙江绿色农业产业赢得与市场规模相匹配的话语权。

要着力解决创新主体各自为战的问题。做科技创新体制机制改革的"试验田"，适应创新组织方式变革趋势，以聚合人才、最大化发挥人才积极性能动性为核心，联合贯穿创新链、产业链、价值链的各方面创新主体，加强"政产学研金服用创"八位一体的协同创新，打造产业创新共同体，通过"抱团发展"引领产业加速壮大。

（二）黑龙江省绿色食品产业发展现状分析

绿色食品种植面积和产量逐年增加，2019 年末，黑龙江省绿色（有机）食品种植面积达到 7470 万亩，① 绿色（有机）食品原料产量 2387 万吨。绿色食品标准化生产基地数量逐年提高，2019 年末，黑龙江省已建

---

① 黑龙江省农业农村厅关于印发《关于推动绿色食品产业高质量发展的指导意见》的通知 [R]. 2019. 6.

成 165 个国家级绿色食品原料标准化基地，遍布 57 个县（市、区）和 52 个农场，涉及水稻、玉米、大豆、蔬菜、杂粮和食用菌等 9 个品种，总面积达到 6694 万亩，占全国总量的 38.7%，是中国最大的绿色食品原料标准化基地聚集区。①

绿色食品加工企业数量不断增加，由 2008 年的 492 个增长至 2018 年的 1005 个；绿色食品加工量总体呈上升趋势，2008 年绿色食品加工量为 950 万吨，2009 年首次达到 1000 万吨，2018 年绿色食品加工总量达到 1790 万吨；绿色食品加工业效益逐年显著增加，2008 年黑龙江省绿色食品加工业利税总额仅为 31 亿元，到 2018 年已经增长至 99 亿元，增长了 2 倍多，10 年间年平均增长率为 11.9%。②

绿色食品专营销售网点数量不断增加。2019 年末，黑龙江省累计建设绿色食品专营销售网点 3000 余家，组织企业在全国 30 多个省市建设了旗舰店、专卖店、连锁店、配送中心 1000 余个，产品进入大小超市 5000 余家；③ 互联网营销体系不断健全，主动适应市场需求，积极推进绿色食品网上销售平台建设，深化与阿里巴巴、京东、苏宁等大型电商合作，畅通绿色食品销售渠道；绿色食品营销网络不断扩大，在满足省内、国内市场对绿色食品消费需求的基础上，黑龙江省绿色食品已经远销欧盟、美国、俄罗斯、韩国、日本等 40 多个国家和地区。

绿色食品抽检合格率达历史最高点，已连续多年稳定在 97% 以上，稳居全国前列，2019 年抽检合格率为 99.8%；④ 绿色食品质量规范标准日益完善，黑龙江省拥有东北地区唯一的国家级食品企业质量安全监测示范中心，全省大力推进和完善绿色食品实施环境有监测、操作有规程、生产有记录、产品有检验、上市有标识的全程标准化生产模式；绿色食品安

---

① 资料来源：黑龙江省农业农村厅，http：//nynct. hlj. gov. cn/。
② 资料来源：黑龙江省统计局，http：//tjj. hlj. gov. cn/tjsj/。
③ 李建军，侯跃，杨玉，汪校玲. 黑龙江省绿色食品电子商务模式选择的影响因素研究 [J]. 北方园艺，2019（18）：146-151.
④ 资料来源：黑龙江省农业农村厅，http：//nynct. hlj. gov. cn/。

全监管举措不断升级，出台了《黑龙江省绿色食品管理办法》《绿色食品"四大工程"建设专项行动方案》《绿色、有机食品质量监管专项行动方案》等相关政策文本。

当前，黑龙江省已经形成了"寒地黑土、非转基因"独特的品牌核心价值，2019 年末，有效使用绿色食品标识的产品达到 2700 个，有效使用有机食品标识的产品达 600 个，涌现出了完达山、飞鹤、秋林、老鼎丰、北大荒、响水大米、五常大米、九三豆油、黑森食品等知名品牌。2018 年，在全省开展农产品十大区域公用品牌和十大企业品牌评选活动中，"五常大米"以 677.9 亿元的品牌价值，位列区域品牌（地理标志产品）综合排名第 6 位、全国大米类第 1 位。①

（三）黑龙江省绿色食品产业发展存在的问题分析

水稻、玉米等大宗粮食作物种植比重较高，大豆、杂粮、马铃薯、果蔬等作物种植比重较低，适合加工的专用品种发展缓慢，2019 年全省高质高效特色作物面积为 2104 万亩，仅占全省农作物播种面积的 9.5%；农产品抽检合格率尚未 100% 达标，2019 年底黑龙江省绿色食品抽检合格率为 99.8%，还存在以劣质充高质的现象；标准化程度低，在分散种植、混种混收以及生产环节监督管理等方面相对落后，不能有效保障原料产量和质量，绿色、有机等高品质农产品生产能力还不能充分支撑高层次食品产业发展需求。

从历年统计数据来看，黑龙江省粮食总产量已经连续 9 年位列全国第 1 位，但黑龙江省绿色食品加工企业主营业务收入占全国的比重仅为 3.9%，远低于山东（16.5%）、河南（8.6%）、辽宁（6.5%）、湖北（6.3%）、四川（6.1%）、江苏（5.8%）、广东（5.7%）、吉林（4.1%）、湖南（4.0%）等省份，排在全国第 10 位，② 与黑龙江省农业

---

① "五常大米"品牌价值 677.93 亿元居全国第六［EB/OL］. 中国食品安全网，https：//www. cfsn. cn/front/web/site. newshow? newsid＝9435，2019－09－05.

② 许佳彬、李翠霞、武欣宇、赵利梅. 打造龙江绿色食品产业"硅谷"：理论建构、实践模式与路径创新［J］. 农业经济与管理，2022（2）：11－23.

大省的地位不相匹配；全省绿色食品加工企业以中小企业居多，布局相对较为分散，绿色农产品精深加工不足，产业链较短，初步集中在初加工层面，发达国家绿色农产品加工率一般在90%以上，而黑龙江省仅在40%左右，且初加工比重在85%以上，绝大多数绿色食品优质原料仍以"原字号"或初加工产品销售，产业整体规模和效益未能得到充分挖掘。

目前，黑龙江省食品与农副产品加工企业的83.8%是中小加工企业，这些企业对高新技术的渴求和应用渴望不强，缺乏市场竞争力；全省食品加工能力平均每天不超过4000吨，仅是国际平均水平的50%左右，制约了产品的更新升级、科技含量的提升以及产品附加值的增加；受科技创新水平不高限制，绿色食品产业产出能力不高，在全省550家绿色（有机）食品企业中，年销售收入超10亿元的企业仅有10%左右，超100亿元的仅有0.7%，而发达国家或地区规模以上食品加工企业年销售收入一般均超过100亿美元。①

"大生产、小市场""重生产、轻销售"问题突出，2019年绿色食品销售收入仅占全国的15.2%，与产品精深加工不足、产品附加值不高并存的是绿色食品销售网络不健全、市场开拓不到位；水稻、玉米、大豆等绿色农产品资源丰富，但并未完全依托资源建立起"买全国、卖全国"的专业市场，多数农产品是通过农贸市场、批发市场等低价销售，产量上的数量优势未形成销售上的市场优势；绿色食品产业企业间的合作意识不强，大型流通企业数量偏少，难以赢得固定销售区域，难以迅速拓宽新市场。

品牌多而杂，知名品牌少，截至2019年末，黑龙江绿色（有机）食品认证个数达到2800个，但如北大荒、九三、五常大米等国内外知名品牌寥寥无几；小微企业占比高，在产品定位上大多定于中低端产品，品牌影响力还有待提升；品牌推广过程中各品牌间尚未形成合力，在广告宣传、精准推介、品牌影响等方面还有很大提升空间，"好东西"没能卖上

---

① 许佳彬，李翠霞，武欣宇，赵利梅. 打造龙江绿色食品产业"硅谷"：理论建构、实践模式与路径创新［J］. 农业经济与管理，2022（2）：11-23.

"好价钱";"互联网＋"、物联网等新一代信息技术应用不足。

二、打造黑龙江省绿色食品产业"硅谷"的总体思路

（一）指导思想

深入贯彻习近平新时代中国特色社会主义思想，持续贯彻落实习近平总书记在深入推进东北振兴座谈会上的重要讲话和对黑龙江省作出的重要讲话、重要指示批示精神，特别是习近平总书记关于科技创新和东北振兴取得新突破的重要论述，把握国内国际双循环的新发展格局，着眼建设绿色食品产业创新生态，坚持"高起点、大格局、全链条、新机制"，以服务科技创新、成果产业化为切入点，着力畅通"突破根科技—融通全要素—打造集成化—提升产业链"的发展路径，着力健全技术体系、服务体系、组织体系，构建立足黑龙江、面向全国、辐射东北亚，具有国际影响力和国际竞争力的绿色食品产业化创新网络，实现人才、知识、技术、资本等创新要素的融汇共享，提升创新技术的持续供给和高效服务能力，把黑龙江省绿色食品产业"硅谷"打造成黑龙江绿色食品产业高质量永续发展的强有力引擎。

（二）战略定位

把黑龙江省绿色食品产业"硅谷"建成面向黑龙江乃至中国绿色食品产业，技术引领、平专结合、三产融合、三链同构、国内国际双循环的协同创新共同体，建设具有国内外影响力的绿色食品产业科技创新中枢。

（三）发展目标

建成国内一流、综合、集成、开放、共享的绿色食品技术创新中心和技术服务平台，满足绿色食品产业创新发展重大战略需求，形成我国绿色

食品产业创新的大联合、大协同、大网络，为黑龙江省绿色食品产业技术变革和参与国际竞争提供战略支撑。

（四）建设原则

坚持战略导向、体现"硅谷"的高度。坚持"四个面向"，突出绿色食品产业前沿引领技术和关键共性技术的研发与应用，加强应用基础研究，推动绿色食品产业迈向价值链中高端，提升黑龙江省在全国绿色食品产业经济版图和创新格局中的位势。

坚持三产融合、体现"硅谷"的广度。有效联合产业链上游（绿色农产品种植、畜牧养殖企业等）、中游（绿色食品加工企业等）、下游（冷链仓储、物流、文创、大数据企业等）各创新要素，发挥各自优势，推进实现信息互通、资源共享、风险共担，促进解决绿色食品产业发展存在的各环节衔接不紧、协同不够、效能不高等问题，使"硅谷"真正成为推动龙江绿色食品产业发展的科技创新中枢。

坚持三链同构、体现"硅谷"的深度。坚持围绕创新链布局产业链，围绕产业链部署创新链，着力以龙头企业拉动、大中小结合提升产业链，着力以龙头企业为主线，产学研相结合提升创新链，着力以市场为导向、供需相结合提升价值链，把创新链、产业链、价值链更加有机地协同起来，使"硅谷"真正成为驱动龙江绿色食品产业发展的创新源泉。

坚持技术引领、体现"硅谷"的精度。始终坚持把技术创新作为首要任务，面向绿色食品产业科技前沿和产业需求，聚焦核心关键技术问题的精准突破和加快突破，搭建全链条技术创新平台，强化原始创新能力，开发具有自主知识产权的突破性成果，统筹各方资源推进重大成果的转化及示范落地，实现全产业链技术集成定制方案的"交钥匙"工程，使"硅谷"真正成为创新驱动龙江绿色食品产业的领头羊。

坚持开放合作，体现"硅谷"的开放度。扎实贯彻国内国际双循环战略部署，着力推进以强化绿色食品产业原创能力为基础的对外开放，拓展开放渠道，优化开放方式，不断提升开放层次，全面提升开放水平，进一步用好国内国际两个市场两种资源,支撑龙江绿色食品产业的国际影响力和竞争力。

坚持协同创新、体现"硅谷"的集成度。完善体制机制和创新生态,在开放聚合创新要素、创新资源的基础上,着力加强国内外跨领域、跨行业高端科技资源、人才资源、平台资源的协同机制建设,坚持平台化和专业化相结合,坚持共建共治共享,打造内联外合的协同创新共同体。

三、打造黑龙江省绿色食品产业"硅谷"的路径选择

(一) 以构建技术体系为核心

建设国家乳业技术创新中心、国家大豆技术创新中心。实现乳业、大豆两个国家工程中心的成功转建,与全国优势科研单位和行业优势代表性企业协同开展基于全产业链的技术创新研究,构建涵盖产业链上下游的核心关键技术研究、前瞻性技术研究等,建立完善的专业化技术研发体系;建设寒地小浆果开发利用国家地方联合工程研究中心。依托东北农业大学获批建设的寒地小浆果开发利用国家地方联合工程研究中心,利用黑龙江省自贸区契机,在食科院新建黑龙江北方寒地小浆果技术创新中心(中俄小浆果联合技术创新中心),将小浆果及森林食品加工技术列入省"百千万"工程支持项目。建设农业农村部大豆传统制品、干乳制品加工技术集成科研基地。启动两大技术集成科研基地运营,与省内外相关大豆、乳制品中小企业,实施精深加工及产品创制的产业化合作。申建农业农村部北方寒地作物加工副产物综合利用实验室。通过大豆精深加工及副产物综合利用的深入研究逐步拓展到北方寒地作物的高效提取与综合开发利用研究。从而形成有效支撑"乳、豆"为特色,"果、副"为两翼的"四个维度"研发格局,以此为基础申建黑龙江绿色食品技术创新中心,从根本上解决绿色农产品加工及副产物综合利用落后、加工程度低、产品档次差等

制约产业发展瓶颈问题，着力促成各方全程参与技术研发，加速技术成果转移，参与支持与孵化中小企业 10~15 家。

实施"双食人才"计划，重点引进"粮食、食品"专业人才，加强人才队伍、人才团队建设。实施"高端人才引进计划"，在乳、豆、果、副等绿色食品领域，利用新区人才引进政策和待遇，以柔性引进、灵活使用、共享共有、调转调入等软性、硬性引进举措，实现短缺、高端人才引进；启动"青年人才培养计划"，通过开展实践一线锻炼、推进岗位培养、搭建成长平台、政策激励力度等政策支持，加强青年人才的支持力度，加强后备人才储备；创建"创新人才团队"，在绿色食品领域分别组建创新人才团队，形成绿色食品前沿引领技术、关键共性技术、现代工程技术、交叉融合技术、创制订制技术的研究开发，促进产业化成果的充分溢出。

（二）以构建服务体系为支撑

以数字农业为方向，全面统筹农产品生产和食品加工，全面了解和掌握国民营养健康趋势，熟悉黑龙江省绿色食品产业发展现状，加强顶层制度与机制设计，发挥行业新型智库功能，为产业发展及政府宏观政策提供技术支持；启动重大专项——黑龙江省重点领域重点品种绿色食品质量和安全及风险管控全图谱研究。通过全产业链主要节点分析，精准施策，服务地方政府招商、行业共性问题突破、企业个性问题解决。对黑龙江省优势特色绿色食品原产地，农作物特性，原产地资源优势、加工优势，技术需求等地域信息做到通盘掌握，利于集中优势、重点突出推介和产学研有效对接。

突破绿色食品全产业链中危害因子高效快速筛查、评价、控制的核心技术，建设标准法规制修订和服务咨询平台。提升黑龙江省绿色食品产业种养殖、加工、生产、流通等全过程的主动防控、精准防控、抵御风险等能力，牢牢掌握标准话语权，建立起与黑龙江省绿色食品产业规模相适应的质量安全检验检测标准和法规保障体系，打造和维护黑龙江省绿色食品、健康食品、安全食品形象和品牌美誉。

以宏观政策为导向，企业需求为主体、以技术为核心、以项目为依托，形成辐射省（部）、市（县）、企业的全维度"政、产、学、研、用"紧密衔接、充分联动、互助共荣的服务绿色食品产业高质量发展的一站式科技园区孵化产业模式。以大豆、浆果为开端，以行业价值创造模式塑造、价值实现方式创新、投入产出效益为考核指标，启动黑龙江省分品种食品若干产业重大专项。完善技术开发，成果中试、产业化投产、企业及行业标准制定、产品质量检测、技术专项培训、品牌培育及形象宣传、共建技术创新中心等服务绿色食品全产业链效能提升的多元化"四技服务"供给能力。

建设国家级职业化食品生产检查员实训基地。以食科院科研资源和技术优势为依托，建立国家级食品生产检查员培养基地，推动完善食品检查员培养的长效机制。以此为切入点，与省地市职业农民及中小企业负责人技能培训项目结合，完善"校+研+企"人才培养及企业专项技术培训，加大"搭台""组网"力度，实现先进技术在产业一线有效落地培养新型职业农民，实现高素质农业劳动力向农业农村转移，推动农民工返乡创业，全面提升绿色食品产业从业人员的技术能力。

面向自贸区食品物流及供销，通过建立新闻发言人制度、专业核心期刊、产业发展战略研究（政府智库）、大数据研究与应用等，推进中俄视频信息中心建设。形成国民营养与粮食安全月度分析报告制度，及时应对国内外食品安全事件，科学客观发布权威声音；启动粮食食品安全简报，每日不定量搜集编辑相关重要新闻及简要评述，通过官方自媒体平台对外公布。通过重要文献及时发布重要科技动态、科技成果；依托5G和6G技术，通过食品安全风险管控领域运用大数据技术，实现快速查找食品原料和产品发生过的质量安全事件，提升黑龙江省绿色食品产业主动防控、精准防控的质量水平；组建哈尔滨新区"中俄绿色食品技术协同创新与产业合作联盟"。通过上述措施，有效解决中俄在绿色食品技术联合研发、科技型企业孵化及金融投资、企业战略规划及品牌塑造、产品质量检验检测及标准互换互认、"俄语＋专业"专项人才培养等长期制约中俄合作瓶颈问题，实现理念协同、政策协同、区域协同。

（三）以构建组织体系为保障

建立健全绿色食品产业"硅谷"理事会和企业会员体系，创新管理体制机制。重点联合绿色食品领域提供基础性、共性服务的第三方服务机构以及重点科研、产业机构，联动国内外创新资源，搭建大协作、网络化的绿色食品产业创新平台化组织体系。拟联合的重点科创平台包括：中国农科院农产品加工研究所、国家乳制品质量监督检验中心、中国农业大学、东北农业大学、黑龙江省农业科学院、哈尔滨市农业科学院等；拟联合的重点产业平台包括：中国食品科学技术学会、中国乳制品工业协会、中国奶业协会、中国食品工业协会豆制品专业委员会、中国粮油学会油脂分会、黑龙江省奶业协会、国家食药同源产业技术创新联盟、国家乳业产业技术创新联盟、国家大豆产业技术创新联盟等；以龙头加工企业为主线，与之相关的上下游企业形成聚集，实现一二三产业融合的集聚效应，最终形成全产业链技术集成定制方案的"交钥匙"工程。

四、打造黑龙江省绿色食品产业"硅谷"的对策建议

（一）走科技强基础的绿色食品产业硬核之路

践行创新驱动，强化科技支撑，打造黑龙江省绿色食品产业的强硬内核。一是推进现代种业创新发展。针对黑龙江省主要种植品种，加快种业自主创新，强化国家区域性良种繁育基地、海南南繁基地建设，推动国家级大豆种子繁育基地建设。"十四五"期间，支持现代种业企业发展，打造育繁推一体化种业集团。二是增强绿色食品产业科技成果转化应用能力。完善现代绿色食品产业技术协同创新体系，基本覆盖全省优势和特色

农产品。建设全省绿色食品科技成果转化信息服务平台，完善基层农技推广体系，加快基层农技推广队伍建设。三是开展重大食品技术攻关。有针对性地开展食品生物加工、安全生产、食品原料安全处理、食品包装和贮运技术研究。组织相关大学、科研院所在水稻、玉米、大豆和主要经济作物方面开展常规育种和定向育种，开展作物绿色生产技术研究。

（二）走强劲融合促发展的绿色食品产业集聚之路

做强加工流通，促进融合发展，打造黑龙江省绿色食品产业集聚平台。一是集中推进绿色食品产业项目建设。编制《绿色食品产业"十四五"发展规划》，明确黑龙江省绿色食品产业发展方向和重点。确定一批具有科技含量和规模的绿色食品产业项目纳入市"十四五"产业重点项目库，每年集中推进一批重点绿色食品产业项目。二是做强做大行业龙头企业。鼓励玉米、大豆、大米、饮品等重点行业企业实施兼并重组，提高产业集中度。支持国内外有条件的企业集团主导或参与食品行业重组，培育大型企业集团。三是加快绿色食品产业园区建设。集中推进重点和专业化绿色食品产业园区建设，做强园区特色主导产业。加大园区基础设施扶持力度，推进投融资平台建设，完善基础设施和公共服务体系，加大招商引资力度，促进产业集群链式发展。

（三）走发挥区域优势特色的绿色食品品牌建设之路

保护资源环境，促进绿色发展，筑牢黑龙江省绿色食品可持续发展的区域品牌屏障。一是挖掘传统品牌潜力。集中针对消费者需求进行食品产业品牌打造，提高本土品牌市场竞争力。鼓励"老字号"企业通过收购、兼并、重组、控股、联合等多种途径将品牌做大做强，形成一批有区域特色的、核心竞争力强的品牌大企业、大集团。制定提升"老字号"品牌的规划，挖掘传统品牌的潜在能力。二是提升绿色品牌空间。依托本土品牌优势，延伸以无公害品牌、绿色产品品牌、有机食品品牌和地理标志产品为核心的产业链，形成规模效益，增进"原字号"品牌发展空间。采用"区域品牌+企业品牌"的品牌建设模式,拓宽黑龙江省绿色食品品牌营销渠道。三是提高新兴品牌价值。对新兴品牌秉承大力扶持和严格监管的理念,严格把控"新字号"食品企业的产品质量,帮助企业提升品牌价值,打造品牌文化。为"新字号"品牌企业提供生产、加工、流通、销售等环节的便利条件。

(四) 走强化经营主体、增强绿色食品产业发展的韧性之路

培育新型主体,完善经营体系,面对双循环新局面,增加绿色食品产业直面市场及政策波动的发展韧性。一是鼓励和支持发展绿色食品种植联合体。通过统一生产、统一营销、信息互通、技术共享、融资担保等方式,强化农户绿色食品种植意愿,强化与农户形成稳定利益共同体。二是规范提升农民专业合作社。引导合作社从单一业务向产加销多种业务拓展,支持合作社加强绿色食品初加工、仓储物流、市场营销等关键环节建设,支持合作社依法自愿组建联合社,实现产、加、销一体化发展,助力绿色食品产业发展。三是培育多元化农业服务主体。充分发挥体制内各级各类农业公共服务机构的作用,建立公益性、综合性农业公共服务组织。支持东北农业大学、八一农垦大学、省农科院等高校院所开展农技服务,建立农业科技性服务组织,强化绿色食品产业发展技术服务支撑体系。

参考文献:

[1] 李翠霞,李孝忠.严守绿色底线 树立新食品安全观 [N].经济日报,2020 – 04 – 14(10).

[2] 李翠霞,赵建.做国家粮食安全的"压舱石" [N].经济日报,2016 – 10 – 22(7).

[3] 姚靖,袁名泽.绿色食品产业如何跨越发展瓶颈 [J].人民论坛,2018(14):74 – 75.

[4] 李建军,侯跃,杨玉,汪校玲.黑龙江省绿色食品电子商务模式选择的影响因素研究 [J].北方园艺,2019(18):146 – 151.

［5］周广亮，吴明．中国绿色食品产业与经济发展耦合协调性分析［J］．预测，2020，39（2）：90－96．

［6］张俊飚，赵博唯．供给侧改革背景下绿色食品产业转型升级的思考［J］．中南民族大学学报（人文社会科学版），2017，37（4）：131－134．

［7］顾金峰．绿色食品经济与农业可持续发展研究［J］．食品研究与开发，2016，37（23）：217－221．

［8］赵大伟．中国绿色农业发展的动力机制及制度变迁研究［J］．农业经济问题，2012，33（11）：72－78，111．

［9］朱文涛．中国绿色食品产业发展区域异质性及成因研究［J］．华东经济管理，2017，31（9）：75－83．

［10］黄漫宇，彭虎锋．中国绿色食品产业发展水平的地区差异及影响因素分析［J］．中国农业科学，2014，47（23）：4745－4753．

（执笔人：许佳彬，东北农业大学博士生）

后　记

农业、农村、农民问题的复杂性是一个国家从农业文明过渡到工业文明的必然结果，是关系到国计民生的根本性问题。中国共产党始终把解决好"三农"问题作为全党工作的重中之重，2020 年我国取得了脱贫攻坚战的伟大胜利，深刻改变了乡村的落后面貌，但在乡村发展振兴中仍存在着不少短板和薄弱环节，必须加以重视并采取切实有效的措施。本书选取当前我国乡村发展中的若干热点问题作为研究对象，通过对这些问题的分析，展开思考并提出相应的对策建议，以期为乡村经济和社会发展提供有益的探索，助力乡村振兴发展战略的实践。

本书由我和山东泰山学院彭淑贞副院长共同组织编写，特别感谢彭院长对出版工作的全力支持。与彭院长结识于中央党校中青班的学习，有幸成为他论文的指导老师。在商讨撰写论文的过程中，我发现彭院长既善于学习，又善于思考。彭院长学以致用，他结合自己的专业特长，又融入了党校学习的马克思基础理论知识，最后形成了一篇具有创新性的论文，并顺利发表。在这个过程中，他几易其稿，不断思考，不断修改，把我给出的论文指导意见全部由语音转换成了文字，打印出来后逐条加以思考并修改。这种认真做学问的精神和态度给我留下了深刻的印象，这就是后期我们共同合作出书的背景。

特别感谢我们中央党校的博士生：魏怡雪、吴童、李娜、安帅、曹高航，特别感谢东北农业大学的博士生许佳彬，以及中国社会科学院农村发展研究所助理研究员芦千文，感谢他们为本书提供了宝贵又优质的稿件，感谢魏怡雪同学最后对全书的整理校对。由于我们研究者的有限理性认知，本书内容可能存在偏颇或不当之处，敬请广大读者不吝赐教，我们将勤之加勉，再接再厉。

刘艳梅

2021 年 12 月 10 日于中共中央党校